Les Européens vus par les Libanais
à l'époque otton

BEIRUTER TEXTE UND STUDIEN

HERAUSGEGEBEN VOM
ORIENT-INSTITUT
DER DEUTSCHEN MORGENLÄNDISCHEN GESELLSCHAFT

BAND 74

LES EUROPÉENS VUS PAR LES LIBANAIS À L'ÉPOQUE OTTOMANE

édité par

Bernard Heyberger
et
Carsten-Michael Walbiner

BEIRUT 2002

ERGON VERLAG WÜRZBURG
IN KOMMISSION

Umschlaggestaltung: Taline Yozgatian
Foto auf dem Umschlag: Le porteur de chapeau, "miniature du merle et du chasseur", Ms. Dair aš-Šīr n°935 (*Histoire de Barlaam et Joasaph*).
Lektorat: Carsten-Michael Walbiner
Druckbetreuung: Stephan Dähne

Die Deutsche Bibliothek — CIP-Einheitsaufnahme

Ein Titeldatensatz für diese Publikation ist bei
Der Deutschen Bibliothek erhältlich

ISBN 3-89913-072-3

 Gedruckt mit finanzieller Unterstützung der Europäischen Union und aus Mitteln des Orient-Instituts der Deutschen Morgenländischen Gesellschaft.

Ergon-Verlag, Dr. H.-J. Dietrich
Grombühlstr. 7, D-97080 Würzburg

Druck: Dergham sarl
Gedruckt auf alterungsbeständigem Papier
Printed in Lebanon

AVANT PROPOS

Le colloque «Les Européens vus par les Libanais à l'époque ottomane», qui s'est tenu à l'Orient Institut der Deutschen Morgenländischen Gesellschaft de Beyrouth les 17 et 18 avril 1998, était conçu comme un volet d'un projet quadriennal mené conjointement avec le Centre d'Etudes et de Recherches sur le Moyen-Orient Contemporain (CERMOC) sur le thème «Vie commune / mémoire partagée: le Liban laboratoire de la Méditerranée», avec un financement de la Communauté Européenne.

Son organisation et sa réalisation ont été confiées à une équipe de chercheurs allemands et français, qui a veillé à associer aux travaux des représentants du plus grand nombre possible d'institutions universitaires libanaises.

L'ensemble du projet a été conçu et dirigé dans les différentes phases de sa réalisation par Madame Angelika Neuwirth, directrice de l'Orient-Institut, à qui nous exprimons notre reconnaissance.

Bernard Heyberger / Carsten-Michael Walbiner

SOMMAIRE

LES EUROPEENS VUS PAR LES LIBANAIS (XVIe - XIXe SIECLES)*

BERNARD HEYBERGER

«Les Européens vus par les Libanais (XVIe - XIXe siècles)»: l'intitulé du sujet ainsi posé peut paraître anachronique dans les deux termes qu'il associe.

En effet, dans la période envisagée, l'idée d'«Europe» et d'«Européens» n'avait pas la force qu'elle revêt aujourd'hui. L'époque s'inscrit en réalité tout entière dans la phase de montée et de triomphe des Etats-nations en Europe. C'est pourquoi, ce sont plutôt les Etats et leurs ressortissants qui apparaissent dans les travaux de notre table ronde. Si Buṭrus al-Bustānī consacre une entrée de son encyclopédie *Dāʾirat al-maʿārif* (1880) à «Urūbā» (Europe)[1], ses articles «Almānyā» (Allemagne)[2] et «Inkiltirā» (Angleterre)[3] sont beaucoup plus longs, et le terme de *umma* (nation) suivi d'un adjectif désignant une nation européenne particulière, revient de manière récurrente dans les éditoriaux du *al-Jinān* (1870 - 1884) de son fils Salīm[4]. Parmi toutes les nations européennes, c'étaient surtout la France et la Grande-Bretagne qui retenaient l'attention au XIXe siècle. La comparaison entre les caractères nationaux anglais et français était d'ailleurs un exercice courant chez les auteurs libanais[5]. D'autre part, quoique les termes d'*Urūbā* et d'*Urūbiyyūn* soient employés dans les textes à partir du

---

* Ce texte doit beaucoup aux réflexions et aux références produites par Albrecht Fuess, lors des semaines que nous passâmes quotidiennement côte à côte à l'Orient Institut en 1998, pour préparer ce colloque.

1 *Dāʾirat al-maʿārif*, T. 4, Beyrouth, 1880, 606-620.

2 *Ibidem*, 292-319.

3 *Ibidem*, 545-566.

4 Yūsuf Quzmā Khūrī (édit.), *Iftitāḥiyyāt majallat al-Jinān al-Bayrūtiyya*, T. 1 (1870 - 1875); T. 2 (1876 - 1884), Beyrouth, 1990, 759 p.

5 A propos de cette comparaison chez Jurjī Zaydān, voir la contribution de Souad Slim, ci-dessous. A propos de la comparaison chez Aḥmad Fāris al-Shidyāq, voir Rotraud Wielandt, *Das Bild der Europäer in der modernen arabischen Erzähl- und Theaterliteratur*, Beyrouth, 1980, 81–98.

milieu du XIXe siècle, la notion d'«Europe» et d'«Européen» n'a supplanté que très tard la notion de «Francs» (*Ifranj*) dans la terminologie libanaise. Cette dernière appellation excluait les Européens qui étaient sujets ottomans[6]. La Russie faisait-elle partie de cette Europe ? Andreas Pflitsch nous livre des éléments du débat qui, depuis le XVIIIe siècle, faisait rage dans le pays-lui-même, entre ceux qui considéraient quelle appartenait à l'Occident, et ceux qui affirmaient au contraire sa spécificité. Enfin, la notion d'Occident (*Gharb*) désigne un ensemble qui inclut les Etats-Unis d'Amérique.

Le terme de «Libanais» peut lui aussi apparaître comme anachronique dans la période envisagée, au même titre d'ailleurs que celui d'«Arabes». Les éléments constitutifs d'une identité «libanaise» ou «arabe», qui au demeurant ne se sont fixés qu'après la période que nous étudions, n'étaient pas forcément dominants dans la personnalité des auteurs que nous évoquons dans ce volume. Il est cependant important de savoir comment ces derniers se définissaient eux-mêmes, car leur regard sur les Européens était en grande partie déterminé par leur propre conscience identitaire[7]. Nous devons de plus accepter une certaine extensivité de la notion de «Libanais». En effet, Aḥmad Fāris al-Shidyāq, Jurjī Zaydān, Faraḥ Anṭūn, Mīkhā'īl Nuaʿyma, s'ils sont nés dans les frontières du Liban actuel, ont passé une grande partie de leur vie hors de leur pays natal. Mais c'est le rayonnement de leurs écrits auprès des Libanais qui justifie de les retenir dans les contributions de notre table ronde.

Ceci clairement posé, il n'y a pas lieu d'en débattre davantage. Nous nous sommes pragmatiquement contentés du cadre formel défini par la coopération actuelle entre la Communauté Européenne et le Liban, dont ce projet est une émanation.

1) Les Européens dans les sources

Le sujet «Les Européens vus par les Libanais» pouvait être envisagé sous un angle anthropologique. Il aurait fallu alors scruter dans les sources les moindres témoignages sur l'attitude et les réactions des Libanais face aux

---

6 Exemple: «Adāb al-akl ʿinda-l-Ifranj», *al-ʿIrfan*, 3 (1329 H.), 394. Sur l'usage populaire, voir le témoignage de Kamal Salibi sur Bhamdoun dans les années 1930: «Living with changing times», L.C. Brown, M.S. Gordon (édit.), *Franco-Arab Encounters*, Beyrouth, 1996, 164. Voir aussi Wielandt, *op. cit.*, 7.

7 Voir encore le témoignage de K. Salibi, sur la notion de «Libanais», et L.C. Brown, «France and the Arabs: an Overview» dans Brown, Gordon, *op. cit.*, 4, sur la notion d'«arabe» Wielandt, *op. cit.*, 9.

Européens qu'ils rencontraient, missionnaires, médecins, marchands des Echelles, corsaires, voyageurs, militaires, patrons de la soierie... Mais une telle approche aurait nécessité une investigation originale, grâce à un programme de recherche de longue durée. Le traitement du thème a été pour l'essentiel plus conventionnel, partant de grands textes publiés, chroniques, voyages, essais... La plupart des participants à ce volume ont proposé une approche monographique, choisissant de présenter un auteur ou une oeuvre. Font exception Magda Nammour, qui s'appuie sur le dépouillement de la presse libanaise pour évoquer l'image de la femme occidentale, Saleh Barakat, qui examine des œuvres d'art ou des photographies pour analyser l'évolution du costume, et Faruk Hublus, qui se réfère à des documents du tribunal de Tripoli.

Tout compte fait, la contribution de ce dernier est la seule à donner un éclairage concret sur la vie des Européens qui vivaient au Liban-même. Niqūlā al-Turk, dont les mémoires sont analysés par Hayat Bualwan, a pu côtoyer les troupes de Bonaparte pendant l'expédition d'Egypte, et ainsi observer de près le comportement des militaires français, certes peu représentatifs de l'ensemble de la population européenne. La réflexion d'un Buṭrus al-Bustānī a été largement inspirée par le spectacle que lui offrait Beyrouth, ville en pleine expansion, où se côtoyaient les «Francs» et les Orientaux, et où commençait à s'effectuer un mélange entre des genres de vie différents. Les autres articles présentés ici portent davantage sur une Europe et des Européens imaginés à travers des lectures, ou découverts lors d'un voyage plus ou moins long sur l'autre rive de la Méditerranée, dans une démarche peu différente de celles des orientalistes et des voyageurs, qui, à la même époque, «inventaient» l'Orient à leur propre usage, selon la thèse fameuse d'Edward Said[8].

Les «Francs», à la fois marchands et corsaires, abordaient depuis longtemps les côtes syriennes. A la fin de l'époque mamelouke, les *Ifranj* étaient plus particulièrement Génois, et considérés comme des agresseurs, dont les têtes coupées étaient à l'occasion offertes en exposition dans les quartiers de Damas. Mais ils étaient aussi commerçants, qui parvenaient parfois à se maintenir quelques jours sur les côtes sans être chassés[9]. Au

---

8 Edward W. Said, *L'orientalisme. L'Orient créé par l'Occident*, nouvelle édition, Paris, Seuil, 1997, 422 p. (édition originale anglaise: 1978).

9 Albrecht Fuess, *Verbranntes Ufer. Auswirkungen mamlukischer Seepolitik auf Beirut und die syro-palästinensische Küste in mamlukischer Zeit (1250 – 1517)*, Thèse dactyl., Université de Cologne, 2000, 230–253. Ṣāliḥ b. Yaḥyā b. Buḥtur, *Akhbār al-salaf min ḏurrīyat Buḥtur Ibn ʿAlī amīr al-Gharb bi-Bayrūt*, édit. F. Hours, K. Salibi, Beyrouth, 1969. Ibn Sibāṭ (mort en 1520), *Tārīkh ibn Sibāṭ*, édit. ʿUmar ʿAbd al-Salām al-

début du XVIIe siècle, Ṣafadī fait toujours mention d'actes de piraterie. Dans les années 1620, le gouverneur de Tripoli Yūsuf Pacha Ibn Sayfā fait encore exécuter des marchands français[10]. La course européenne se poursuit pendant tout le XVIIIe siècle, principalement menée par les Maltais et les Livournais, et provoque de temps à autre des réactions violentes de la population. Ainsi, le 29 novembre 1757, suite à une de leurs attaques de navires, les musulmans de Beyrouth s'en prennent aux *Ifranj* de la ville, entrent dans le couvent des «Pères» (capucins), se saisissent des religieux, brûlent les images, et pillent le couvent[11]. Mais les temps ont changé: l'émir Mulḥim s'empare des meneurs de l'émeute et en fait pendre deux en représailles. Il arrive que, dans ces périodes d'agression occidentale, les musulmans assimilent les chrétiens locaux aux «Francs», et que les chrétiens eux-mêmes craignent, ou parfois souhaitent, cette assimilation. Ainsi, à l'annonce du débarquement français en Egypte, Aḥmad al-Jazzār, gouverneur de Saïda et d'Acre, donne l'ordre aux chrétiens de son ressort de quitter les villes[12].

En dehors de ces moments de tension, qui sont souvent dûs aux attaques des corsaires chrétiens ou à des projets immobiliers intempestifs des religieux «francs», des marchands, des artisans ou des missionnaires européens vivent pacifiquement dans les villes, à Tripoli, à Saïda et à Beyrouth. Ils sont organisés en «nation», sous la protection de consuls, selon le régime des Capitulations. Peu de chroniques nous donnent des détails sur eux. Les registres des tribunaux islamiques nous les révèlent acquérant des

---

Tadmurī, 2 T., Tripoli, 1993. Ibn Ṭūlūn, *Mufākahat al-khillān fī ḥawādīth al-zamān*, édit. Mohamed Mostafa, Le Caire, 1962-64, 2 T., T. 2, 122-123. Ibn Iyās, *Badāʾiʿ al-zuhūr fī waqāʾiʿ al-duhūr*, édit. Mohamed Mostafa, 5 T., Wiesbaden, 1984-1986, T. 5, 360.

10 Aḥmad al-Khālidī al-Ṣafadī, *Lubnān fī ʿahd al-amīr Fahkr al-Dīn al-Maʿanī al-thānī,* édit. Asad Rustum, Fouad E. Boustany, Beyrouth, 1969, 133. Voir aussi la contribution de Faruk Hublus, ci-dessous.

11 Ḥaydar Aḥmad al-Shihābī, *Lubnān fī ʿahd al-umarāʾ al-Shihābiyyīn*, Beyrouth, 1933, 3 T., T. 1, 48. Le même épisode est rapporté dans le diaire des capucins de Beyrouth: Archives des Capucins, Paris, n° 1131, Extraits d'un vieux cahier, recopiés par Arsène de Chatel, dactylographiés. Sur les affaires de course et de piraterie chrétienne dans la région, voir Bernard Heyberger, «Sécurité et insécurité: les chrétiens de Syrie dans l'espace méditerranéen (XVIIe – XVIIIe siècle)», Meropi Anastassiadou, Bernard Heyberger (édit.), *Figures anonymes, figures d'élite: pour une anatomie de l'Homo ottomanicus*, Istanbul, 1999, 147–163.

12 al-Shihābī, *op. cit.*, T. 1, 186. Nicolas Turc, *Chronique d'Egypte 1798 - 1804*, édit. et trad. Gaston Wiet, Le Caire, 1950, 329 p. franç., 218 p. ar., 21, 33-36, 41. Wielandt, *op. cit.*, 21–26.

terres ou des logements, vivant dans certains cas en bon voisinage avec la population locale, musulmane ou chrétienne[13]. Au XIXe siècle, beaucoup de notables chrétiens prennent l'habitude de fréquenter les consuls français et de leur demander conseil, même pour des problèmes politiques très concrets. Il leur arrive de solliciter une intervention pour des conflits isolés, à l'intérieur de leur communauté, à plus forte raison dans les moments de crise[14].

En même temps, une catégorie de «Levantins», Orientaux vivant sous la «protection» des consulats européens, associés aux Européens dans les affaires, trouve une place dans la société locale. Assaad Y. Kayat (Asʿad Yaʿqūb al-Khayyāṭ) qui a écrit son autobiographie en anglais, pourrait être un modèle de ce «Levantin»[15]. La famille Bustrus, évoquée dans ce recueil[16], en est un autre. Notons que si celle-ci est protégée des Russes, sa fortune vient surtout de sa capacité à tisser des relations aussi bien dans les milieux européens qu'auprès des notables ottomans. Le privilège du «Levantin» reposait pendant longtemps, moins sur le «bérat» qui le rattachait à un consulat européen, que sur l'addition de celui-ci avec un réseau de protections et de clientèles à l'intérieur de l'Empire. Cette catégorie sociale se distingue également par son excellente éducation, souvent acquise dans une école étrangère: c'est le cas de Salīm Bustrus. Il faut ranger aussi parmi ces «Levantins» des «originaires français», installés depuis plusieurs générations en Orient, et en partie assimilés à la société libanaise, par un phénomène d'acculturation «dans l'autre sens» qui mériterait d'être étudié. Ainsi, trouve-t-on parmi les Moines Libanais maronites un Jarmānūs Conti, rejeton d'une vieille famille d'abord implantée à Alep, puis à Tripoli et à Saïda[17]. Les Béraud, médecins et négociants, sont alliés par le mariage à des familles locales, comme les Diyāb d'Alep, mais conservent des liens de parenté à Marseille[18]. Bertrand, médecin de l'émir Bashīr, ne put

---

13 Voir la contribution de Faruk Hublus, ci-dessous, et Leila Fawaz, *Merchants and Migrants in nineteenth-century Beirut,* Cambridge, 1983, 103–114.

14 Alfred Schlicht, Frankreich und die syrischen Christen 1799 - 1861, Berlin, 1981, 87-89.

15 A. Y. Kayat, *A Voice from Lebanon*, Londres, 1947. Kamal S. Salibi, »The Two Worlds of Assaad Y. Kayat», dans Benjamin Braude, Bernard Lewis (edit.), *Christians and Jews in the Ottoman Empire*, New York, Londres, 1982, 2 T., T. 1, 135-158.

16 Voir la contribution d'Axel Havemann, ci-dessous. Wielandt, *op. cit.*, 99–104

17 Archives Nationales de France, AE, B I, vol. 1121, f. 25r–28r.

18 Archives Nationales de France, AE, B I, vol. 1121, f. 70r, 8 mai 1770; f. 35v, 10 avril 1770.

converser avec Lamartine que «grâce à un peu d'italien et de français qu'il avait conservé»[19]. De façon plus marginale, on trouve dans une chronique d'Isṭifān al-Duwayhī le cas de ces Européens venus chercher, dans la montagne libanaise, une forme de vie érémitique qui était en passe de disparaître en Europe. Le plus célèbre d'entre eux est l'orientaliste provençal Monsieur de Chasteuil, mort en odeur de sainteté[20]. Par la suite, d'autres Européens extravagants trouvèrent au Liban un genre de vie que leur pays leur interdisait. Lady Stanhope en est le plus fameux exemple, mais on mentionne aussi dans l'entourage de celle-ci un aventurier français qui se consolait de ses revers de fortune dans les affaires coloniales en lisant la Bible et en attendant la reconquête chrétienne de Jérusalem[21].

Parmi les premiers Européens installés au Liban figurent les missionnaires catholiques. Les Franciscains étaient à Beyrouth dès la fin du XIVe siècle. La présence missionnaire s'est développée à partir du XVIIe siècle, avant un recul au XVIIIe siècle[22], et un nouvel essor, plus considérable, au XIXe. Les protestants américains s'implantèrent en 1823. Les jésuites revinrent en 1831. En même temps, l'activité missionnaire se féminisait, avec le rôle des femmes de pasteurs, et celui des religieuses catholiques, Soeurs de la Charité et Soeurs de Saint - Joseph[23].

Une des principales figures européennes en Orient est celle du médecin. N'importe quel «Franc» est généralement tenu pour avoir des connaissances médicales. Ainsi, l'Abbé Mariti rapporte, à propos de son périple aux environs de Tyr:

> Comme nous parcourions ces campagnes, une foule de leurs habitans venoit à notre rencontre, pour nous prier d'aller visiter leurs

---

19 Alphonse de Lamartine, *Voyage en Orient*, (texte établi, présenté et annoté par Sarga Moussa), Paris, 2000, 187.

20 Isṭifān al-Duwayhī, *Tārīkh al-azmina*, édit. B. Fahd, Beyrouth, s. d., 527, 555. Jean de la Roque, *Voyage de Syrie et du Mont-Liban*, rééd. Beyrouth, 1981, évoque longuement Monsieur de Chasteuil (p. 159–202), et fait mention d'un ancien capucin, François, originaire du Piémont, qui a vécu trente ans dans la montagne maronite (p. 22).

21 Joseph Michaud, Joseph Poujoulat, *Correspondance d'Orient*, Paris, 1834, T. V, 530–532.

22 Bernard Heyberger, *Les chrétiens du Proche-Orient au temps de la Réforme catholique*, Rome, 1994, 273–379.

23 Sur les missions protestantes, voir en particulier A. L. Tibawi, *American Interests in Syria 1800 – 1901. A Study of Educational, Literary and Religious Work*, Oxford, 1966, 333 p. Pour les jésuites, voir Sami Kuri (édit.), *Une histoire du Liban à travers les archives des jésuites*, Beyrouth, vol. 1, 1985, 595 p.; vol. 2, 1991, 431 p.; vol. 3, 1996, 479 p.

> malades, dans l'espérance de recevoir de nous des avis et des médicamens. Il faut dire ici que dans tous les villages de la Syrie, on croit que les Européens ont la vertu de guérir.[24]

Des dynasties de médecins européens sont repérables dans les sources, du XVIIe au XIXe siècle (Bertrand, premier médecin de l'émir Bashīr lors de la visite de Lamartine, mentionné plus haut, appartient à une de ces familles)[25]. Ibrāhīm al-ʿAwra évoque la présence de médecins européens à la cour de Sulaymān Pacha, dont le plus remarquable se nomme Francesco (?). Il décrit en détail comment celui-ci a su guérir une tumeur sur la tête d'un jeune homme, alors que les médecins locaux s'étaient montrés impuissants[26]. Et Mishāqa a bénéficié de la science du docteur Giusia Carletti (?), médecin de l'émir Bashīr, d'origine napolitaine[27]. Les religieux missionnaires comptèrent plusieurs fois des médecins réputés dans leur rang. Au XVIIIe siècle, le frère jésuite Sirotti exerçait son art à Tripoli, tout en vendant des médicaments[28]. Après le retour de la Compagnie au Liban, le frère Henze s'illustra par ses compétences médicales[29]. Mais à cette époque, la médecine européenne se sécularisait. La lutte contre les épidémies (de peste, puis de choléra) obsédait les responsables européens de la santé. Lorsqu'en 1829, le docteur Pariset, venu en Syrie pour étudier la peste, voulut faire déterrer des cadavres à Tripoli pour les examiner, il dut faire face au déchaînement haineux et menaçant de la population[30].

Les militaires européens apparurent essentiellement lors de l'expédition de Bonaparte, qui suscita l'admiration pour son efficacité technique. D'autres occasions, qui ne sont pas évoquées dans ce volume, amenèrent des troupes européennes sur les côtes libanaises: l'occupation russe de Beyrouth en 1772, le bombardement de la ville par les forces anglaises et

---

24 Giovanni Mariti, *Voyages dans l'isle de Chypre, la Syrie et la Palestine avec l'histoire générale du Levant*, Neuwied, 1791, T. 2, 210.

25 Lamartine, *op. cit.*, 184, 187.

26 Ibrāhīm al-ʿAwra, *Tārīkh wilāyat Sulaymān Bāshā al-ʿādil 1804 -1819*, Anṭūn Bishāra Qayqānū (édit.), Beyrouth, 1989, 285.

27 Mishāqa, *op. cit.*, 105.

28 Archives Historiques de la Société de Jésus, Rome, EPPNN, vol. 49, f. 263r, 280r, 295v, 296r (1740–1743).

29 Kuri , *op. cit.*, vol. 1, 554 et *passim*.

30 Michaud, Poujoulat, *op. cit.*, T. VI, 390. Dans son roman *al-Huyam fi jinan al-Sham* (1870), Salīm al-Bustānī se pose la question de savoir pourquoi il y a tant de médecins européens en Orient, et y apporte des réponses peu flatteuses: Wielandt, *op. cit.*, 128–129.

autrichiennes en 1840, l'arrivée d'escadres françaises dans les années suivantes, et l'expédition française de 1860. On sait que les Etats européens sont intervenus de manière de plus en plus directe dans les affaires ottomanes et libanaises. Parmi les «Francs» en Orient au XIXe siècle, la figure de l'«agent» français, anglais, autrichien ou russe, occupe une place de choix. Il y eut le commandant Sidney Smith, avec qui l'émir Bashīr eut une correspondance au temps de l'expédition de Bonaparte, et qui écrivit à Lady Stanhope plus tard. Celle-ci et son entourage jouèrent un rôle très controversé dans la politique locale, plus ou moins au service des puissances étrangères. Mishāqa note l'arrivée du «Sinyūr» ou «Mistir» Richard Wood, interprète de l'ambassadeur d'Angleterre à Istanbul, venu soit disant pour apprendre l'arabe, mais d'après lui, chargé d'organiser le soulèvement du Kisruwān contre l'occupation égyptienne. Pendant les mêmes événements, il a une conversation sur la situation militaire et politique avec Marlāto (?), le consul d'Autriche[31]. Du côté français, on peut évoquer entre autres le rôle des lazaristes, qui ne se cantonnait pas au service religieux et scolaire, mais se portait consciemment sur le terrain politique, tandis que les premiers jésuites étaient soupçonnés de travailler pour l'Autriche.

A partir des années 1840 apparaît aussi la figure de l'entrepreneur français ou anglais venu investir dans la filature de la soie, et qui appelle à son service quelques familles ouvrières d'Europe pour servir à l'encadrement des travailleurs recrutés sur place. Les effets de cette industrialisation sur la société libanaise et sur la montée des tensions confessionnelles, qui débouchèrent sur les massacres de 1860, sont bien connus. Lors de ces événements, l'industriel Portalis intervint personnellement à la tête d'un détachement militaire pour faire rendre à un groupe de druzes le butin pris sur des chrétiens[32].

Si ces Européens installés au Liban ont peu retenu l'attention des contributeurs de ce volume, c'est peut-être aussi parce que les Libanais ont laissé peu de commentaires écrits sur cette présence, soit que celle-ci leur fût restée étrangère, soit que, plus sûrement, elle ait été perçue comme trop familière pour mériter qu'on en fît des gloses.

---

31 Mishāqa, op. cit., 125, 141. Sur Richard Wood, voir Karam Rizq, *Le Mont-Liban au XIXe siècle. De l'Emirat au mutasarrifiya. Tenants et aboutissants du Grand-Liban*, Kaslik, 1994, p. 93 et passim.

32 Dominique Chevallier, *La société du Mont Liban à l'époque de la révolution industrielle en Europe*, Paris, 1971, 210–244; Schlicht, op. cit., 133.

L'autre manière pour les Libanais de rencontrer les Européens, c'était le voyage en Europe. Les chrétiens qui visitèrent l'Occident, essentiellement l'Italie et la France, furent assez nombreux depuis le XVIe siècle. Certains d'entre eux s'y installèrent, au moins temporairement. Cependant, nous avons pour le moment peu de témoignages sur leur vie là-bas. La *Riḥlat al-amīr Fakhr al-Dīn ilā Urubā*, d'un chroniqueur anonyme, sans doute sunnite, est un des rares, et peut-être le seul récit de voyage du XVIIe siècle, dont l'auteur est libanais[33]. Ce texte rapporte le séjour de Fakhr al-Dīn en Toscane, puis dans le royaume de Naples (1613 - 1618). Il inaugure un certain nombre de thèmes qu'on retrouve chez des voyageurs qui l'ont suivi. Ainsi, l'attention portée à la technologie européenne (en particulier militaire), et à l'organisation administrative (le système bancaire, l'application des peines pour les criminels, le recrutement et la formation des soldats, la tenue de registres de baptêmes et de sépultures, ou l'inscription obligatoire des hôtes dans les auberges). A cet égard, il préfigure le cheikh Rifāʿa al-Ṭahṭāwī, qui mit à profit son célèbre séjour parisien (1826 – 1831) pour s'informer sur tout ce qui concernait la construction de l'Etat et la modernisation du pouvoir[34]. Comme dans le cas de ce dernier, l'expérience acquise par Fakhr al-Dīn en Europe déboucha à son retour sur l'introduction de réformes inspirées de ses observations. Encore qu'une évaluation précise de cet impact soit difficile.

Comme le récit du voyage de Fakhr al-Dīn, celui de Yūḥannā Naqqāsh et Tūmā Kurbāj dans la seconde moitié du XVIIIe siècle s'attarde sur les réalisations scientifiques et techniques de l'Europe, et sur les mœurs, telles qu'elles apparaissent en particulier lors des fêtes publiques. Mais le parcours de ces moines quêteurs à travers l'Italie du Nord arpente essentiellement un espace sacré, qui va d'église en sanctuaire. D'autre part, l'Europe elle-même a changé: on voit la place que prend, dans leur périple, la visite des musées. Une grande partie de leurs informations ne vient plus du contact direct, de l'observation personnelle et de la conversation, mais semble tirée des gazettes, qui informent à cette époque sur les grands événements politiques (comme l'indépendance des Etats-Unis), sur les catastrophes, et sur les petits faits de la vie mondaine (mariages et décès dans les cours princières)[35].

---

33 al-Ṣafadī, *op. cit.*, supplément 1, 208–241, et la contribution d'Albrecht Fuess, ci-dessous.

34 Anouar Louca, *Tahtâwî: L'or de Paris. Relations de voyage, 1826 – 1831*, trad. de l'arabe et présentation, Paris, 1988.

35 Voir la contribution de Michel Abras, ci-dessous.

Au XIXe siècle, les voyageurs furent plus nombreux[36]. Nous avons déjà cité Assaad Kayat. On trouvera ci-dessous une évocation de Salīm Bustrus, de Jurjī Zaydān et de Mīkhā'īl Nuʿayma. Parmi toutes les destinations européennes, c'est Paris (appelé «Paradis terrestre» par le premier) qui fascina avant tout nos auteurs, représentatifs sans doute sur ce point des Libanais de cette époque. Aḥmad Fāris al-Shidyāq est peut-être, de tous les voyageurs évoqués ici, celui qui a acquis la connaissance la plus intime de la société anglaise et française, ayant vécu à tour de rôle dans les deux pays pendant près de dix ans (1848 – 1857). Il fait de l'évocation de son séjour un sujet littéraire. Sa forte personnalité, ainsi que son expérience prolongée de la France et de l'Angleterre, lui permettent d'échapper aux stéréotypes et au plagiat[37]. Ce n'est pas le cas de Salīm Bustrus. Dans sa visite (brève, il est vrai) de Berlin, il se plie au rituel du tourisme bourgeois de son temps, semblant suivre le programme d'un guide pour ne pas manquer les monuments attendus, et livrant peu d'impressions personnelles. Jurjī Zaydān pour sa part aborde la France et l'Angleterre avec un immense bagage de références littéraires et historiques, mais placées au service d'une cause, d'une volonté de mesurer l'Egypte et la «civilisation arabe» à l'Occident moderne.

Dans ce sens, il s'apparente à ces écrivains qui parlent de l'Europe et des Européens de manière abstraite, à partir de l'idée qu'ils s'en sont faite à travers leurs lectures. C'est le cas du récit que l'émir Ḥaydar al-Shihābī donne de l'épopée napoléonienne, fondée avant tout sur des *Akhbār* recueillis par lui, dans diverses sources, dont la chronique de Niqūlā al-Turk. C'est le cas encore des articles de la presse libanaise et de *al-Jāmiʿa* de Faraḥ Anṭūn, qui tirent pour l'essentiel leurs informations des publications européennes. Le Shaykh Yūsuf al-Nabahānī, enfin, n'a jamais visité l'Europe, n'a jamais sans doute fréquenté de «Franc» en Orient, et ignorait de surcroît les langues européennes. Sa vision des «Européens» était toute imprégnée de sa culture islamique traditionnelle, dont il tirait toutes ses références.

2) La «découverte» des Européens: grandes étapes, grands thèmes

Il nous apparaît qu'on peut distinguer deux grandes périodes dans la tranche chronologique traitée ici. La première couvre les trois premiers siècles

---

36 Voir la contribution d'Axel Havemann, ci-dessous.

37 Wielandt, *op. cit.*, 77-98. Faris Chidyaq, *La jambe sur la jambe*, trad. franç. René R. Khawam, Paris, 1991, 692-735.

ottomans. La seconde s'étend sur le XIXe siècle. On peut lui donner comme point de départ l'expédition de Bonaparte (1798), date plutôt symbolique, car la perspective change réellement avec l'occupation égyptienne (1831 - 1841).

Dans la première période (XVIe - XVIIIe s.), les écrits qui se préoccupent des *Ifranj* sont plutôt rares. Lorsque les Européens apparaissent dans les chroniques, ils n'y retiennent guère l'attention des auteurs, et on ne peut pas dire qu'ils suscitent un intérêt particulier. Le regard des chroniqueurs de cette époque ne se porte que rarement au-delà des horizons locaux, jusqu'à Damas et Alep, parfois jusqu'au Caire et Istanbul, presque jamais hors des frontières de l'Empire ottoman. Les *Ifranj* qui vivent au Levant n'occupent également qu'une place minime dans ces textes. On peut dire qu'aucun auteur n'éprouve le besoin de penser «l'autre», de réfléchir à ce qui le distingue de l'Européen, dans les moeurs, le costume, la langue, la religion, etc... Cette absence de réflexion sur l'«autre» dans les chroniques offre un contraste saisissant avec l'importance que revêtent les thèmes de la comparaison et de l'opposition dans la littérature des voyageurs et des missionnaires européens de la même époque[38]. La manière de penser «l'autre» et de se penser par rapport à lui sera également totalement différente au XIXe siècle.

Cette absence de curiosité a déjà été relevée, et a fait l'objet de commentaires[39]. Cependant, Bernard Lewis a tenté de l'expliquer en opposant Islam et Occident. Or, les chroniques arabes chrétiennes des XVIe - XVIIIe siècles, qui sont les plus nombreuses dans le cadre libanais, présentent les mêmes caractéristiques que leurs homologues musulmanes. Les moines melkites Rufā'īl Karāma et Ḥanāniyā al-Munayyir, à la fin du XVIIIe siècle, ne consacrent que de minces paragraphes aux Européens, lorsqu'ils apparaissent au Levant (occupation russe de Beyrouth, expédition de Bonaparte)[40]. Leur collègue Qusṭanṭīn Ṭarābulusī, qui vit et écrit pourtant à Rome, se concentre entièrement sur les affaires orientales, n'évoquant de la vie romaine que les décès et les promotions des ecclésias-

---

38 Michel Febvre, *Théâtre de la Turquie*, Paris, 1682, 558 p. Constantin François Volney, *Voyage en Syrie et en Egypte pendant les années 1783, 1784, 1785*, Paris, 1825, T. 1, 436 p.; T. 2, 447 p. Nouvelle édition: Paris, 1959, 425 p.

39 Bernard Lewis, *Comment l'Islam a découvert l'Europe*, Paris, 1984, 339 p.

40 Rufā'īl Karāma, *Maṣādir tārīkhiyya fī ḥawādith Lubnān wa-Sūriya, 1745 - 1800*, édit. Basīliyūs Qaṭṭān, Beyrouth, 1929, 172 p., et Ḥanāniyā al-Munayyir, *al-Durr al-marṣūf fī tārīkh al-Shūf*, Beyrouth, s.d., 157 p.

tiques de la Curie auxquels il a affaire[41]. A la fin du XVIIe siècle, le patriarche maronite Isṭifān al-Duwayhī, qui a vécu en Occident, prête à peine plus d'attention aux faits qui se déroulent hors du champ libanais. Il relève quelques événements plus lointains, comme la défaite des armées européennes en Crète, et fait dans sa correspondance quelques rappels flatteurs des liens qui unissent les maronites, Rome et la France[42]. Mais toutes ces observations sont superficielles, et ne donnent pas lieu à des commentaires problématiques. Si Duwayhī évoque déjà un passé commun avec les «Francs», notamment en affirmant l'éternelle orthodoxie des maronites, il est plus difficile de voir chez lui une volonté claire de se distinguer de son environnement ottoman.

Tout compte fait, c'est le chroniqueur anonyme qui relate en quelques pages le séjour de Fakhr al-Dīn en Italie, que nous avons évoqué plus haut, qui se montre le plus intéressé et le plus curieux face à l'organisation rationnelle occidentale, face «aux merveilles des pays des Chrétiens». Il est vrai que nous sommes ici dans le cas d'un récit de voyage en Occident, non d'une chronique locale[43].

On peut encore ranger dans cette première période, peu «curieuse», les témoignages à chaud sur la Révolution française et sur l'expédition de Bonaparte. Les chiites du Jabal ʿĀmil, persécutés par le gouverneur Aḥmad al-Jazzār, apportèrent un soutien militaire effectif aux Français[44]. Pour les sunnites, par contre, Bonaparte était un ennemi de l'Islam, contre lequel ils menaient une guerre religieuse. En 1816-17 encore, il fallait se prémunir contre son éventuel retour en fortifiant Jaffa. Aḥmad Pacha al-Jazzār pouvait être célébré comme un continuateur du Prophète, et sa victoire d'Acre, comme une nouvelle bataille de Badr[45]. L'attitude chrétienne face à l'envahisseur fut plus positive. Cependant, Ḥanāniyā al-Munayyir n'y consacre qu'un petit passage. Sa vision des événements s'inscrit complètement dans une conception religieuse de l'histoire, où la Révolution est traitée comme une hérésie qui s'élève contre l'Eglise. Ce qui ne l'empêche pas d'évoquer la campagne

---

41 Qusṭanṭīn Ṭarābulusī, *Tārīkh Nāfīshallā (Navicella) 1729 - 1772)*, Ms Beyrouth, Bibliothèque Orientale, n° 38.

42 al-Duwayhī, *Tārīkh al-azmina*, *op. cit.*, et idem, *Tārīkh al-ṭā'ifa al-mārūniyya*, édit. R. al-Sharṭūnī, Beyrouth, 1890, 472 p.

43 al-Ṣafadī, *op. cit.*

44 Joseph Mouawad, «Bonaparte et les communautés libanaises», *Les Cahiers de l'Orient*, 14 (1989), 225–241.

45 al-ʿAwra, *op. cit.*, 280 et suiv. M. Bakir Alwan, William T. Strunk (édit.), «Tārīkh ḥiṣār al-Ifranj li-ʿAkkā l-maḥrūsa wa-ḥuṣūl al-naṣr ʿalayhim by Muḥammad Budayr Effendi», *Arabica*, XX (1973), 246–260.

napoléonienne en Palestine sur un ton épique[46]. Niqūlā al-Turk est relativement bien informé sur les épisodes qui ont conduit à la proclamation de la République et à la mort du Roi en France. Mais on ne peut dire qu'il éprouve pour ces événements une grande sympathie. Il s'inscrit dès le début dans une vision providentielle de l'Histoire, et dans une conception hiérarchique de la société, qui ne l'amènent pas à comprendre le véritable sens du bouleversement politique[47].

Par contre, il manifeste une grande admiration pour Bonaparte et pour l'efficacité de l'armée française, tout en relevant la débauche des soldats. Il rapporte aussi positivement la qualité de l'administration provinciale et de la justice françaises. Dans ce sens, il assure la transition avec la période suivante, d'autant plus que son texte pose constamment la question de la confrontation de la civilisation de l'Islam avec la France républicaine, par exemple sur le statut de la religion, le traitement des femmes, etc...[48].

Le XIXe siècle offre une documentation beaucoup plus abondante que l'époque précédente, sur la vision des Européens par les Libanais, d'abord parce que la production écrite s'enfle, mais aussi parce que la perspective change. Chez Ḥaydar al-Shihābī, le théâtre de l'histoire s'est considérablement agrandi, les événements locaux sont dorénavant placés dans un contexte plus large. Ainsi, les campagnes de Napoléon contre la Prusse et la Russie, et ce qui s'y rattache, sont évoquées avec une certaine précision dans la chronique. Il ne s'agit plus à présent simplement de rapporter des faits auxquels les Européens sont mêlés, mais de se situer soi-même dans l'histoire du monde, et de réfléchir aux leçons qu'on peut en tirer pour son propre avenir. Chez Ḥaydar comme dans l'imaginaire politique libanais en général, Napoléon Bonaparte devient une figure centrale, un personnage de référence, le paradigme du souverain moderne à l'avènement duquel le chroniqueur aspire sans doute[49].

---

46 al-Munayyir, *op. cit.*, 96, 113-122.

47 Turc, *op. cit.*, trad. franç., 2-6. Wielandt, *op. cit.*, 17-18, note que les chroniques consacrées à l'épopée napoléonienne par des chrétiens, comme celles de Ḥaydar al-Shihābī et de Niqūlā al-Turk ne se distinguent pas fondamentalement de celles des musulmans (comme Jabārtī).

48 Turc, *op. cit.*, 45, 48, 50-56, 66, et la contribution de Hayat Bualwan, ci-dessous.

49 Voir la contribution de Jean Charaf, ci-dessous, et les appréciations de Mikhā'īl Mishāqa sur Napoléon Bonaparte.

La réflexion se concentre de manière obsessionnelle sur la différence entre «eux» et «nous». Les thèmes de cette réflexion sont en grande partie inspirés des ouvrages européens eux-mêmes, les Libanais se définissant très souvent par rapport à tel ou tel courant de pensée occidental: c'est l'effet de miroir[50]. Les voyages orientalistes, de Volney (lu avec une certaine excitation, en manuscrit, dans sa traduction arabe, par le jeune Mishāqa en 1818)[51], de Chateaubriand[52] ou de Lamartine, peuvent devenir des sources d'information et d'inspiration des Libanais sur eux-mêmes. Les journaux locaux reproduisent des articles de la presse européenne, sans en indiquer clairement l'origine. Les représentations des différents paysages libanais sont elles-mêmes exclusivement produites par des Européens: le principal producteur de photographies du Liban dans la seconde moitié du XIXe siècle était la maison française Bonfils[53].

Le XIXe siècle est, en particulier en France et en Allemagne, le siècle des grands systèmes d'interprétation historique. Dans une certaine mesure, la vision de l'Europe et des Européens chez les Libanais est marquée par les références aux explications que les Européens donnent de leur propre histoire. Ainsi, on pourrait sans doute dessiner un courant «réactionnaire» dans les écrits libanais du XIXe siècle, lié à la pensée contre-révolutionnaire et catholique intégrale. A vrai dire, les idéologies hostiles aux Lumières ont déjà pu pénétrer le Liban chrétien au XVIIIe siècle. L'interprétation que donne al-Munayyir de la Révolution s'inscrit dans ce courant. Mais c'est l'ouvrage de l'évêque maronite Nicolas Murad paru en 1844[54] qui pourrait marquer la première expression libanaise cohérente de cette idéologie, par ailleurs inspirée des textes maronites fondateurs, Jibrāʾīl Ibn al-Qilāʾī et Iṣṭifān al-Duwayhī. L'auteur tente de relier l'Histoire des maronites à une Histoire de France romantique, catholique et anti-révolutionnaire. Nicolas Murad ignore totalement l'épisode révolutionnaire, pour donner une image de la France éternelle, unie et obéissante à ses Rois, engagée dans la lutte pour la défense de l'Eglise catholique.

---

50 Voir la contribution d'Andreas Pflitsch, ci-dessous.

51 Mishāqa, *op. cit.*, 65.

52 Une citation de Chateaubriand introduit le texte du R.P. Azar, *Les Marounites d'après le manuscrit arabe du R.P. Azar, vicaire général de Saïda (Terre Sainte), délégué du patriarche d'Antioche et de la Nation Maronite*, Cambrai, 1852, 192 p. (1ere édition: 1847).

53 *Romantic Lebanon, the European View 1700 – 1900*. Exposition Leighton House, 10 février - 8 mars 1986, The British Lebanese Association, Londres, 1986.

54 Nicolas Murad, *Notice historique sur l'origine de la Nation maronite*, traduit en arabe et présenté par Joseph Moawad et Antoine Kawal, Paris, 1988, 70 p. franç., 80 p. arab.

L'histoire maronite suit une ligne identique: la dynastie des Shihāb aurait une longévité de six siècles, les maronites auraient été parmi les principaux combattants de la croisade, et seraient les catholiques les plus fidèles, après la France. L'ouvrage du Père Azar consacré aux maronites suit la même veine, en la développant[55]. Ces textes, donnés en français, étaient destinés à un public français, appartenant aux milieux catholiques plutôt réactionnaires, prêts à s'engager pour la défense du catholicisme en Orient. Mais nul doute que l'affirmation d'une identité, ou du moins d'un destin jumeau, entre la France catholique et les maronites, apparue au temps du patriarche Ḥubaysh et à la fin de l'émirat Shihāb, a connu sur place une postérité qu'il serait intéressant d'explorer. La «Lettre de Saint Louis aux maronites», dont Youssef Mouawad fait dans ce volume une analyse pénétrante, est un témoin de cette «invention d'une tradition». Comme les ouvrages de Murad et du Père Azar, elle illustre par ailleurs un type particulier de rapports entre l'Orient et l'Occident, puisqu'il s'agissait à l'origine d'une tentative de manipuler l'opinion européenne, pour lui offrir une certaine image des maronites et de leur environnement[56]. Ce n'est pas le seul cas de manipulation de ce genre qu'on pourrait mettre à jour: à peu près à la même époque, Muḥammad ʿAlī a tenté de détourner la naissance de la légende napoléonienne dans l'opinion française à son profit.

La «Lettre de Saint Louis» affirme fondamentalement le lien entre religion et politique, qu'on retrouve également dans l'alliance paysans / clergé, inspirée d'un catholicisme plus «social», comme celui qui émergea lors de la Révolution de 1848. L'hostilité sans faille du clergé au protestantisme est un autre aspect permanent de cette idéologie. Notons que la tradition «réactionnaire» récupère aussi la légende de Napoléon, dans la continuité de l'Histoire de France monarchique et catholique, notamment après le coup d'Etat du 2 décembre 1852, qui fait de Napoléon III le chef du parti de l'Ordre. L'intervention militaire française de 1860 occupe dans ce contexte une place particulière.

A côté de la figure de la France monarchique et catholique, une autre image de l'Europe et des Européens s'introduit, plus libérale. Elle apparaît plutôt dans les milieux protestants, liés aux missionnaires américains. Parmi les noms qui appartiennent à cette mouvance, on peut citer Aḥmad Fāris al-Shidyāq, Assaad Y. Kayat, Mikhāʾīl Mishāqa, Buṭrus al-Bustānī, Jurjī Zaydān, qui posent les bases d'un nationalisme arabe. Dans le bref article «*Thawra*» (Révolution) de l'encyclopédie *Daʾirat al-Maʿārif* de

---

55 *Les Marounites d'après le manuscrit arabe du R.P. Azar...*, op. cit.

56 Chevallier, *op. cit.*, 34–38.

Buṭrus al-Bustānī, la révolution est un mal nécessaire, comme chez les historiens libéraux qu'il cite (Thiers pour la Révolution française, Guizot pour la Révolution anglaise). Dans les éditoriaux de Salīm al-Bustānī pour *al-Jinān*, la terminologie politique moderne, d'origine européenne, apparaît massivement *al-umma* (la nation), *al-waṭan* (la patrie, avec *ḥubb* et *maḥabba,* l'amour), *al-thawra* (la révolution), *al-jumhūriyya* (la république), *al-ḥuqūq* (les droits, avec différents adjectifs), *al-shaʿb* (le peuple), *al-ḥurriyya* (la liberté) avec *al-afkār* (de pensée), *al-dīniyya* (de religion), etc..., *al-hayʾa al-ijtimāʿiyya* (l'organisation sociale) ...

Au-delà de la découverte et de l'adoption (ou du rejet) de ses concepts politiques, l'Europe, c'est la «civilisation». Le concept de «civilisation» est lui-même une élaboration des XVIIIe et XIXe siècles (Voir en particulier Guizot). Buṭrus al-Bustānī commence l'article «Urūbā» de son encyclopédie en affirmant que l'Europe est le plus petit des cinq continents, «mais le plus grand pour son importance dans l'histoire de la civilisation»[57]. Dans son article «*Tamaddun*» (civilisation), il suit les penseurs européens des Lumières sur l'origine des civilisations. Il tente d'expliquer les différences dans les niveaux (*darajāt*) de développement, en choisissant des comparaisons entre une île du Pacifique ou l'«Hindoustan» d'une part, l'Angleterre et la France de l'autre[58]. Ailleurs, il évalue la distance qui sépare les habitudes des Européens de celles des Arabes à quatre cents ans[59]. Le terme de civilisation englobe la religion (essentielle pour Bustānī), l'organisation de l'Etat, mais aussi les activités économiques (*tijāra*, *zirāʿa*, *ṣināʿa*, commerce, agriculture, industrie: termes obligés de toute géographie du XIXe siècle), le progrès scientifique et technique, et les exploits militaires.

L'arrivée de plus en plus massive de la technologie et des objets de la civilisation matérielle fascine les Orientaux, et parfois les met mal à l'aise. Ainsi, les fusils de valeur offerts par Napoléon à Aḥmad al-Jazzār en 1805, passèrent aux mains de son successeur Sulaymān, qui en était très fier, puis de Bashīr Shihāb[60]. Lady Stanhope offrit au même Sulaymān Pacha une horloge à mécanisme, qui montrait toutes les heures des gazelles poursui-

---

57 *Dāʾirat al-maʿārif*, op. cit., T. 4, 606.

58 *Dāʾirat al-maʿārif*, op. cit., T. 6, 213-215.

59 Buṭrus al-Bustānī, *Khiṭāb fī l-hayʾa al-ijtimāʿiyya wa-l-muqābala bayna al-ʿawāʾid al-ʿarabiyya wa-l-ifranjiyya*, texte édité et traduit par Karam Rizq *(Discours sur la Société et comparaison entre les coutumes des Arabes et des Occidentaux)*, Kaslik, 1999, XXVIII.

60 al-ʿAwra, *op. cit.*, 80.

vies par un chasseur, et qui enthousiasma le chroniqueur grec-catholique Ibrāhīm al-ʿAwra. Mais son maître Sulaymān en fit casser les figures, en les déclarant *ḥarām* (illicites)[61]. Le journal de Saïda *al-ʿIrfān* (1914) évoque l'arrivée de deux avions français sous le titre «Muʿjazāt al-gharb», et s'exclame:

> Tous furent croyants (*kulluhum mūʾmin*) dans les miracles de l'Occident (*muʿajazāt al-gharb*), mais incrédules dans ses actes (*kāfir fī l-ʿamal bihā*). Quand donc cet Orient va-t-il se relever de son abaissement ? ... Les gens volent, et nous, nous dormons.[62]

Mais la pénétration de la civilisation matérielle européenne au Liban mériterait certainement une exploration plus attentive. Ainsi, contrairement à ce que l'on pourrait imaginer, le costume européanisé ne se diffuse localement que dans la dernière décennie du XIXe siècle, pour ne s'imposer qu'après la première guerre mondiale[63]. On peut s'étonner que la puissance technologique européenne n'ait pas posé plus de problèmes, et semble ne pas avoir soulevé de grands débats ou de fortes oppositions, alors qu'elle était au cœur de la domination impérialiste, et qu'elle entraînait des bouleversements sociaux et éthiques considérables. L'avance technique semble avoir été accueillie, au XIXe siècle comme aujourd'hui, avec un enthousiasme peu conscient des conséquences profondes qu'elle entraîne.

On peut suivre, dans les écrits du XIXe siècle, la prise de conscience progressive du fossé dramatique qui sépare l'Orient de l'Europe en matière de développement. Mikhāʾīl Mishāqa raconte (de manière pittoresque, et peut-être «arrangée»), comment, dans sa jeunesse (1818), il a saisi la distance incommensurable qui séparait la science des «savants» de Dayr al-Qamar de la vraie science moderne, introduite dans sa famille au contact des Français de l'expédition d'Egypte[64]. (Bustānī distingue également entre «vraie» et «fausse» civilisation, «vraie» et «fausse» science, «vraie» et «fausse» industrie)[65]. Le recours à la statistique, selon les règles de la science géographique européenne, pour évaluer les ressources d'un pays, aggrave encore la perspective du «retard» dans le développement (Mishāqa

---

61 al-ʿAwra, *op. cit.*, 182.

62 *al-ʿIrfān*, 5 (1332 H.), 80.

63 Voir la contribution de Saleh M. Barakat, ci-dessous.

64 Mishāqa, *op. cit.*, 61-63.

65 *Dāʾirat al-maʿārif*, op. cit., T. 6, 214.

compare par exemple la densité libanaise à la densité européenne) [66]. La plupart des Orientaux, de Mikhāʾīl Mishāqa à Rashīd Riḍā, doivent se poser cette question du «retard» de l'Orient et des Orientaux sur l'Europe et les Européens, et des remèdes à y apporter.

Cependant, dès 1860 apparaît le thème à connotation péjorative de *tafarnuj*, qui signifie quelque chose comme le fait de vouloir se faire passer pour «franc»[67]. Il n'est plus question de porter sur les Européens le regard juvénile et naïf d'un Salīm Bustrus. Sans nier la supériorité de la «civilisation européenne», les auteurs s'attachent alors à montrer que tout n'est pas digne d'être admiré et imité chez les Européens, et à faire apparaître les valeurs propres à la société orientale ou aux Arabes. Déjà Aḥmad Fāris al-Shidyāq s'était engagé dans cette voie auparavant. Son expérience personnelle le prédisposait à exercer envers les Européens comme envers ses compatriotes et envers lui-même, une distance critique, souvent ironique. Aussi ne s'est-il jamais assimilé à la société d'accueil. Contrairement à bien d'autres auteurs, il ne fait pas de l'Europe et de sa civilisation un bloc monolithique. Il est capable d'y distinguer non seulement entre France et Angleterre, mais aussi entre couches sociales différentes[68].

Buṭrus al-Bustānī, dans son essai de comparaison, se livre à un exercice d'opposition entre les Occidentaux et les Arabes dans des termes comparables à ceux qu'employaient auparavant des auteurs européens[69]: les premiers se protègent les mains et les pieds contre le froid, les seconds la tête; les premiers entrent dans les maisons en se découvrant la tête, les seconds en se déchaussant... Mais au-delà du caractère plaisant et pittoresque de ce discours, qui relève d'un positivisme un peu naïf, Bustānī entend mettre ses compatriotes en garde contre une adoption inconsidérée des mœurs européennes, et insister sur les valeurs propres aux Arabes, sur lesquelles doit nécessairement se fonder tout développement, par ailleurs indispensable. Il propose une méthode pour déterminer les qualités et les défauts respectifs des peuples, afin que les gens puissent choisir en toute conscience, et sans renoncer à leur identité propre. Cette dernière, dans le cas des Arabes, est gravement menacée par une occidentalisation inconsi-

---

66 Mishāqa, *op. cit.*, 154. Sur l'importance des chiffres de la population dans les discours du XIXe siècle sur le Liban, voir Chevallier, *op. cit.*, 30–64.

67 Wielandt, *op. cit.*, 131.

68 Wielandt, *op. cit.*, 77–98.

69 Joseph Besson, *La Syrie Sainte ou la mission de Jésus et des Pères de la Compagnie de Jésus en Syrie*, Paris, 1660, 2e partie, 250–269: «L'antipathie de la Syrie et de l'Europe».

dérée. Chaque caractère d'un peuple doit être placé dans son contexte, et doit être apprécié en fonction de ce contexte. C'est pourquoi, il est vain de vouloir prendre les apparences sans saisir l'essentiel[70].

Dans le *Voyage en Europe* de Jurjī Zaydān, quelques décennies plus tard, la question de l'identité se pose encore de manière accrue. Pour Zaydān comme pour Bustānī, il faut étudier de près les caractères de la civilisation européenne pour y retenir ce qui serait bénéfique pour l'Orient arabe. Toutefois, bien que la supériorité occidentale ne fasse aucun doute et que l'auteur exprime son admiration pour la France et l'Angleterre, la description des merveilles européennes et la comparaison de l'Europe avec l'Orient servent avant tout dans son récit de voyage à célébrer les grandeurs et les valeurs propres à la civilisation arabe[71].

Pour Mīkhā'īl Nuʿyama, la Russie, orientée vers le développement selon ses propres voies, et sans renoncer à sa propre identité face à l'Occident, offrirait aux Arabes un modèle plus proche et plus efficace que celui des grandes nations européennes, ou du moins une manière de s'interroger sur la modernisation qui leur serait plus directement accessible[72].

L'éducation devient un des enjeux essentiels pour combler le «retard». Bustānī, dans l'article «Allemagne» de son encyclopédie, commence son chapitre «agriculture» en évoquant le fait que chaque région du pays possède une école d'agronomie, dont certaines sont célèbres dans le monde civilisé[73]. On sait quelle importance le thème de l'éducation de la jeunesse revêt dans la pensée et la vie de Assaad Y. Kayat, de Jurjī Zaydān ou de Rashīd Riḍā, dans des perspectives qui ne sont pas toujours concordantes. Il s'agit aussi d'éducation des moeurs: un article du *al-ʿIrfân* explique comment les *Ifranj* se tiennent à table, comment ils manient la fourchette et le couteau[74]. Aḥmad Fāris al-Shidyāq se distingue sans doute encore à ce sujet de ses contemporains, puisqu'il accorde moins d'importance à l'éducation qu'au travail productif, débouchant sur l'industrialisation.

Après le développement des écoles protestantes et catholiques, les musulmans se mirent à moderniser à leur tour leur système d'éducation, dans la seconde moitié du XIXe siècle. Ils suivirent de près les modèles euro-

---

70 Voir la contribution de Karam Rizq, ci-dessous, et Buṭrus al-Bustānī, *Khiṭāb fī l-hay'a al-ijtimāʿiyya ...*, *op. cit.* , 25 p. et introd. (arabe) + 27 et XXXI p. (français).

71 Voir la contribution de Souad Slim, ci-dessous.

72 Voir la contribution d'Andreas Pflitsch, ci-dessous.

73 *Dā'irat al-maʿārif*, op. cit., T. 4, 298.

74 *al-ʿIrfān*, 3 (1329 H.), 394.

péens pour ce qui concerne les sciences naturelles. Shaykh Ḥusayn al-Jisr de Tripoli (1845 - 1909), qui avait étudié à al-Azhar, fonda une «Ecole Nationale Islamique», où furent enseignés l'arabe, le français, le turc, et les sciences modernes. Pour les manuels scolaires, on recourut entre autres à ceux de Cornelius van Dyck, professeur du «Syrian Protestant College» de Beyrouth, qui exposaient des problèmes scientifiques dans une langue arabe claire. Shaykh al-Jisr est l'auteur de *al-Risāla al-Ḥamīdiyya*, qui cherchait à présenter les principes de base de l'Islam à destination aussi bien des musulmans que des non-musulmans[75]. L'école islamique de Tripoli fut en particulier fréquentée par Rashīd Riḍā (1865 - 1935), qui rencontra Muḥammad ʿAbdūh dans les années 1890, avant de s'établir au Caire. Dans ses écrits, il s'occupe du «retard» des pays musulmans, et pense trouver la voie d'une «renaissance» dans le retour à la vraie foi musulmane[76]. Faraḥ Anṭūn, originaire de Tripoli également, polémiqua avec Muḥammad ʿAbdūh et les tenants de son islam réformiste, au nom d'une conception laïque de l'Etat, fondé sur l'égalité entre les adeptes du christianisme et de l'islam, et pour l'essentiel inspiré des idéaux de la Révolution française[77].

Mais la *salafiyya* de Muḥammad ʿAbdūh fut également prise à partie dans les oeuvres du cheikh Nabahānī, représentant d'un courant islamique conservateur, méprisé par les réformateurs et méconnu par les historiens, ce qui ne doit pas amener à sous-estimer l'influence que ses écrits prolixes ont exercée. Quoique vivant dans un univers mental fermé, qui semble attacher peu d'importance à l'avance technique et à la domination militaro-politique de l'Europe, Nabahānī met en garde contre la fréquentation des écoles missionnaires de Beyrouth, présentées comme une entreprise concertée pour détourner les musulmans de leur foi. Il condamne en particulier l'enseignement des sciences naturelles. A l'instar des partisans du modèle occidental, il reconnaît le rôle primordial des femmes dans la famille, par l'influence qu'elles exercent sur leur mari et par l'éducation qu'elles donnent à leurs enfants, mais il en tire des conclusions opposées: il faut éviter toute fréquentation des écoles missionnaires par les filles[78].

L'éducation des filles était devenue en effet une question centrale du débat autour du modèle européen et de la modernisation de la société lo-

---

75 Albert Hourani, *Arabic Thought in the Liberal Age (1798 - 1939)*, Londres, New York, Toronto, 1962, 223.

76 *Ibidem*, 222-244.

77 Voir la contribution de Baria Daher, ci-dessous.

78 Voir la contribution de Samir Seikaly, ci-dessous.

cale, à partir des années 1870, si on en croit la montée du sujet dans la presse libanaise[79]. Vers la fin du siècle, le thème de la condition féminine touchait toute l'opinion: *al-ʿIrfān* consacre un article à la femme anglaise, une *qaṣīda* à la jeune fille occidentale, et une autre à la jeune fille orientale, dans la seule année 1910[80]. C'était tout le statut de la mère et de l'épouse qui était mis en discussion. Si tout le monde était d'accord que le rôle de la femme dans la famille était essentiel dans la régénération souhaitée de la société orientale, on était loin de s'entendre sur le contenu de l'éducation qu'on souhaitait pour les filles. Mais le débat n'anticipait pas sur l'évolution de la société: à ce moment-là, la place de la femme dans la société libanaise s'était déjà rapprochée du modèle européen, lui-même idéalisé. L'émigration s'accélérait, et les filles étaient envoyées travailler dans les magnaneries. Des objets de la mode occidentale s'étaient mis à orner le corps des femmes: montres, broches, apparaissaient dans les corbeilles de fiançailles de la fin du XIXe siècle. La presse véhiculait des silhouettes de «femmes modernes», parfois sous le prétexte ambigu de les critiquer.

Des voix, presque prophétiques, comme celle de Aḥmad Fāris al-Shidyāq, s'étaient élevées pour suggérer un nouveau type de rapports homme-femme dans le couple, fondé sur l'égalité, y compris dans les relations sexuelles. Encore que la volonté émancipatrice de Shidyāq connût elle-même des limites, puisque dans son œuvre il traitait souvent de la femme comme d'un objet sexuel, et consacrait, comme Zaydān, une large place à l'évocation des filles vénales et des plaisirs tarifés de Paris. Même parmi les partisans de la modernité européenne, des réticences s'exprimaient, face à certains effets de l'influence étrangère, notamment en ce qui concernait l'attitude envers les femmes, ou le comportement de ces dernières en société. La misogynie et le rigorisme n'étaient pas le privilège des cheikhs conservateurs, comme Nabahānī: encore en 1936, le patriarche maronite demandait à l'autorité mandataire d'interdire l'entrée au Liban pour les artistes féminines européennes[81].

Ainsi, l'indifférence à l'égard de l'Europe et des Européens a cédé la place, au XIXe siècle, à un véritable questionnement des Libanais sur l'identité, entre «nous» et les «autres». La perception du «Franc» s'inscrit

---

79 Voir la contribution de Magda Nammour, ci-dessous.

80 *al-ʿIrfān*, 2 (1328 H.), 249, 343, 490.

81 *Le Liban et la France*. Documents publiés par le patriarche Maronite, Beyrouth, s.d., 26.

alors dans une interrogation plus large sur le retard et le progrès, en matière technologique, politique, ou, plus largement, de civilisation. Cette réflexion emprunte en grande partie aux concepts débattus dans la société européenne au même moment, et se réfère pour l'essentiel au modèle bourgeois anglais ou français en matière d'organisation politique, de mœurs, d'éducation, ou de statut des femmes.

L'impression qui ressort de l'ensemble des contributions de ce volume n'est pas celle d'un «choc des cultures et des civilisations» entre Islam et Occident, mais bien plutôt de l'échange et du dialogue entre cultures et pays. Néanmoins, tout ceci n'a pas été vécu sans conflits et sans frustrations, surtout à la fin de la période envisagée, lorsque la domination européenne se fit plus pesante. L'idée, développée par les auteurs libanais à partir du milieu du XIXe siècle, qu'on peut prendre dans la civilisation européenne ce qu'on veut, qu'il faut y faire le tri conscient entre ce qui est nécessaire et recevable dans la société locale et ce qui ne l'est pas, peut paraître pertinente, dans la mesure où elle part de l'affirmation d'une spécificité «arabe» ou «ottomane» ou «libanaise», qu'il s'agirait de conserver ou de consolider. Mais elle est en fait pour l'essentiel illusoire, dans la mesure où il n'y a pas consensus entre les auteurs sur les choix qu'ils entendent opérer. Elle méconnaît surtout les processus d'acculturation, qui ne sont jamais simples, conscients et maîtrisés, et qui ne se déroulent pas sans conflits, contradictions et paradoxes.

Ces questionnements ne sont certes pas un privilège libanais, et on peut se demander si la Communauté Européenne, dont le financement a permis la réalisation de ce projet, n'est pas elle-même confrontée aujourd'hui à une quête de l'identité européenne et du consensus autour des valeurs qui la fondent. Le sujet des «Européens vus par les Libanais» répondrait alors au besoin des Européens, de savoir quel discours les autres ont tenu sur eux.

AN INSTRUCTIVE EXPERIENCE: FAKHR AL-DĪN'S JOURNEY TO ITALY, 1613-18

ALBRECHT FUESS

Introduction

The end of the sixteenth century was certainly not the heyday of European-Ottoman relations. Venetian-Ottoman rivalry in the Eastern Mediterranean had culminated in the Ottoman conquest of Venetian Cyprus and in the subsequent Ottoman defeat – by Venice, Spain and the pope – at the battle of Lepanto, in 1571. The decline of Ottoman trade with Europe was the result of such military encounters in the Eastern Mediterranean. Sometimes, too, it seems that there were official restrictions on trade, but there were always smugglers ready to violate these stipulations. In a *firmān* (decree) dating from June 1579, the Ottoman Sultan Murād III ordered the *beylerbeyi* (governor) and the *qāḍī* of Damascus to investigate allegations that the *muḥtasib* (market inspector) of Ṣafad, Muḥammad ibn Abī Jālūs, sold wheat and barley to "hostile infidels," who took it to *dār al-ḥarb* (the land of war). The money which he earned supposedly went toward the purchase of muskets and other arms, intended for sale to rebellious bedouins.[1]

Although the Ottoman fleet was able to protect the Syrian coast more extensively than its Mamluk predecessor, pirate activities never really ceased in the first centuries of Ottoman rule. The Christian knights of Malta[2] and the pashas of Algiers[3] robbed merchant ships on the Mediterra-

---

1 Uriel Heyd, *Ottoman Documents on Palestine, 1552-1615: A Study of the Firman According to the Mühimme Defteri*, Oxford: Clarendon Press, 1960, 82-83.

2 The island of Malta was given as fief to the Crusader Order of St. John by the German Emperor, Charles V, in 1530.

3 At the beginning of the sixteenth century, the brothers ʿArūj and Khayr al-Dīn, two famous Muslim pirates, were invited by the inhabitants of Algiers to help them stave off Spanish incursions, a task which they successfully completed. In 1533, after the death of his brother, Khayr al-Dīn offered the newly-acquired territories to the Ottoman Sultan, Selim. Khayr al-Dīn was appointed commander-in-chief of the Ottoman fleet, while Algiers was ruled, until 1587, by Ottoman governors (beylerbeys) and,

nean, imposing a heavy burden on free trade. Thus, the Ottoman Sultan Murād III issued a *firmān* in 1576 which obliged the bey of Ṣafad to guard the coast and ordered the authorities of Alexandria, Damietta and Sıghacık[4] to patrol the sea against the Christian pirates who were attacking Muslim ships on their way from Acre to Tyre.[5] According to another source, the idea of *jihād* (holy war) against the infidels on the coast was still alive in Ottoman times. Ibn Ayyūb tells us about a *ṣūfī* in the sixteenth century who collected a considerable number of bows and arrows in the weapons market of Damascus for the *murābiṭūn*[6] on the Beirut coast.[7]

The situation on the Syrian coast was thus unstable and Ottoman-European relations tense and distant by the time Fakhr al-Dīn emerged on the political stage. Fakhr al-Dīn was born in 1572 to the Druze family of the Maʿns, who had settled in the Shūf long before the Ottoman conquest.[8] His father, Qurqumās, was a prominent leader in the area. In the early 1590s, young Fakhr al-Dīn was appointed to the position of tax farmer (*multazim*) of the Druze mountain by the Ottoman governor of Damascus[9] and he soon rose to become the region's leading political figure after overcoming his rivals.[10] He achieved power in the early stages of his career by

later, by pashas serving three-year terms. The pashas had to share much of their power with the *ṭāʾifat al-ruʾasāʾ*, a guild of corsair captains, who provided the Algerian treasury with resources; see M. Colombe, "Algeria: The Turkish Period," in *Encyclopaedia of Islam*, 2d ed., vol. 1, Leiden: Brill, 1960, 367-68.

4 According to Heyd, Sıghacık was a port on the Aegean coast of western Anatolia, south-west of Izmir.

5 Heyd, *Ottoman Documents*, 129-130.

6 Muslim 'warrior-monks' at the frontier of the Islamic world. The name derives from the fortress, the *ribāṭ*, where they were stationed.

7 Ahmet Halil Günes, *Das Kitāb ar-rawḍ al-ʿāṭir des Ibn Aiyūb: Damaszener Biographien des 10./16. Jahrhunderts*, Islamkundliche Untersuchungen 60, Berlin: Klaus Schwarz, 1981, 56 (of the Arabic text). See also Fritz Meier, "Almoraviden und Marabute," *Die Welt des Islams*, 21 (1981), 81.

8 On the origins of the Maʿns, see Kamal S. Salibi, "The Secret of the House of Maʿn," *International Journal of Middle East Studies*, 4 (1973), 272-287.

9 *Ibid.*, 272.

10 On the political career of Fakhr al-Dīn, see Abdul-Rahim Abu-Husayn, *Provincial Leaderships in Syria, 1575-1650*, Beirut: American University of Beirut, 1985; Michel Chebli, *Fakhreddine II Maan: Prince du Liban, 1572-1635*, Beirut: Publications de l'Université Libanaise, 1984 (reprint of the edition 1946); Adel Ismail, *Histoire du Liban du XVIIe siècle à nos jours:* Vol. 1: *Le Liban au temps de Fakhr ed-Dīn II, 1590-1635*, Paris: Librairie Orientale et Américaine, 1955; ʿĪsā al-Maʿlūf, *Tārīkh al-amīr Fakhr al-Dīn al-Maʿnī al-thānī,* nuṣūṣ wa-durūs 31, Beirut, 1961. Fakhr al-Dīn is often called Fakhr al-Dīn II to distinguish him from his grandfather, who bore the same name. However, Fakhr al-Dīn I did not have the political significance of his grandson.

forming a network of alliances with a number of Syrian chieftains and by pleasing the Ottoman authorities in Damascus through the accurate payment of taxes. As a result, the Ottomans appointed him as head of the *sanjaq* (district) of Sidon. In 1602, he was also given the *sanjaq* of Ṣafad.[11] As his authority grew, Fakhr al-Dīn felt increasingly free to act independently of the Sublime Porte, even joining forces, in 1607, with ʿAlī Jānbūlāṭ, the governor of Aleppo, who rose in open rebellion against the Ottomans.[12] The bribes which Fakhr al-Dīn paid to Ottoman officials, however, kept him in power after the downfall of ʿAlī Jānbūlāṭ.[13]

He inherited from Jānbūlāṭ close contacts to Grand Duke Ferdinando I of Tuscany, of the house of Medici.[14] Ferdinando I, who had been a cardinal before becoming grand duke in 1587, showed a great interest in the Orient. During his time as cardinal, Pope Gregor XIII had assigned the care of the Oriental Christians to him and, as grand duke, he remained involved in Oriental questions, trying to increase the political and commercial role of Tuscany in the eastern Mediterranean.[15]

Ferdinando's envoy, Ippolito Lionciny, arrived in Sidon in 1608 with letters for Fakhr al-Dīn and the Maronite patriarch. He also carried 1000 guns as a present to the prince. Although Fakhr al-Dīn had just re-established friendly relations with the Ottomans, he concluded a treaty with the grand duke according to which he would receive more weapons, specifically artillery. In addition, the envoy carried a letter from the pope addressed to the Maronite patriarch which was intended to convince the Maronites to side with the emir in future wars. Finally, Fakhr al-Dīn also asked that two Florentine ships be moored in his harbour to secure communications and to transport his treasures to Tuscany in case of danger.[16]

---

11 Abu-Husayn, *Provincial Leaderships*, 80-84.

12 *Ibid.*, 85.

13 *Ibid.*, 85-86.

14 On Fakhr al-Dīn's connection with Europe, especially with Tuscany, see Paolo Carali, *Fakhr ad-Dīn II: Principe del Libano e la corte di Toscana, 1605-1635*, 2 vols., Rome: Reale Accademia d'Italia, 1936-1938. Carali used Italian and Arabic documents which are published in his books. The second volume is an Arabic version of the Italian first volume, but not all the Italian documents in the first volume appear in the second. As a companion to this work, see Martiniano Roncaglia, "Fa̱hr ad-Dīn II al-Maʿnī e la corte di Toscana: Nuovi documenti (1607-1631)," *Al-Machriq*, 57 (1963), 521-566.

15 Ismail, Histoire du Liban, 1:76.

16 Carali, *Fakhr ad-Dīn II*, 1:121-22, 2:147. For the text of the contract, see *Ibid.*, 1:146-52, 2:171-175.

After receiving the boats and artillery, and conveying Pope Paul V's letter to the Maronites, Fakhr al-Dīn allegedly enlisted 30,000 soldiers in his service. This move quite naturally raised suspicions at the Sublime Porte.

After the death of Ferdinando I in 1609, the good relationship between Fakhr al-Dīn and Tuscany continued under Ferdinando's son, Cosimo II. In 1611, to strengthen the friendship, Fakhr al-Dīn sent the Maronite bishop, Jirjis, to conclude an anti-Ottoman alliance with Tuscany and the Holy See.[17]

A change in Ottoman policy toward Fakhr al-Dīn occurred after the Ottomans made peace with the Persians in 1612, allowing them to manage their affairs more effectively in Syria. The new Ottoman grand vizier, Naṣūḥ Pasha, who was appointed in 1611, took a firm stance against local chiefs like Fakhr al-Dīn who were showing signs of insubordination – although in the service of the state[18] – and ordered the Ottoman governor of Damascus, Aḥmad Pasha al-Ḥāfiẓ, to advance with his troops toward the coast.[19] Fakhr al-Dīn fled with his retinue to Tuscany in the autumn of 1613 by means of three ships – two French and one Flemish – which then happened to be in the port of Sidon.[20]

Fakhr al-Dīn entrusted the Shūf during his absence to his brother Yūnus Maʿn. The military expedition against the Maʿns was halted when the remaining members of the family agreed to pay a large indemnity. In the period which followed, the Maʿns lost their authority over the *sanjaqs* of Sidon-Beirut and Ṣafad and were reduced to their old status as tax farmers in the Shūf.[21]

Fakhr al-Dīn in Italy

The main source of information for Fakhr al-Dīn's stay in Italy is a supplement (*mulḥaq*) of thirty-three pages in al-Khālidī al-Ṣafadī's[22] history

---

17 *Ibid.*, 1:123, 2:149.

18 Abu-Husayn, *Provincial Leaderships*, 87-89.

19 *Ibid.*, 92.

20 Aḥmad ibn Muḥammad al-Khālidī al-Ṣafadī, *Lubnān fī ʿahd al-amīr Fakhr al-Dīn al-Maʿnī al-thānī*, eds. Asad Rustum and Fu'ād Afrām al-Bustānī, Beirut: Publications de l'Université Libanaise, 1969, 17.

21 Abu-Husayn, *Provincial Leaderships*, 35, 95.

22 The author was born in Ṣafad in Palestine. He went to Cairo to study history, law and other subjects. After his return to Syria, he entered the service of Fakhr al-Dīn who entrusted him with the writing of his biography. The chronicle comprises the years AH

of Fakhr al-Dīn, published by Asad Rustum and Fu'ād Afrām al-Bustānī.[23] The editors found the *mulḥaq* as a separate section under the events of the year 1023/1614 in two of the manuscripts they used.[24] However, they believe that the author of the text is not al-Khālidī al-Ṣafadī because of linguistic differences between the *mulḥaq* and the manuscripts; in their opinion, the style seems to be more dialectical in the *mulḥaq*. Moreover, the editors note that Christian dates are used in the *mulḥaq*, whereas al-Khālidī al-Ṣafadī gives *hijra* dates.[25] They believe that the absence of the *mulḥaq* in the other main manuscript[26] they were using confirms this assessment.[27]

On the basis of the detailed descriptions in the *mulḥaq* we may now assume: either the anonymous author was a member of Fakhr al-Dīn's entourage in Italy, or Fakhr al-Dīn dictated the account to the author after his return. The second of these assumptions is reinforced by the author's comment, while describing Palermo, that Fakhr al-Dīn personally remembered, down to the last detail, the layout of the city, with its gates and walls.[28]

Van Leeuwen concurs with Rustum and al-Bustānī on the anonymity of the author,[29] whereas Lentin finds the argumentation of Rustum and al-Bustānī weak, noting that both the *mulḥaq* and the account of al-Khālidī

1021-1034 (AD 1612-1624) and concentrates on local events on the Syrian coast. See, *ibid.*, 4:h.

23 *Mulḥaq* to al-Khālidī al-Ṣafadī, *Lubnān fī ʿahd al-amīr Fakhr al-Dīn al-Maʿnī al-thānī*, 208-241. Shafīq Ghurbāl already undertook an earlier Arabic edition of the *mulḥaq*, see Shafīq Ghurbāl, "Amīr sūrī fī Īṭāliyā," *Majallat kulliyyat al-ādāb*, Cairo, 1934, 78-111. There exists also an Italian translation of the *mulḥaq* by Paolo Carali; see Aḥmad al-Khālidī al-Ṣafadī, *Soggiorno di Fakhr ad-dīn II al-Maʿnī in Toscana, Sicilia e Napoli e la sua visita a Malta (1613-1618)*, translated and with a commentary by P. Paolo Carali [Extract from "Annali" of the Istituto Superiore Orientale di Napoli, Vol. 8, Fascicolo 4, Settembre 1936], Naples, 1937, 12.

24 Manuscript 427, Staatsbibliothek München, and Manuscript 219, Princeton University; see al-Khālidī al-Ṣafadī, *Lubnān fī ʿahd al-amīr Fakhr al-Dīn al-Maʿnī al-thānī*, yḥ, 208.

25 Contrary to this opinion, you can also find *hijra* dates in the *mulḥaq*; for examples, see *Mulḥaq*, 228, where the hijra year 1024/1615 is mentioned, and *Mulḥaq*, 238, where the *hijra* year 1027/1618 appears.

26 Manuscript in possession of the Shaykh Kisruwān al-Khāzin. See al-Khālidī al-Ṣafadī, *Lubnān fī ʿahd al-amīr Fakhr al-Dīn al-Maʿnī al-thānī*, yḥ.

27 *Ibid.*

28 Mulḥaq, 231.

29 Richard van Leeuwen, "The Origin of an Image: Fakhr al-Dīn Maʿn's Exile in Tuscany (1613-1618)," in Peter van Kessel, ed., *The Power of Imagery: Essays on Rome, Italy and Imagination*, Rome: Apeiron Editori, 1992, 49.

al-Safadī use the colloquial dialect to a certain extent. But, he points out, there is still a remarkable linguistic difference between the texts and this fact causes him to assume as well the existence of two distinct authors.[30] Only Carali states in the introduction of his Italian translation of the *mulḥaq* that al-Khālidī al-Ṣafadī is the author of the account of Fakhr al-Dīn's travels in Italy. [31]

An early European account of Fakhr al-Dīn and his extended visit to Italy was written by the Italian priest Giovanni Mariti in 1787.[32] Mariti had a lively interest in the Middle East and visited the Syrian coast at the end of the eighteenth century.[33]

Even though the journey of Fakhr ad-Dīn is mentioned in nearly all contemporary works on the history of Lebanon during his time, there are only few which focus solely on his sojourn in Italy.[34]

The grand dukes of the house of Medici had tried, in the decades preceding Fakhr al-Dīn's visit to Italy, to revive the greatness of Florence during the reign of Lorenzo I, il Magnifico (1469-92), competing with Venice for commercial supremacy. The Florentine conquest of Sienna in 1555 marked an important step toward expansion. Efforts to play a greater role in the eastern Mediterranean by seeking allies in Syria were also an integral part of this policy. Nevertheless, Florence remained a regional power of limited influence. In fact, Spain, which governed Southern Italy with the help of the viceroy of Naples, had more influence in the Italian peninsula, especially after the defeat of the French and the resulting treaty of Cambrai (1529).

---

30 Jérôme Lentin, Recherches sur l'histoire de la langue arabe au Proche-Orient à l'époque moderne, Lille: Atelier de Reproduction des Thèses, 1998, 35.

31 Carali, introduction to Al-Khālidī al-Ṣafadī, *Soggiorno* (Carali's Italian translation of the *mulḥaq*), 11-13 and 38, n. 88.

32 Giovanni Mariti, *Istoria di Faccardino: Grand-Emir dei Drusi*, Livorno: Tommaso Masi, 1787.

33 Giovanni Mariti, Voyage de l'isle de Chypre, la Syrie et la Palestine avec l'histoire générale du Levant, Neuwied, 1791.

34 See Mārūn Samʿān Raʿd, *Muqām al-amīr Fakhr al-Dīn al-Maʿnī al-thānī fi-l-gharb*, Beirut, 1980, and the article of Richard van Leeuwen, "The Origin of an Image," 48-62. By calling his article Fakhr al-Dīn's 'Exile in Tuscany,' van Leeuwen gives the impression that Fakhr al-Dīn stayed only in Tuscany during his Italian journey, although he actually spent more time in Naples and Sicily. Even events which are clearly related to his stay in Naples, like the description of the church and hotel registers, are presented as though they happened in Tuscany.

It is not clear whether Fakhr al-Dīn knew what to expect when he arrived in Italy, as this was not a planned excursion. If he wanted to survive politically and physically, he had to escape from the Ottoman troops that were surrounding him. Nevertheless, much of what he witnessed left a deep impression on him: indeed, the author of the *mulḥaq* informs us that he intends to write in detail about the remarkable things (*al-ʿajā'ib*) which Fakhr al-Dīn and his retinue saw in the lands of the Christians (*fī bilād al-naṣārā*).[35] On 25 October 1613, after a voyage of 53 days, the Flemish ship that Fakhr al-Dīn had boarded dropped anchor at Livorno, the harbour of the duchy of Florence.[36]

In Livorno, the authorities feared the Flemish ship might be contaminated with plague and only the emir was allowed to leave it. When Fakhr al-Dīn insisted that his retinue disembark before he travelled to Florence, he was informed that all ships' crews usually had to stay in quarantine outside of the town. But, the grand duke's authorities made an exception for Fakhr al-Dīn, accepting his assurance that there was no plague on board and allowing all of his retinue to continue toward Florence.[37]

Fakhr al-Dīn wanted to be well-received by the grand duke, therefore, as early as 7 November, he had already promised Cosimo II by messenger that he would be able to raise 20,000 soldiers in Syria to fight the Turks.[38] In the interim, he broke his journey at Pisa, where he visited the Leaning Tower, described in the *mulḥaq* as the leaning minaret (*al-mi'dhana al-ʿawjā'*).[39]

Fakhr al-Dīn's presence caused considerable diplomatic correspondence within Europe.[40] The Tuscan grand duke informed the king of Spain of his arrival, as well as Pope Paul V, to whom he also evoked the possibility that Fakhr al-Dīn might convert to Christianity like the Maronites. He further mentioned that an alliance with Fakhr al-Dīn increased the likelihood that Jerusalem might be reconquered.[41] Fakhr al-Dīn also directly

---

35 *Mulḥaq*, 208; al-Khālidī al-Ṣafadī, *Soggiorno*, 14.

36 *Mulḥaq*, 208; Carali says this date derives from the Greek calendar. According to the Gregorian calendar, it was 3 November. See al-Khālidī al-Ṣafadī, *Soggiorno*, 14, n. 5.

37 *Mulḥaq*, 210; al-Khālidī al-Ṣafadī, *Soggiorno*, 15.

38 Carali, *Fakhr ad-Dīn II*, 1:73, 179-81, 2:74.

39 *Mulḥaq*, 211; al-Khālidī al-Ṣafadī, *Soggiorno*, 16.

40 Chebli, *Fakhreddine II Maan*, 51-53. For the correspondence of this period, see Carali, *Fakhr ad-Dīn II*, 1:166-189.

41 *Ibid.*, 1:184-188.

contacted the French king, Louis XIII, through his ambassador in Rome, the Comte Savary de Brèves.[42]

As early as December 1613, Grand Duke Cosimo II sent an expedition to the Syrian coast in order to find out if the return of Fakhr al-Dīn was possible and also to gather more geographical and political information on the area.[43] But the time was not yet ready for the emir's return. Furthermore, the diplomatic efforts of Fakhr al-Dīn and Cosimo II did not result in an important anti-Ottoman alliance. On 23 November 1613, Pope Paul V told the Tuscan envoy that he feared that an anti-Ottoman alliance and a possible military action on the Syrian coast would result in the persecution of local Christians by the Ottoman authorities. And by no means might such a campaign be carried out in winter; instead, it would have to wait until the following spring.[44]

According to the author of the *mulḥaq*, Fakhr al-Dīn was the guest of the grand duke while in Florence, observing there the surrounding wall and its nine gates, where all merchandise entering the city was subject to a 10% tax deposited in the grand duke's treasury. Since Livorno was the seaport of Florence, imports were transported by means of a canal from Livorno to Pisa and, from there, by the river Arno to Florence. He was also told there that Florence was inhabited by more than 100,000 souls.[45]

During the annual carnival, he noted how the people concealed their identities with disguises and the custom of emptying hen's eggs and filling them with rosewater in order to strike them against each other. He also commented on the horse races from one end of the city to the other and knife fights with wild pigs.[46]

---

42 *Ibid.*, 1:196-200. In this letter, Fakhr al-Dīn claimed to be a descendent of the first king of Jerusalem, Godefroy de Bouillon. It seems that this assertion was supposed to help him obtain more military and financial support in Europe. Fakhr al-Dīn's claim to be a descendent of Godefroy was thereafter connected with the rumour that the Druze took their name from the Crusader Comte de Dreux. This rumour was widespread in Europe and was mentioned by several authors; see, in this regard, Ismail, *Histoire du Liban*, 1:28, n. 46.

43 For the results of this expedition, see Carali, *Fakhr ad-Dīn II*, 1:202-3, 2:147; Mariti, *Istoria di Faccardino*, 104. Interestingly, Carali gives in his Italian translation of the *mulḥaq* a description of this expedition (see al-Khālidī al-Ṣafadī, *Soggiorno*, 21) whereas the *mulḥaq* in the edition of Rustum and al-Bustānī and the *mulḥaq* in the edition of Ghurbāl do not contain this passage.

44 Carali, *Fakhr ad-Dīn II,* 1:189.

45 *Mulḥaq*, 211-12; al-Khālidī al-Ṣafadī, *Soggiorno*, 16-17.

46 *Mulḥaq*, 213; al-Khālidī al-Ṣafadī, *Soggiorno*, 18; Van Leeuwen, *The Origin of an Image*, 57.

He was also fascinated by a ball at which men and women danced together, noting that it was not the habit of Florentines to separate the sexes and that wives even replaced their husbands in family businesses when they were absent.[47]

Other fields in which he enlarged his knowledge included science and machinery. He was shown a turning copper globe and assisted in the process of manufacturing money.[48]

Fakhr al-Dīn also accurately observed the political landscape, realizing that there were many smaller and greater rulers in the lands of Christendom who were struggling for political supremacy. He explains that the grand duke was politically independent and paid no tribute, but was bound by his deep affection for the Spanish king. From this, we may assume that he understood some of the subtleties of European diplomacy and knew that the Florentine grand duke depended on the Spanish king in some way.[49]

Besides this, Fakhr al-Dīn appreciated the gardens of Italy. On several occasions, detailed descriptions of parks are given in the *mulḥaq*, like the garden with the elaborate water arrangement which belonged to the palace of the grand duke, above the city of Florence.[50] He visited also the cattle market, where he noticed the absence of the camel.[51]

The author of the *mulḥaq* also mentions that Arabic books were printed in Italy, adding that Ibn Sīnā's medical work *al-qānūn fi-l-ṭibb* was sold for seven or eight *ghurūsh*.[52]

Nevertheless, Fakhr al-Dīn's preferred focus of attention was the organization and administration of all areas of public life. In Florence, as in other towns, one could find well-equipped hospitals, which also provided assistance to the poor and orphanages for abandoned children.[53]

According to our author, Fakhr al-Dīn seemed to be highly impressed by the banks. Certainly, it was the degree of institutionalization that caused

---

47 *Mulḥaq*, 214; al-Khālidī al-Ṣafadī, *Soggiorno*, 18-19; Van Leeuwen, *The Origin of an Image*, 57.

48 *Mulḥaq*, 214-15; al-Khālidī al-Ṣafadī, *Soggiorno*, 18-19.

49 *Mulḥaq*, 216; al-Khālidī al-Ṣafadī, *Soggiorno*, 21.

50 *Mulḥaq*, 216; al-Khālidī al-Ṣafadī, *Soggiorno*, 23.

51 *Mulḥaq*, 217; al-Khālidī al-Ṣafadī, *Soggiorno*, 24.

52 *Mulḥaq*, 221; al-Khālidī al-Ṣafadī, *Soggiorno*, 28. A number of European silver coins were collectively known as ghurūsh and were widely used in the Ottoman Empire throughout the seventeenth century; see Suraiya Faroqhi, "ʿOthmānli: Social and Economic History," in *Encyclopaedia of Islam*, 2d ed., vol. 8, Leiden: Brill, 1995, 206.

53 *Mulḥaq*, 218; al-Khālidī al-Ṣafadī, *Soggiorno*, 25; Van Leeuwen, *The Origin of an Image*, 53.

his greatest astonishment, because he relates down to the last detail how money transactions were made.[54]

In addition, he speaks about the existence of a central treasury in the city of Florence for the preservation and improvement of the town's infrastructure. He also discusses the administration of the local judicial system, in which every prisoner had to serve the whole of his sentence and was freed not one day earlier nor later. In fact, no one could obtain his release from jail by money or mediation.[55]

During the nights, guardians closed the streets with iron chains and people were not allowed to circulate unless with official permission.[56]

He also showed a particular interest in the way the grand duke levied his troops. Only the inhabitants of the country were recruited by the grand duke for his army. Strangers were not allowed in it. The recruits learned the techniques of war for two or three years until the completion of their military service. After that, they returned to their former work and new soldiers were enlisted. In this way, the whole population obtained military training.[57]

Fakhr al-Dīn's stay in Tuscany came to an end in 1615 when the king of Spain, Philip III, invited him to Sicily and ordered Cosimo II to send Fakhr al-Dīn to the duke of Ossuna in Messina. Thus, Fakhr al-Dīn moved with his retinue to Messina on 26 July 1615.[58]

Fakhr al-Dīn spent most of the following years with the duke of Ossuna, the Spanish viceroy in Sicily. Although there is little information about Fakhr al-Dīn's early relations with Spain, we do know that, as early as 1607, the Spanish king had offered arms to the emir and had proposed fortifying the harbour of Tyre.[59] In 1615, it seems that the Spanish wanted Fakhr al-Dīn to be a new asset in their political plan for the Mediterranean.

In Messina, Fakhr al-Dīn was given a house overlooking the sea just above a silk market.[60] Since he wished to receive news about his home-

---

54 *Mulḥaq*, 219; al-Khālidī al-Ṣafadī, *Soggiorno*, 26; Van Leeuwen, *The Origin of an Image*, 54.

55 *Mulḥaq*, 220; al-Khālidī al-Ṣafadī, *Soggiorno*, 27; Van Leeuwen, *The Origin of an Image*, 53.

56 *Mulḥaq*, 222; al-Khālidī al-Ṣafadī, *Soggiorno*, 29.

57 *Mulḥaq*, 226; al-Khālidī al-Ṣafadī, *Soggiorno*, 32; Van Leeuwen, *The Origin of an Image*, 53.

58 *Mulḥaq*, 226; al-Khālidī al-Ṣafadī, *Soggiorno*, 33.

59 Ismail, *Histoire du Liban,* 1:80-81; Carali, *Fakhr ad-Dīn II*, 1:112.

60 *Mulḥaq*, 226; al-Khālidī al-Ṣafadī, *Soggiorno*, 33.

land, the duke of Ossuna gave him three galleys in which to travel home, while his family remained in Sicily. Once there, he gathered his followers on the shore of Dāmūr to be met by his brother, Yūnus, who arrived with a great crowd rejoicing at his arrival. However, only groups of twenty were allowed to board the ship to greet him personally. Yūnus asked Fakhr al-Dīn if he could not disembark a while to meet the crowd, but the emir replied that, despite his great desire to do so, the customs of the Christians prevented him. Without the permission of his lord, the grand duke, said Fakhr al-Dīn, the captain will surely not allow me to go ashore. And, as he had predicted, the captain refused the demand of Yūnus.[61]

It seems as though the duke of Ossuna wanted to assure Fakhr al-Dīn's return to Sicily, perhaps in order to use him later against the Ottoman enemy.

On his way back to Italy, Fakhr al-Dīn stopped briefly at Malta, where he was received with high honours by the grand master of the Knights of Malta.[62]

Here, again, he was amazed at the military recruitment of the knights and their organization. Our author notes that the men did not marry, neither the grand master himself, nor the knights (*kawalīr*) under his command, much like monks. They numbered up to twelve thousand and represented a military corps similar to the janissaries. Only the sons of nobles were allowed to enter the community, relying upon a letter of recommendation from the local authorities in their native regions to prove their noble descent. Once accepted, they remained for two years as apprentices on pirate ships before reaching the status of a full knight. These knights were so respected in the lands of the Christians that, if one of them was accused of a crime, he could not be judged by the local authorities, but awaited instead the arrival of his superior from Malta to hear his case.[63]

Fakhr al-Dīn went afterwards to Palermo, where the duke of Ossuna had been transferred in the interim.[64]

Stopping in Sicily on his way to Palermo, Fakhr al-Dīn met people in the town of al-Krīk, who dressed in an oriental manner. When he asked them about their origins, they answered that they were from isles under Ottoman

61 *Mulḥaq*, 227-28; al-Khālidī al-Ṣafadī, *Soggiorno*, 34-35.

62 *Mulḥaq*, 228; al-Khālidī al-Ṣafadī, *Soggiorno*, 35.

63 *Mulḥaq*, 229; al-Khālidī al-Ṣafadī, *Soggiorno*, 35-36.

64 *Mulḥaq*, 229-30; al-Khālidī al-Ṣafadī, *Soggiorno*, 36.

rule.[65] They had fled some seventy years earlier with seventy families because of Ottoman oppression. The ruler of Palermo had given them this piece of land in order to cultivate it and now they numbered 800 people.[66]

In Palermo itself, Fakhr al-Dīn found Muslim families living inside the city, among them some descendants of the former Ḥafṣid rulers of Tunis.[67] He later observed a mosque which dated back to the time of the Fāṭimids, who used to rule the island, outside of Palermo's wall.[68]

During his stay in Palermo, Fakhr al-Dīn witnessed a duel in which the brother-in-law of the duke of Ossuna killed his opponent. He noticed that, as long as both parties respected the rules and their weapons were of the same kind, everyone had to respect the outcome. There were no further claims from the local authorities, or from the families of those killed.[69]

Fakhr al-Dīn lived approximately one year in Palermo before the duke of Ossuna was appointed viceroy of Naples by the Spanish king, taking the emir with him. There, Fakhr al-Dīn lived in a palace near the harbour in a city where the stone buildings had five to seven floors and the inhabitants numbered 600,000, making the population half of that of Paris. Just as in Florence, the administrative measures amazed him. Each ruler of Naples knew, through the church registers, the exact number of births and deaths occurring each year. Innkeepers were also obliged to write down the names of their guests each night.[70]

The author of the *mulḥaq* also speaks of the three fortresses in Naples: two were situated on the seashore, while the third had been built above the city after Spain had taken Naples from France. The kingdom of Naples had seven dukes (*bāshāt*), who were responsible to the Spanish viceroy of Naples and served three-year terms; the terms were renewable if the viceroy was satisfied with their performance.[71]

Toward the end of Fakhr al-Dīn's sojourn, the duke of Ossuna sent some of his nobles to him in order to discuss the possibility of a military expedition against the Syrian coast. They asked the emir how many soldiers could be mobilized locally in the event of a Spanish landing there.

---

65 Chebli believes that they were Greek; see Chebli, *Fakhreddine II Maan*, 77.

66 *Mulḥaq*, 230; al-Khālidī al-Ṣafadī, *Soggiorno*, 37.

67 The Ottomans drove the last Ḥafṣids out of Tunis in 1574; see H. R. Idris, "Ḥafṣids," in *Encyclopaedia of Islam*, 2d ed., vol. 3, Leiden: Brill, 1971, 67-69.

68 *Mulḥaq*, 232; al-Khālidī al-Ṣafadī, *Soggiorno*, 38.

69 *Mulḥaq*, 231; al-Khālidī al-Ṣafadī, *Soggiorno*, 38.

70 *Mulḥaq*, 232-33; al-Khālidī al-Ṣafadī, *Soggiorno*, 39.

71 *Mulḥaq*, 233; al-Khālidī al-Ṣafadī, *Soggiorno*, 40.

Fakhr al-Dīn answered that this was a question of religion and that he could not, therefore, promise that any one of his followers would side with the Spanish, not even his brother, nor his son. But the nobles persisted, if your people will not side with us, will they at least sell us provisions? But, once again, Fakhr al-Dīn referred to the power of Islam – and of the Ottomans – in the following way:

> Someone who knows about the strength of these two factors [Islam and the Ottomans] must not rely on the possibility that the local inhabitants might sell him provisions.

Since the nobles were not pleased with his answer, they pressed him to estimate the number of men upon whom the emir could rely. To this he replied:

> In my great days, I could gather more than 10,000 soldiers... but now I am ruling no one but myself.[72]

In the meantime, he received an invitation to stay at the French court from Kardana, the consul of the French king, Louis XIII, but he politely refused.[73] It is unclear, however, whether he was tired of diplomatic manoeuvres or whether the duke of Ossuna would not allow him to depart.

By this time, the relations between Fakhr al-Dīn and his hosts seem to have become colder. There were growing difficulties in living so closely together. One indication of this process is the controversy which erupted when a Muslim slave performed the *Ramaḍān* prayers for the retinue of Fakhr al-Dīn, while Aḥmad Ṣabāyā from Beirut served as *muezzin*. The duke learned of this and, subsequently, a delegation of Catholic clergymen called upon Fakhr al-Dīn. The emir had ordered the construction of a small watchtower on the top of his palace, to overlook the sea, and a bath just beside it; although the religious dignitaries were not opposed to the fact that the Muslims prayed, they complained to Fakhr al-Dīn that the tower was a minaret and the bath a mosque. Therefore, Fakhr al-Dīn showed them the bath and, as they did not notice a *miḥrāb* (prayer niche) in it, they were reassured.[74]

Shortly afterwards, the Spanish king made a final effort to win Fakhr al-Dīn over to his side. He offered the emir a principality as large as the

---

72 *Mulḥaq*, 234-35; al-Khālidī al-Ṣafadī, *Soggiorno*, 41.

73 *Mulḥaq*, 235; al-Khālidī al-Ṣafadī, *Soggiorno*, 42.

74 *Mulḥaq*, 235-36; al-Khālidī al-Ṣafadī, *Soggiorno*, 42.

one the "Muslim sultan" had granted him, should he convert to Christianity. But Fakhr al-Dīn refused with an answer that is often quoted.[75] He had not come to Europe because of religion, he said, but simply as a refugee threatened by a powerful army.[76]

Finally, a boat arrived from Sidon and the emir learned of events on the Syrian coast and of the ill-health of his mother. But when Fakhr al-Dīn asked the duke's leave to return home to see his dying mother, the duke hesitated before giving his approval. Perhaps the Spanish still hoped to carry out a military expedition with the help of Fakhr al-Dīn. At the very least, they wanted to know if Fakhr al-Dīn would initiate direct contact with the Ottomans in Istanbul after his return. The duke thus asked him if that was what he planned to do, to which Fakhr al-Dīn replied: "If I had had the intention of going to Istanbul, I would not have come to you." It is not really clear whether Fakhr al-Dīn was a Spanish guest or a Spanish hostage by the end of his stay in southern Italy, but he was finally allowed to depart to his homeland in the summer of 1027/1618.[77]

Fakhr al-Dīn arrived at Acre in September of 1618 and was welcomed by his family and by local shaykhs. He regained his old principality and expanded it, while the Ottomans were diverted by the efforts of Sultan ʿOthmān II to consolidate his position after gaining power through a coup d'état earlier in the year. Just as the sultan was about to prepare a military campaign against Fakhr al-Dīn in 1622, the janissaries overthrew him, replacing him with his uncle, Muṣṭafā.[78] For the time being, Fakhr al-Dīn was spared and continued to enlarge his territory. He even added Tripoli to his domains in 1627, two years after the death of its long-ruling governor, Yūsuf ibn Sayfā.[79]

Fakhr al-Dīn continued to correspond with European rulers after his return, especially with the Florentines and Cosimo II's son, Ferdinando II, his successor as grand duke in 1621. But his European friends did not help

---

75 This quotation is found in nearly all books dealing with Fakhr al-Dīn's journey to Italy.

76 *Mulḥaq*, 236; al-Khālidī al-Ṣafadī, *Soggiorno*, 43.

77 *Mulḥaq*, 238; al-Khālidī al-Ṣafadī, *Soggiorno*, 45. In Messina, they met five papal boats on their way to Rome which Fakhr al-Dīn initially feared were Spanish vessels meant to take him to the king of Spain. This episode also shows that the relations between Fakhr al-Dīn and the Spanish were not free of tensions at that time.

78 J. H. Kramers, "ʿOthmān II," *Encyclopaedia of Islam*, 2d ed., vol. 8, Leiden: Brill, 1995, 182.

79 For the spectacular political rise of Fakhr al-Dīn after his return from Italy, see Abu-Husayn, *Provincial Leaderships*, 106-128.

him when his luck changed in the early 1630s – even when, in a last desperate attempt to gain assistance from Italy, he promised to make the Florentine grand duke king of Jerusalem, and the nephew of Pope Urban VIII ruler over Cyprus.[80]

As in 1613, military victories against Persia allowed the Ottomans to turn their gaze toward Syria and to move against Fakhr al-Dīn. This time he did not manage to escape to Italy and was finally captured by the governor (*beylerbeyi*) of Damascus in 1633 while hiding in the Shūf. He was brought to Istanbul and decapitated on 13 April 1635.[81]

The significance of Fakhr al-Dīn's journey in light of his later career

It is impossible to explain Fakhr al-Dīn's temporary and very impressive political success after his return from Italy solely on the basis of his experiences there. Nevertheless, it seems that his behaviour was influenced by what he had seen in Europe.

His building projects and garden arrangements were inspired by Italian architecture and planned, to a great extent, by European experts. Beirut became Fakhr al-Dīn's winter residence and he also built an Italianate palace there, which was admired by numerous European visitors, and adorned the city with a number of gardens. Sidon also profited from his construction drive.[82]

In 1631, he sent the Tuscan grand duke, Ferdinando II, a list specifying the qualified staff he needed in order to improve the infrastructure of his principality. Among other professionals, he wanted a good doctor, an engineer or architect, a specialist in waterworks, a gardener and seven or eight peasant families to introduce Italian agricultural techniques to the local populace.[83]

In addition, Fakhr al-Dīn also needed foreign equipment and military specialists for his army. In order to operate his cannons, he initially used European prisoners who had been captured by the Ottomans during military campaigns on land or sea and subsequently sold on the slave market. But eventually he asked the European rulers that he knew to send him experts for the cannons. He was also concerned about good nutrition for his

---

80 Carali, *Fakhr al-Dīn II*, 1:120, 2:145.

81 Abu-Husayn, *Provincial Leaderships*, 126; Carali, *Fakhr ad-Dīn II*, 1:426.

82 Ismail, *Histoire du Liban,* 1:101. In 1697, the English traveller Maundrell was astonished by the fact that an "oriental" prince could possibly have built such a palace.

83 Carali, *Fakhr ad-Dīn II*, 1:353; Van Leeuwen, *The Origin of an Image*, 58-59.

soldiers and asked the Tuscan grand duke, Ferdinando II, to send him bakers to make cakes for them.[84]

He imitated Italian military life in other ways, as well. To prepare for the future recruitment of soldiers, he enrolled all men capable of bearing arms into special registers.[85] According to the French traveller, des Hayes, Fakhr al-Dīn was able to raise 10,000 soldiers in two days.[86] As a result, he became less dependent on his mercenary troops.

What is remarkable about Fakhr al-Dīn is the fact that he never tried to build his own, necessarily modest, navy in order to act more independently of the Ottomans or the Europeans. When he needed ships, he had to ask his Italian friends, as in 1631, when he enlisted the aid of the Tuscan consul.[87] For his flight to Italy, he relied upon three European ships, which were in Sidon only by chance. In 1624, he used two formerly Christian ships, which just had been captured from Maltese pirates, for a military expedition to Palestine. Evidently, ships were only occasionally factored into the military planning of Fakhr al-Dīn.[88] This helps explain his unimpressive defensive tactic when the Ottoman fleet arrived at the coast to capture him in 1633; he merely filled the harbour of Sidon with stones to prevent the Ottomans from landing.[89]

In the area of finances, Fakhr al-Dīn proved to be an ambitious student of European banking techniques. In 1631, he sent the Maronite Ibrahīm al-Ḥāqallānī to Florence with forty-five bales of silk. He offered one bale to the Cardinal de Medici to compensate him for books he had given to the emir. The remaining forty-four bales were sold on the market and the proceeds placed in his name, and the name of his three sons, in the Monte di Pietà bank.[90] Unfortunately, his death prevented him from collecting his profit. In 1722, one of his descendants, Prince Ḥaydar al-Shihāb, gained possession of the bank document and claimed the sum, with interest, but the bank refused to disburse the amount, arguing that its payment would

---

84 Yāsīn Suwayd, *al-Tārīkh al-ʿaskarī li-l-muqāṭaʿāt al-lubnāniyya fī ʿahd al-imāratayn*: Vol. 1: *1516-1697*, Beirut: al-Mu'assasa al-ʿarabiyya li-l-dirāsāt wa-l-nashr, 1980, 206; Carali, *Fakhr ad-Dīn II*, 2:76-77.

85 E. Roger, *La Terre Sainte* (Paris, 1664); Suwayd, *al-Tārīkh al-ʿaskarī*, 224.

86 *Ibid.*, 225.

87 Ibid., 264; Carali, Fakhr ad-Dīn II, 2:298-299.

88 Suwayd, al-Tārīkh al-ʿaskarī, 264.

89 Chebli, Fakhreddine II Maan, 146.

90 Carali, *Fakhr ad-Dīn II*, 1:126, 2:152.

lead to the bank's ruin. What followed were twenty years of legal disputes, but, unfortunately, the final result of the case is not known.[91]

Concerning trade, it seems that Fakhr al-Dīn continued to encourage foreign merchants to settle within his principality. As early as 1610, the English traveller Sandeys had admired the flourishing countryside under Fakhr al-Dīn's rule and compared it to devastated neighbouring regions. He praised the emir's attitude toward trade, saying he treated foreign merchants favourably.[92]

Fakhr al-Dīn understood the importance of trade, especially after his return from Italy, and ordered the construction of the Khan of the Franks (*khān al-Ifranj*) in Sidon.[93] Moreover, he struggled against piracy, as evinced by his defence of merchants, in 1622, against Maltese corsairs threatening ships near Beirut, and again the following year, against North African pirates wanting to attack French and Flemish ships in the harbour of Sidon.[94]

For Fakhr al-Dīn, stable and secure trading relations had absolute priority. This contrasts with the attitude of Yūsuf ibn Sayfā, the governor of Tripoli, who managed to deter foreign merchants by confiscating goods from French ships in the 1620s, under the pretext that they were pirate ships, and by ordering that the French traders be killed. As a result, journeys to Tripoli were not very popular among foreigners. Al-Khālidī al-Ṣafadī criticizes such behaviour and states that Fakhr al-Dīn, on the contrary, intended to attract traders and enhance the prosperity of the harbour.[95]

It is no wonder, therefore, that in 1624 the Venetian consul in Aleppo, Givrano, noticed the movement of Dutch and French merchants from all over Syria to Sidon, where they found stability and security.[96] Fakhr al-Dīn

---

91 Chebli, *Fakhreddine II Maan*, 102-105; Carali, *Fakhr ad-Dīn II*, 1:449-460.

92 Chebli, *Fakhreddine II Maan*, 37. Fakhr al-Dīn was not the only one to try to revive trade between the Eastern Mediterranean and Europe. As early as 1611, the Ottoman sultan, Aḥmad I, issued a *firmān* ordering the governor of Haifa to stop molesting Frankish merchants because these merchants did not come to Haifa anymore; see Heyd, *Ottoman Documents*, 129. Apparently the sultan's efforts regarding the treatment of foreigners were not always successful.

93 Ismail, *Histoire du* Liban, 1:127.

94 Al-Khālidī al-Ṣafadī, Lubnān fī ʿahd al-amīr Fakhr al-Dīn al-Maʿnī al-thānī, 132-33, 194-95.

95 Ibid., 128. The Ottoman historian, Muṣṭafā Naima, says that the merchants were Venetians and not French. See Abu-Husayn, *Provincial Leaderships*, 65-66; Kamal S. Salibi, "The Sayfās and the Eyalet of Tripoli," *Arabica*, 20 (1973), 39.

96 Ismail, *Histoire du Liban*, 1:125.

even went so far as to avoid imposing the death penalty on a Frank who was caught with forged money, although he knew that in the lands of the Franks such a crime automatically led to execution.[97]

The good trading relations between Sidon and Europe did not survive Fakhr al-Dīn's death, in part because he had rendered the harbours of Sidon and Beirut useless by filling them with stones in 1633. The golden days were over, leading the French consul in Sidon, Bonnecorse, to write home, in 1671, that he was retiring due to the losses he had suffered in trade.[98]

The women of Fakhr al-Dīn's retinue also seem to have appreciated their stay in Italy. As noted above, the author of the *mulḥaq* was astonished by the role of women in public life and by the fact that men and women danced together. Upon their arrival in Livorno, Fakhr al-Dīn had insisted that the women leave the boat by night in order to shield them from curious eyes.[99] But, after a while, they could move around more freely. The Italian historian of the eighteenth century, Mariti, informs us that the oriental women were very impressed by the elegance of their European counterparts and were reluctant to go back home due to the relative liberty they enjoyed in Italy.[100]

Fakhr al-Dīn, despite his interest in technological innovations, continued to follow the customs of his native land, even in Italy. He ate only meat that was slaughtered according to Muslim law, causing the grand duke to hire a Muslim butcher[101] and, as noted elsewhere, he defended the right of the Muslims in his retinue to pray, despite the objections of Christian dignitaries.[102]

---

97 Carali, *Fakhr ad-Dīn II*, 1:59.

98 Ismail, *Histoire du Liban*, 1:125.

99 Mariti, Istoria di Faccardino, 95.

100 *Ibid.*, 166-168, 144-145; Van Leeuwen, *The Origin of an Image*, 59.

101 *Mulḥaq*, 212; al-Khālidī al-Ṣafadī, *Soggiorno*, 17.

102 *Mulḥaq*, 235-36; al-Khālidī al-Ṣafadī, *Soggiorno*, 42. An account by the contemporary French writer, Roger, saying that Fakhr al-Dīn had genuflected toward the east just before his death, leading the Ottoman sultan to comment: "Hurry up, strangle this Christian pig," seems to be legendary. See Roger, *La Terre Saincte*, 314; F. Wüstenfeld, *Fachr ed-dīn der Drusenfürst und seine Zeitgenossen*, Göttingen: Dieterichsche Verlagsbuchhandlung, 1886, 167. Nevertheless, the alleged conversion of Fakhr al-Dīn to Christianity is also mentioned in a Capuchin source; see Bernard Heyberger, *Les chrétiens du Proche-Orient au temps de la réforme catholique*, Rome: Ecole Française de Rome, 1994, 195; Hilaire de Barenton, *La France catholique au Levant durant les trois derniers siècles, d'après les documents inédits*, Paris, 1902, 159-163. Barenton, who bases his information on Capuchin archives, gives a report containing some leg-

His belief in the strength of Islam was also confirmed in Italy, because there he heard from Christian nobles that two-thirds of the world was in Muslim hands, leaving only one-third for the Christians.[103]

Conclusion

Fakhr al-Dīn's journey to Europe and his close relationship with different European princes contributed to his image as the founder of modern Lebanon. As Hitti puts it: "Fakhr al-Dīn pointed out to the Lebanese their destiny. His life stands between Lebanon past and Lebanon present."[104] Especially important in this context is his 'Europeanism' due to his sojourn in Italy. The myth of Fakhr al-Dīn as the father, or – perhaps better – grandfather, of Lebanon emerged in the middle of the nineteenth century, when historians, particularly Maronites, tried to justify their claims for an independent Lebanon by saying that, as early as the seventeenth century, Lebanon was already oriented toward Europe, having only a few contacts with the Syrian heartland.[105] Since then, Lebanese historians like Kamal Salibi have reconsidered this idea. Salibi initially shared the opinion of Hitti and other historians concerning Fakhr al-Dīn, but later demystified him. The result is an assessment of the emir as an ordinary local ruler with all his faults, who acted on behalf of himself and his family in order to increase his political power.[106]

At the beginning of his career, Fakhr al-Dīn was a typical local ruler in the Ottoman Empire. What distinguished him from the others was his sense of commerce, his curiosity about new experiences and his visit to

---

endary elements such as that the Capuchin, Adrien de la Brosse, baptized Fakhr al-Dīn during an illness in 1633, giving him the Christian name Louis-François.

But even if Fakhr al-Dīn had become a Christian by the time of his execution, he was most probably Druze while sojourning in Italy. Furthermore, his religion was not as important a factor in his perception of the West as the fact that he was the first emir from the Syrian coast to travel to Italy. For a discussion of his religion, see the subchapter "Some like him Druze," in Ahmad Beydoun, *Identité confessionelle et temps social chez les historiens libanais contemporains*, Beirut: Publications de l'Université Libanaise, 1984, 539-542.

103 *Mulḥaq*, 241; al-Khālidī al-Ṣafadī, *Soggiorno*, 48. They also told him that the Christian part of the world was more densely populated.

104 Phillip K. Hitti, *Lebanon in History*, London: Macmillan, 1957, 385.

105 Van Leeuwen, *The Origin of an Image*, 60-62.

106 Axel Havemann, "Geschichte und Geschichtsschreibung im Libanon: Kamāl Ṣalībī und die nationale Identität," in *Die Welt des Islams*, 28 (1988), 233-34. See also Youssef M. Choueri, *Arab History and the Nation-State: A Study in Modern Arab Historiography, 1820-1980*, London: Routledge, 1989, 130-135.

Italy. Once there, he kept his eyes and ears wide open in order to profit as much as possible from his journey. Other rulers on the Syrian coast did not concern themselves with Europe, while Fakhr al-Dīn tried to use his Italian experiences to improve his principality in various ways. But no matter how much he learned in Europe, it did not prevent his death in Istanbul.

THE EUROPEAN AS SEEN BY THE INHABITANTS OF THE SYRIAN COAST DURING THE OTTOMAN PERIOD

FAROUK HOBLOS

Introduction

Studying the way the inhabitants of the Syrian coast saw Europeans and developments in Europe during the last four centuries provides a good introduction to historical factors which are still, to some extent, playing a role in delineating the relationship between East and West. It also helps to reveal the impression that the European West and its civilization made upon our forefathers in an age in which Europe was rapidly heading toward global hegemony while the inhabitants of Bilād al-Shām were still lamenting the lost glories of Arab/Islamic civilization.

In general, one may argue that the ways in which nations perceive one another is an important factor in the making of history. By examining this phenomenon, historians not only attempt to define these perceptions, but also to explain the attitudes and actions of one society toward another. More broadly, such attempts provide researchers with material for inquiries into how relations between societies have been constructed throughout history. However, ascertaining the way in which one population sees another is not easy; it may even be one of the most difficult tasks facing historians and social scientists. In themselves, such perspectives are complex formations affected by a variety of factors – dissimilarity in intellectual and philosophical positions, contrasting manners and customs, and the convergence and 'separation' of economic interests. Complicating the historian's task are factors such as the inherited historical memory of both societies, as well as their future expectations, for their perspectives are often mutually exclusive. They may also be inconsistent as memory and expectations vary. Consequently, it is impossible to speak of societies as having fixed and rigid perceptions of one another and the historian must take into consideration those factors which contributed to the formation and fluctuation of such perceptions.

However, the complexity of the task increases when looking at the way in which the European was viewed by the inhabitants of the Syrian coast in the last four centuries, for further considerations must be factored into the equation. Such studies focus upon the relationship between two unequal societies, one backward and weak (Syrian/*Shāmī* society) and the other superior and strong (European society), with both retaining memories of the tragedies of the Crusades. In addition, several questions remain unresolved. Did the inhabitants of coastal Bilād al-Shām see the nations of Europe as a collectivity? And did the Europeans view the inhabitants of Bilād al-Shām as one social unit? Or did the Syrians view Europe as a group of different nations and peoples and differentiate between the French, the British and the Italians? And did each of these European peoples differentiate between the social strata of the *Shāmī* society, considering each from a different perspective?

During this period, European imperialism and competition over resources and markets meant that all European nations saw the population of Bilād al-Shām as potential consumers for the products of the industrial revolution. Imperialists fought among themselves in order to control this market, with each country trying to obtain the support of a particular sect to facilitate its local interests. European successes in achieving this aim may be attributed to information provided by Western travellers and consuls in the Syrian lands.

By contrast, the inhabitants of Bilād al-Shām and the larger Arab world were completely ignorant about Europe's industrial revolution, European supremacy and the bourgeois project of extending their spheres of influence into the countries of the Middle East. For the inhabitants of the region, these only became issues with the French campaign against Egypt and Syria in 1798 and the psychological shock it entailed.

In order to clarify these questions and to find possible answers, it is necessary to begin by examining the perspectives of three representative strata of Bilād al-Shām's social structure. The first of these are individuals who had political and economic dealings with Europe – that is, the class of local rulers (feudal families and *multazim*s) and the equally rich merchants who exported and imported goods from Europe. The second are the local writers and belletrists. But till for long their views tended to be influenced by either their own sectarian communities or their affiliation to some local ruler. Only in the second half of the nineteenth century local intellectuals appeared who made a point of studying European culture in a thorough and independent way. Finally, the third group is composed of the common people – those peasants, craftsmen, small merchants, retailers and shop owners who had no immediate dealings with the Europeans and no direct knowledge of them.

Since other contributors to this volume examine the views of the writers and belletrists, the present paper will focus upon the perspective of the masses, rulers and merchants.

The sources

There are no written texts or diaries, nor even any orally-transmitted popular stories, that deal openly with the topic of the European as seen by the inhabitants of the Syrian coast. Moreover, during the sixteenth, seventeenth and eighteenth centuries, there were no newspapers in this region, while those established in the second half of the nineteenth century do not express the opinions of the general population as much as those of rulers and journalists. Similarly, the works of local authors, such as al-Munayyir,[1] al-Turk,[2] Yannī,[3] al-Shihābī[4] and others, also fail to represent the opinion of the masses, reflecting instead the views of their authors who were frequently under the patronage of a feudal lord or sympathetic to a particular European country by virtue of their confessional affiliation.

Consequently, the researcher is obliged to refer to the Ottoman court registers in the administrative centres of the coastal Syrian provinces (*wilāya*s) – Tripoli, Sidon and Beirut – and especially the records of the legal court in Tripoli, where documents (*ḥujaj*) concerning European communities and foreign consuls may be found. These documents are quite varied and include: official decrees (*buyūruldī*s) issued by the governors (*wālī*s) or their local deputies (*mutasallim*s) concerning real property owned by Europeans living in Tripoli, mail carriers who worked with foreigners, the export of cereal to Europe, suits between local and foreign

---

1 Ḥanāniyā al-Munayyir (1757-c.1820), a monk of the Shuwayrite Greek Catholic order, left several historical treatises which later became sources for the comprehensive works of Ḥaydar al-Shihābī and Ṭannūs al-Shidyāq. On his life and work, see Georg Graf, *Geschichte der christlichen arabischen Literatur*, vol. 3, Vatican City, 1949, 242-244; Joseph Nasrallah, *Histoire du mouvement littéraire dans l'Eglise melchite du Vè au XXè siècle*, vol. 4/2, Louvain, 1989, 316-319.

2 On Niqūlā al-Turk (1763-1828), see the contribution of Hayat el-Eid Bualuan elsewhere in this volume.

3 Jirjī Yannī (1856-1941) wrote several books on historical matters, the most important of which is *Kitāb tārīkh Sūriyya* (Beirut, 1881). On his life and work, see Yūsuf Asʿad Dāghir, *Maṣādir al-dirāsa al-adabiyya*, vol. 3, Beirut, 1972, 1428-1429.

4 On Ḥaydar al-Shihābī (1763-1835), see the contribution of Jean Charaf elsewhere in volume.

partners, commercial relations between consuls and *wālīs*, and European missionaries in the region; letters from *wālīs* to *mutasallims* in other cities regarding the protocols for dealing with consuls; complaints against translators and other employees working in foreign consulates, as well as those under their protection; documents concerning the demand for European goods; and notices to restore goods stolen from foreign traders.

These documents were not written to provide researchers with primary sources; rather, they were issued solely to ensure that legal rights were protected. As judgements given by Islamic law (*sharīʿa*) courts in response to complaints made by local or foreign inhabitants, they tell of events and actions considered by the court. Hence, although they do not refer openly to the way local inhabitants viewed Europeans, they do reflect their dealings with them. The present study will try to examine the events and actions referred to in these documents in order to assess local attitudes toward Europeans.

Other primary sources relevant to the matter at hand include the reports of foreign consuls in Syrian coastal cities on the relations between Syrians and European communities in those localities, as well as the accounts of European travellers who visited Syria during the period. These reports and accounts are not without distortions due to the misinterpretation of some incidents and behaviour and, further, they are not always unadulterated due to attempts by some consuls to convince their respective governments to support their personal points of view. Nonetheless, they do reflect what Western officials and travellers perceived and understood to be their image in the eyes of the inhabitants of Bilād al-Shām and must be examined in conjunction with the official documents of the Ottoman legal courts.

The European as seen by the masses

The *sharīʿa* court register in Tripoli contains a large number of documents showing that European communities composed of civilians lived continuously in the city since the middle of the seventeenth century,[5] as did Western missionaries who had their own houses in Tripoli since the middle of the seventeenth century in their own houses. In the official documents they

---

[5] As indicated by the phrase, "the French (*al-firansāwiyya*) merchants who are protected (*al-musta'minīn*) in the city of Tripoli"; see Registers of the Legal Court of Tripoli, volume 11, p. 178 (document dated 1162 AH / 1749 AD). At another place of the same volume (p. 244) "the European French and English merchants" (*tujjār al-ifranj al-firansāwiyya wa-l-inklīz*) are mentioned. - On the French in Tripoli see Denise Thiollet, *La nation française de Tripoli aux XVIIe et XVIIIe siècles*, Ph.D. thesis, Paris, 1977.

are referred to as "the monks of the European community who are protected in Tripoli" (*ruhbān ṭāʾifat al-ifranj al-mustaʾminīn bi-Ṭarabulus*).[6] These documents also help to indicate the activities of individual Europeans in the *wilāya* of Tripoli and the adjacent countryside. For instance, two documents show that Europeans owned arable land in rural areas of the *wilāya* of Tripoli, in al-Kūra, al-Minya, al-Zāwiya and ʿAkkār. In the first of these documents,[7] the use of the plural form to describe "the French merchants (*tujjār al-firansāwiyya*)" shows that the purchase of arable land in the countryside by a member of the French community was not a unique occurrence, but that other similar cases existed. The second document, which refers to the foreign ownership of properties in the districts of al-Kūra, al-Zāwiya and al-Minya,[8] favours the hypothesis that there were many such landowners. Yet another document affirms that "Mister Bilān, the French, the European, who is protected in the protectorate" (*al-Khawāja Bilān al-ifranji al-firansāwī al-mustaʾmin bi-l-maḥmiyya*), bought half of an orchard in the village of al-Minya in 1160 AH / 1747 AD. His partner was a local inhabitant, Yūsuf Abī Barakāt.[9] (It should be noted that the Tripoli court documents mention European communities in the city other than the French – for instance, the English community[10] – but do not indicate that these Europeans purchased agricultural land in the *wilāya*.)

What may we deduce from this evidence? The fact that missionaries lived together in a compound may indicate more than their own preference for communal living for, by attempting to spread their beliefs, they may have exposed themselves to harm; thus, the reference to them in the documents cannot be taken as evidence for their good treatment by local inhabitants. Motivated by different concerns, civilians – and particularly merchants, who were presumably in the area to invest capital – were probably less willing to risk either their lives or their money. Accordingly, their lengthy residence in a place far from home offers considerable evidence

---

6 Registers of the Legal Court of Tripoli, vol. 1, p. 47 (document dated 1078 AH / 1667 AD).

7 Registers of the Legal Court of Tripoli, vol. 11, p. 178 (document dated 1162 AH / 1749 AD). A copy of this document may be found in Appendix 1.

8 Registers of the Legal Court of Tripoli, vol. 11, p. 178. A copy of this document may be found in Appendix 2.

9 Registers of the Legal Court of Tripoli, vol. 11, p. 178.

10 Registers of the Legal Court of Tripoli, vol. 6, p. 7 (document dated 1136 AH / 1723 AD); and vol. 11, p. 244 (document dated 1163 AH / 1750 AD).

for the availability of appropriate conditions, the most important being psychological satisfaction with the environment in which they lived.

Some scholars may argue that European residency in the main coastal cities of Bilād al-Shām indicates not that the Europeans were comfortable with the local inhabitants, but that they were accommodated by the official authorities based in these cities, living next to them and under their protection. However, this argument may be countered by the observation that the willingness of Europeans to buy agricultural land (mulberry and olive groves) and to take Syrians as partners in such endeavours in remote provincial regions far from the seat of government power – areas such as ʿAkkār, al-Kūra and al-Zāwiya – would seem to provide incontrovertible evidence of local goodwill or, at least, the absence of any intent to attack the Europeans, usurp their property, or steal their belongings.

In addition, Tripoli's *sharīʿa* court was, at the time, the only authority empowered to receive European complaints of ill treatment[11]; however, the documents only rarely refer to lawsuits in which a European property owner complained of attacks committed by one of the common people.[12] Furthermore, when the court documents are classified by type and counted, the number of documents issued to confirm foreign ownership exceeds by far the number issued to address complaints. It is true that the two documents previously mentioned concerned French complaints at increases in *iqṭāʿiyya* payments, but these complaints were made against officials, *multazim*s in the districts (*muqāṭaʿāt*). Moreover, the feudal levies of which the Europeans complained were not applied exclusively to them; they were also required of local landowners and peasants who either leased the land or toiled as sharecroppers. Thus, the levies must not be taken as evidence that European landowners were being maltreated or that more was being asked of them than their Syrian neighbours. On the contrary, *firmān*s exempting them from these levies were a privilege and a sign of favour indicating their higher status.

Thus, in 1705, M. Pollard, the French consul in Tripoli, assured his government that French merchants residing in the *wilāya* of Tripoli were working freely and easily and enjoying the full protection of the Ottoman

---

11 These courts were the only authority that existed for the receipt of all types of complaints until the time of the Tanzimat, when the Ottoman state established councils to receive claims, as well as commercial and criminal courts. The duties of the legal courts were consequently reduced to hearing only those cases related to the personal affairs of Muslims.

12 In a register of the Legal Court of Tripoli, vol. 11, p. 178, we find the *ḥujja* of a lawsuit presented by a French landowner in the region of al-Minya against his partner.

authorities.[13] In 1726, M. Lemaire, one of Pollard's successors as French consul in Tripoli, reported to the French government that the local population of Tripoli and its surrounding area treated foreigners honourably and seemed to like the French – with the exception of members of the Orthodox community who repeatedly incited their compatriots to act against them.[14]

Most of the European travellers who visited Bilād al-Shām also bore witness to the warm reception given them by the local inhabitants, praising their virtues and their evident generosity. For instance, Churchill lauded Druze hospitality to European foreigners, noting that the foreigners from different nationalities are met by the Sheikhs with welcome and are treated generously and respectably.[15] Similarly, Edward Robinson made several references to the generosity and hospitality of the inhabitants of Bilād al-Shām in his account of his travels in the region.[16]

Syrian appreciation for the European is also evinced by their consumption of European luxury goods and attempts to imitate the manner in which Europeans furnished their houses; indeed, these factors may be early indicators of local confidence in European industrial production. A large number of documents related to inheritance settlements and registered in Tripoli's *sharīʿa* courts indicate the popularity of European products, such as one settling the estate of al-Sheikh Ismāʿīl al-Ḥasan (d. 1270 AH / 1854 AD) which included "an old English clock worth 280 piastres" and "two European (*ifranjī*) chairs worth 20 piastres."[17]

At the time, Syrians were unaware of Europe's economic aims and the fact that this unregulated flow of European goods would lead, in the nineteenth century, to the destruction of Bilād al-Shām's craft-based economy.

---

13 "J'ose prendre la liberte d'assurer votre grandeur que nos marchands font icy leur commerce avec toute facilité et avec toute sorte de protection." Adel Ismail, *Documents diplomatiques et consulaires relatifs à l'histoire du Liban et des pays du Proche-Orient du XVIIè siècle à nos jours*, vol. 3: Consulats de France à Seyde (1785-1822) et à Tripoly (1704-1762), Beirut, 1976, 265.

14 *Ibid.*, 319.

15 Tshārliz Tshirtshil, *Jabal Lubnān: ʿashar sanawāt iqāma 1842-1852*, n. p.: Dār al-Murūj, 1985, 6 (partly Arabic translation of Colonel [Charles Henry Spencer] Churchill, *Mount Lebanon. A ten year's residence from 1842 to 1852*, London, 1853).

16 Idwārd Rūbinṣūn, *Yawmiyāt fī Lubnān*, Beirut: Manshūrāt wizārat al-tarbiyya al-waṭaniyya wa-l-funūn al jamīla, vol. 1, 1949, 17, 18, 36, 118, 199 (partly Arabic translation of E. Robinson, E. Smith, *Biblical researches in Palestine and in the adjacent regions. A journal of travels in the year 1838*, London, 1860).

17 Registers of the Legal Court of Tripoli, vol. 63, pp. 242-245 (document dated 1270 AH / 1853 AD).

Foreign merchants were thus seen in a positive light and encouraged to form communities residing in the commercial centres of Bilād al-Shām. There they profited from the privileges consistently granted to them from the time of Sultan Sulaymān al-Qānūnī (1520-1566 AD) until the end of the nineteenth century. Continued economic prosperity goes a long way in explaining the steady increase in their numbers in Sidon, Tripoli and Beirut in the eighteenth and nineteenth centuries, as well as the continuous flow of missionaries to these cities in the nineteenth century.

The distribution of foreigners' houses in the *Shāmī* city of Tripoli also has relevance to our topic. The French consul there mentions that the French community lived on one of the city's streets,[18] but was not isolated in a special quarter. His statement is corroborated by documents found among the records of the local law court. From one such document,[19] recording the purchase of a house in the city, we may extract the following information. First, that the French merchant Kāl resided in the city of Tripoli. Second, that he purchased a home in the city – not a separate, independent house, but two floors in a three-storey building. Third, it is evident from information on the location of the house and the names of his neighbours, that the merchant lived among Syrians and not among his French compatriots or in a special French quarter. (His nearest neighbours are given as Mikhāʾīl Ghazzāl; Anṭūn, son of Jabbūr; ʿAbdallāh al-Mashawbash; and Maṣbana.[20])

The fact that the merchant bought a house, instead of renting one, may be taken as a sign of his ease at residing in Tripoli. Had he been obliged to reside there, even though he felt unwelcome, he might have rented a house instead of buying one for a considerable sum. His choice of a residence in an area inhabited by the local population also indicates that he was comfortable with his neighbours and reflects the positive way in which Europeans were seen by the locals and the good treatment they presumably enjoyed at their hands.

The Englishman Robinson also notes that the homes of the Europeans could be found all over the hills of Beirut and that they pursued untroubled lives there.[21] He also points out the abundance of European merchants in

---

18 Ismail, Documents diplomatiques et consulaires, vol. 3, 303-308.

19 Registers of the Legal Court of Tripoli, vol. 12, p. 505 (document dated 1165 AH / 1752 AD). See a copy of this document in Appendix 3.

20 In order to locate the position of a house or a plot of land, the names of the property owners on all four of its sides were given.

21 Rūbinṣūn, *Yawmiyāt fī Lubnān*, 77.

Sidon, dating their residence in the city's khan to 1751.[22] Similarly, the Russian officer, Piotr Lovov, who was assigned to a mission in Syria between 1830 and 1850, mentions that many European families were living among the local inhabitants and trading with them. He also refers to large numbers of Italians in Syria.[23]

The European as seen by merchants and local rulers

On 3 October 1811, M. Guys, the French consul in Tripoli, reported that local rulers were leading campaigns to protect foreign merchants from brigands.[24] Elsewhere, he notes that amicable relations between local rulers and foreign consuls were very helpful in permitting the consuls to achieve their aims and facilitate the work of their countrymen in Bilād al-Shām.[25] The assertion that foreign merchants benefited from official protection would seem to be supported by a document found in Tripoli's *sharīʿa* court registers telling us that the tax-farmer (*multazim*) of ʿAkkār, ʿAlī Bey al-Asʿad al-Murʿibī (who became pasha in 1824 AD) pursued some brigands and confiscated goods which they had taken from English merchants; he told the English consul of his success and the merchandise was received by its owners in the consul's presence on 19 Jumāda al-ūlā 1216 AH / 1801 AD.[26]

ʿAlī Bey al-Asʿad al-Murʿibī was frequently praised by Tripoli's French consuls for his cordial relations with them and his positive attitude toward foreign merchants.[27] Tripoli's *sharīʿa* court registers for 1152 AH / 1740 AD also make mention of the good relations between the *wālī* of Tripoli and the British consul.[28] In 1809, the *wālī* of Tripoli, al-Kanj Yūsuf

---

22 *Ibid.*, 66.

23 Byūtur Lufūf, "Wathīqat waṣf Sūriyā", in M. Rījankūf and I. Samīliyā Niskāyā, *Sūrīya wa-Lubnān wa-Filasṭīn fī l-niṣf al-awwal min al-qarn al-tāsiʿ ʿashar*, Beirut: Dār al-Nahār, 1993, 296-313.

24 Adel Ismail, Documents diplomatiques et consulaires relatifs à l'histoire du Liban et des Pays du Proche-Orient du XVIIè siècle à nos jours, vol. 4: Consulat de France à Tripoly (1769-1815), Beirut, 1976, 317-318.

25 Hinrī Ghīz, *Bayrūt wa-Lubnān mundhu qarn wa-niṣf*, vol. 1, Beirut: Manshūrāt wizārat al-tarbiyya al-waṭaniyya wa-l-funūn al-jamīla, 1949, 145 (Arabic translation of Henri Guys, *Beyrouth et le Liban: Relation d'un séjour de plusieurs années dans ce pays*, Paris: Comon, 1850).

26 Registers of the Legal Court of Tripoli, vol. 36, pp. 60-61 (document dated 1216 AH / 1801 AD).

27 Ismail, Documents diplomatiques et consulaires, vol. 4, 195-197, 206-212

28 Registers of the Legal Court of Tripoli, vol. 8, p. 194 (document dated 1153 AH / 1156 AD).

Pasha, did his best to provide the French consul with a house in his city[29] while, in Acre, Ḍāhir al-ʿUmar was also on good terms with the French.[30] Moreover, we have already seen how the *wālī*s of Tripoli did their best to protect the property of foreigners and to exempt them from the payment of extraordinary levies.

However, the *wālī* of Sidon, Aḥmad Pasha al-Jazzār and his ally, the *mutasallim* of Tripoli, Muṣṭafā Āghā Barbar, had a different attitude toward Europeans. Al-Jazzār expelled the French from Acre and Sidon in 1203/1789 and refused to obey orders from the Sublime Porte to allow them to return[31]; in the end, they were forced to go to Tripoli.[32] Similarly, Barbar Āghā imposed major restrictions on the French community in Tripoli and attacked the French consulate there. His actions necessitated the interference of the then *wālī* of Sidon and Tripoli, Sulaymān Pasha, who wrote a letter to Barbar Āghā reminding him that he should treat the French consul with greater courtesy.[33]

Local merchants, especially the Christians and Jews among them, dreamt of employment as a translator or agent at one of the European consulates, for such positions entailed certain privileges.[34] The *sharīʿa* court registers in Tripoli make reference to such aspirations; one of them states that some merchants from Tripoli – Naṣrallāh, son of Buṭrus Zurayq, and Jirjis Yannī, son of Mikhāʾīl – held positions as translators at foreign consulates in order to avoid paying financial dues to the *wālī*.[35]

Such local merchants were at a disadvantage in comparison with their foreign counterparts for these eventually obtained commercial privileges from the Ottoman government – in 1838, in the case of Britain, and later, in the case of other European countries – and also profited from consumer demand for goods imported from Europe. Consequently, local merchants not only sought posts at European consulates but also traded with foreign merchants in order to share in their profits. In 1839, the number of Damas-

---

29 Ismail, Documents diplomatiques et consulaires, vol. 4, 206-212.

30 ʿAbbūd al-Ṣabbāgh, *Al-Rawḍ al-zāhir fī tārīkh Ḍāhir*, Bibliothèque Nationale, Paris, MS 2427 arabe, pp. 16-18.

31 Yūsuf b. Mikhāʾīl al-Ṣājātī, *Aḥmad Bāshā al-Jazzār*, Bibliothèque Nationale, Paris, MS 2166 arabe, p. 34.

32 Ismail, Documents diplomatiques et consulaires, vol. 4, 155-162.

33 Registers of the Legal Court of Tripoli, vol. 42, p. 178 (document dated 1231 AH / 1815 AD).

34 Ghīz, Bayrūt wa-Lubnān, 150.

35 Registers of the Legal Court of Tripoli, vol. 50, p. 90 (document dated 1242 AH / 1826 AD). A copy of the document may be found in Appendix 4.

cene shops selling British goods reached 107; interestingly, 66 of these were owned by Muslims.[36] This meant that a local group had emerged to play an intermediary role between European producers and consumers, and had thus become linked to the Western economy.

Changes in perceptions of the European

It seems that the positive way in which Syrians perceived Europeans was shaken from time to time. During the seventeenth and eighteenth centuries, some of the European communities were occasionally subject to vengeful action from local inhabitants, as in 1622, when Yūsuf Pasha Sīfā killed all of the sailors on board two French vessels that had entered the port of Tripoli, confiscated the money and goods he found there, and sold both ships.[37] Almost a century later, in 1719, a mob in Tripoli attacked the French consulate and looted some French houses, beating the consul and some merchants.[38] But these were two transient incidents, each occurring under special circumstances, and they are not indicative of any radical change in the way local people viewed Europeans in the seventeenth and eighteenth centuries.

However, by the nineteenth century, the view of Europeans began to change as Muslims began to question many aspects of European activities in Arab countries. In August 1858, Mr. Brandt, the British consul in Damascus, described the feelings of Syrians toward Europeans when he commented on the assassination of the British and French consuls in Jeddah. The ignorant classes of Damascus, he writes, had shown some satisfaction with the treatment afforded 'the infidels' who had sullied the holy city of Medina; however, they hid their feelings, showing them only in their private assemblies and almost never in public. Nevertheless, it was his belief that some of them wished nothing less than to drive the European consuls – and the Christians – out of Damascus.[39]

The way in which the inhabitants of Bilād al-Shām perceived Europeans was not, therefore, stable during the four centuries of Ottoman rule, for

---

36 ʿAbd al-Karīm Rāfiq, "Al-Iqtiṣād al-Dimashqī fī muwājahat al-iqtiṣād al-awrūbī fī l-qarn al-tāsiʿ ʿashar," *Dirāsāt tārīkhiyya*, 17-18 (1984), 115-159.

37 Fārūq Ḥubluṣ, "Al-Intifāḍāt al-shaʿbiyya fī Ṭarābulus," in *Lubnān fī al-qarn al-thāmin ʿashar*, Beirut: Dār al-muntakhab al-ʿarabī, 1996, 269 (this volume contains the proceedings of the first conference of the Lebanese Society for Ottoman Studies).

38 *Ibid.*, 270-285.

39 Fīlīb and Farīd al-Khāzin, eds., *Majmūʿat al-muḥarrarāt al-siyāsiyya wa-l-mufāwaḍāt al-duwaliyya ʿan Sūriyā wa-Lubnān*, vol. 1, Jūniya: Maṭbaʿat al-Ṣabr, 1910, 327-328, and more recently ʿAbd al-ʿAzīz Sulaymān Nawwār, *Wathāʾiq asāsiyya fī tārīkh Lubnān al-ḥadīth, 1517-1920*, Beirut: al-Jāmiʿa al-ʿarabiyya, 1974, 414-415.

it changed according to circumstances and developments. However, it was predominantly positive from the sixteenth century up until the end of the eighteenth century.

Factors influencing the way in which the inhabitants of Bilād al-Shām saw the European

Any attempt to study the way in which the inhabitants of Bilād al-Shām perceived the European calls for more than a mere examination of the positions and actions of the former. Indeed, the entire question must be approached in a more critical manner and all evidence must be considered in the light of relations between Europe and the ruling Ottoman Empire, on the one hand, and the policy and perspective of Europeans toward Bilād al-Shām and its inhabitants, on the other. The following factors seem particularly important.

First, the behaviour of individuals living in the European communities established in Bilād al-Shām deeply affected the way in which they were seen and treated by the local inhabitants. Tolerance and openness on both sides were vital if Europeans were to be well-received, maintain good relations and preserve their rights and property. But although relations between the European communities and the local populace during the first three centuries of Ottoman rule were positive, this did nothing to prevent retaliation for attacks against Bilād al-Shām's commercial centres by European pirates or for the direct and clear damage that rapidly afflicted markets and consumers due to competition between European merchants (as happened in 1719, when the inhabitants of Tripoli rose up against the French community there).[40] In addition, the misbehaviour of some individual Europeans and their disdain for local sensibilities occasionally provoked violent outbursts against them. For example, in 1719, the French consul in Tripoli disregarded an angry mob and stubbornly refused to cooperate with local authorities attempting to pursue pirates who had attacked ships loaded with cargo belonging to local merchants; his failure to act doubled the anger of the crowds, which directed their fury against the consul and his community.[41]

The Russian officer, Piotr Lovov, mentions the arrogance of foreigners toward the local population, saying that the Europeans distinguished themselves from the locals by their languages and by their insistence upon preferential

40 For more details on the uprising and its causes, see Ḥubluṣ, "Al-Intifāḍāt al-shaʿbiyya," 266-277.

41 *Ibid.*, 266-288.

treatment. Amongst themselves, he notes, they adhered to the strictest forms of propriety; yet, in view of their conceit and arrogance, they occasioned the mockery of the local people.[42] It does not take much imagination to give credence to the veracity of his words. Further evidence may be drawn from many of the letters written by consuls to their respective governments. For example, one letter penned by the British consul in Damascus, Mr. Brandt, clearly indicates his sense of superiority and his contempt for the local inhabitants; he describes them as the ignorant classes and demands the immediate punishment of the perpetrators of a particular incident as if the Ottoman state offered no legal recourse or did not exist at all.[43]

This brings us to the second factor: relations between the Ottoman state and the states of Europe. Without a doubt, the inhabitants of Bilād al-Shām were influenced by relations between the Sublime Porte and particular European states and the way people saw the nationals of different European states depended upon these relations. The majority of the inhabitants of Bilād al-Shām were Muslims who considered the Ottoman state to be a contemporary Caliphate and its sultan to be the Sultan of the Muslims. Consequently, they identified their interests with the interests of the caliph/sultan. Thus, for three centuries, good relations between the Ottoman sultans and the kings of France reflected positively on the French communities in Syrian commercial centres. Tension between the two states from 1617 to 1618 and the actions of French pirates off the coast of Bilād al-Shām were among the factors that led to the extraordinary attack, mentioned above, on two French ships in the port of Tripoli in 1622.

Ottoman foreign relations also help to explain the lack of any significant Austrian or Russian presence in Bilād al-Shām's commercial centres. These two countries were in a continuous state of enmity, if not war, with the Ottoman state. It thus becomes possible to understand the causes behind the uprising against Ḍāhir al-ʿUmar by the sheikhs of Bilād Bshāra – once his allies – and one of his officers, the *dinkizlī* who led the Moroccan troop in his army. Ḍāhir's private guards revolted against him when he was besieged by the Ottoman fleet in Acre.[44] Already incensed by their master's dependence upon naval assistance from Russia, an enemy of the Ottoman state, they refused to bomb the Ottoman fleet when so ordered, replying: "We are Muslims and believe in obedience to the sultan. We should not fight the army of the sultan under any circumstances."[45]

---

42 Lufūf, "Wathīqat waṣf Sūriyā," 296-297.

43 al-Khāzin, *Majmūʿat al-muḥarrarāt*, 327-328; Nawwār, *Wathāʾiq asāsiyya*, 414-415.

44 Al-Ṣabbāgh, *Al-Rawḍ al-zāhir*, 23-58.

45 Al-Ṣājātī, *Aḥmad Bāshā al-Jazzār*, 21-22.

European ambitions in the Arab world became clear to its inhabitants after attacks commenced upon Arab regions. These started with the French campaign of 1798, the subsequent occupation of Algeria, the arrival of the French fleet off the coast of Bilād al-Shām and French control of Tunisia. Not wishing to be left out, Britain swiftly occupied Aden and Egypt. These developments caused changes in the way most of the inhabitants of the area – and especially the Muslims – viewed Europeans and led them to become more cautious in their dealings with them. Their vigilance grew by the end of the nineteenth century due to an increase in publications disseminating the ideas of Arab reformers coming from different religious, secular and nationalist backgrounds.

Another important factor was the way the *wālī*s behaved toward the local inhabitants. Some historians have suggested that the Shīʿa from Bilād Bshāra voluntarily collaborated with the French army during the siege of Acre and that the inhabitants of Ṣafad also cooperated with the French; the inhabitants of Mount Lebanon were reportedly so overjoyed at the arrival of French forces that they gave them gifts of wine and other goods.[46] While such anecdotes are dubious, they would indicate, if proven, the harshness of the *wālī*s when dealing with the inhabitants of some districts, a circumstance which must have been known to the Ottoman authorities. Since the state did nothing to relieve the oppression of its citizens, some of the latter may have felt obliged either to join the European enemy or to remain neutral as the foreign conqueror fought the Ottoman state in their region.

Events in Istanbul must also be taken into consideration, particularly the influence of European ambassadors there. During the eighteenth and nineteenth centuries, European countries – and their ambassadors – saw a rise in their influence in the Ottoman capital. This led the *wālī*s of Bilād al-Shām to approach the consuls of the most powerful states, namely, France and Britain, in the hopes of receiving their intercession to improve their own status with the Sublime Porte.[47] In addition, some of the *wālī*s attempted to obtain material support from the consuls; for instance, in 1808, the *wālī* of Damascus and Tripoli, al-Kanj Yūsuf Pasha, asked the French consul to provide him with cannon experts from Cyprus in order to tighten the siege on Barbar Āghā in the city's citadel.[48]

---

46 *Ibid.*

47 Several of Tripoli's *wālī*s asked the French consuls to write recommendations on their behalf to the Sublime Porte; see, for example, Ismail, *Documents diplomatiques et consulaires*, vol. 3, 339.

48 *Ibid.*, vol. 4, 163-166.

Finally, confessional belonging and the connections between some sects and some European countries also affected the perception of the European. Such connections had their roots in the foreign protection afforded to some sects in Bilād al-Shām, and European intervention in confessional affairs increased after the middle of the nineteenth century – most notably, with European interference in the civil strife that consumed Mount Lebanon after the fall of the Shihābī emirate in 1841 up until the events of 1860. These developments shook the trust that some of Bilād al-Shām's confessions had in the Ottoman state and spurred their representatives to look for support elsewhere, particularly from the European state claiming the right to protect them. This led to a strengthening of relations between the Maronites and France,[49] the Druze and Britain,[50] and the Orthodox and Russia[51] and Greece. Missionaries who were nationals of these European states played an important role in raising generations of students sympathetic to a particular country and culture. Possibly the slow pace of political development in the Ottoman Empire and the harsh control Istanbul exerted over the empire's citizens pushed some of them to believe in the necessity of foreign 'protection.'

Conclusion

From the above discussion, it is clear that the way in which the inhabitants of Bilād al-Shām viewed the European passed through two main phases during the period of Ottoman rule.

The first phase stretched from the sixteenth century to the end of the eighteenth and was marked by respect and a willingness to accept the European as a full member of society enjoying the same rights as local inhabitants. This perspective was not limited to Christian Syrians, but also existed among Muslims, who did not seem to feel threatened by Europeans despite their religious differences. It should also be noted that local relations with the French fall into a distinctive category when compared to those with other European peoples.

Firsthand knowledge of Europe was limited to an infinitely small number of local Christians who either travelled for business to the West or who visited Europe in church matters[52]. The vast majority of local citizens had not come to

---

49 [Qusṭanṭīn] Bāzīlī, *Sūriyā wa-Lubnān wa-Filasṭīn taḥt al-ḥukm al-turkī*, Beirut: Dār al-ḥadātha, 1988, 71 (Arabic translation of K. Bazili, *Siriya i Palestina pod Osmanskim vladuichestvom*, Odessa, 1861-62.

50 Tshirtshil, *Jabal Lubnān*, 6.

51 Asad Rustum, *Lubnān fī ʿahd al-mutaṣarrifiyya*, Beirut: Dar al-Nahār, 1973, 20.

52 For Eastern clerics in Europe see the contribution of Michel Abras elsewhere in this volume.

know the Europeans through journeys to the West, books about their culture, or the study of Western thought.[53] Their knowledge resulted from direct contact with European communities in Bilād al-Shām that were largely composed of merchants and missionaries, as well as a small number of travellers. We may therefore deduce that the common people generalized their view of this group of Europeans to include all Europeans, leading to the construction of a flawed and incomplete image of contemporary Europe and its culture. There is no doubt that the Ottoman state played a role in this process since it alternatively described certain European peoples as either infidels[54] or allies. The state's role helped to confuse and mislead its citizens, reducing the likelihood that they would form a clear and realistic idea of the West.

The second phase started to coalesce at the beginning of the nineteenth century and was in no way characterized by a single perspective shared by all of the inhabitants of Bilād al-Shām, with their different groups and sects, toward particular European peoples. The composition of the *Shāmī* society became increasingly complex during this century and competing class and confessional identifications led to confusion about position and interest. Individuals were unable to decide where exactly they belonged and which should take precedence – class, confession, or either? And even if craftsmen or farmers, no matter what their confession, recognized that their interest lay in unity in the face of European economic competition – which they did not – the 'protection' afforded to certain religious confessions by European states and the relationship this entailed only obscured matters and reduced the possibility that such awareness or some collective action could actually arise. The intertwining of the issues of class and confession vanquished the *Shāmī* society and prevented the formation of a single, unique view of the West. Moreover, the harshness of the *wālī*s toward the local inhabitants at a time when missionaries were toiling ceaselessly to gain them for the West also contributed to the confusion and to the formation of erroneous ideas and sentiments centred upon the West.

---

53 Western thought was not studied locally before the nineteenth century; for the process as a whole, see Bernard Lewis, *The Muslim Discovery of Europe*, New York, 1982.

54 See the text of the *firmān* sent by Sultan Salīm to the *wālī*s of Bilād al-Shām and its inhabitants during the siege of Acre by Bonaparte where he described them as infidels (in Asad Rustum, Fu'ād Afrām al-Bustānī [eds.], *Lubnān fī ʿahd al-umarāʾ al-shihābiyyīn, wa-huwa al-juzʾ al-thānī wa-l-thālith min kitāb al-ghurar al-ḥisān fī akhbār abnāʾ al-zamān li-l-amīr Ḥaydar Aḥmad al-Shihābī*, 3 vols., Beirut: Manshūrāt al-Jāmiʿa al-Lubnāniyya, 1969, vol. 1, pp. 187-190).

LE VOYAGE DE DEUX MOINES MELKITES EN ITALIE DU NORD EN 1775

MICHEL ABRAS

Dans les archives de l'Ordre Basilien Alépin, conservées au Couvent de Saint-Sauveur à Ṣarbā (Kisruwān/Liban), nous avons découvert, sous la cote 261, un carnet de 27 pages (20 x 17 cm) intitulé: «Suite de l'histoire passée. Cela commence par la fête de Pâques» (*wa-taba*ᶜ *al-tārīkh al-māḍī. bada'a hadhā fī* ᶜ*īd al-fiṣḥ*)[1]. C'est en fait une partie de la narration d'une tournée dans «les pays des chrétiens» (*bilād al-naṣārā*)[2], que deux moines melkites catholiques avaient effectuée, vers la fin du XVIIIe siècle, pour quêter au profit de leur congrégation, l'Ordre Basilien de Saint-Jean-de-Chouéir (Shuwayr), établi au Liban[3], auquel ils appartenaient.

Nous savons, d'après l'histoire de cet Ordre, qu'en 1747, le moine Yuḥannā Naqqāsh fut envoyé du Liban à Rome pour desservir l'église Santa-Maria-in-Domnica, dite «della Navicella»[4]. Quelques années plus tard, en 1751, le P. Tūmā Kurbāj le rejoignit comme vicaire; et ces deux prêtres religieux restèrent ensemble dans la capitale de la chrétienté jusqu'à leur décès survenu la même année, en 1778[5].

---

1 Ms. Ṣarbā 261, 1.

2 C'est ainsi qu'est désignée l'Europe dans le manuscrit. Il est intéressant de noter que cette notion de «chrétienté» est jusqu'au XIXe siècle habituellement employée par les chrétiens du monde musulman pour nommer l'Europe.

3 Sur l'histoire de cette congrégation voir Athanāsiyūs Ḥājj, al-Rahbāniyya al-bāsīliyya al-shuwayriyya (al-ḥalabiyya – al-baladiyya) fī tārīkh al-kanīsa wa-l-bilād, 2 vols., Jounieh, 1974 et 1978.

4 Cette église fut donnée aux Shuwayrites en 1734 par le pape Clément XII (Ḥājj, *al-Rahbāniyya*, 264 et suiv.; Aliksiyūs Kātib, «Kanīsat Sayyidat al-safīna», in *al-Mashriq* 4 [1901], 566 et suiv.). A propos des Shuwayrites à Rome, voir Qusṭanṭīn al-Ṭarābulusī, *Tārīkh dayr Rūmiya Nāfījillā* (Ms. Beyrouth, Bibliothèque Orientale, N° 38).

5 al-Ṭarābulusī, *Tārīkh*, 55, 61, 66, 78, 86, 102, 110, 123, 153; Ḥanāniyā al-Munayyir, *Al-durr al-marṣūf fī tārīkh al-Shūf*, Beyrouth, s. d., 28 (= Maṣādir al-tārīkh al-lubnānī, 3).

En 1751, les deux moines melkites avaient entrepris un périple de Rome en Espagne, au Portugal et dans le nord de l'Italie, pour quêter.[6] Il est vraiment dommage que le récit de ce premier voyage soit perdu. Mais nous savons qu'avec l'argent rassemblé, ils achetèrent à Rome en 1767, à côté du Latran, une maison qu'ils transformèrent en couvent avec sa petite chapelle Saint-Basile[7] qui existe toujours. Comme la première quête avait été fructueuse, ils entreprirent, quatorze ans plus tard, un nouveau voyage dans «les pays des chrétiens», mais cette fois vers la Hongrie et l'Italie du Nord. Ce voyage, qui semble avoir commencé en mars 1775 et s'être achevé le 28 février 1777, a donc duré presque deux ans.

Nos deux moines melkites racontent dans ces quelques pages, pêle-mêle, «à l'orientale» leur voyage; ils citent les villes visitées, les distances parcourues (comptées en jours), les difficultés rencontrées et surmontées; ils décrivent quelquefois l'une ou l'autre de ces régions et parlent de leur climat, de leurs couvents, de leurs saints; ils détaillent les désastres qu'elles ont subis. Dans une narration très vivante, ils jettent sur le papier leurs impressions face à tout ce qu'ils ont vu ou entendu, à ce qui les a émerveillés: les paysages, les villes, les fêtes, l'art, la finesse de l'artisanat, le commerce, etc. Ils décrivent tout ce qui les a touchés; et nous savons très bien combien l'Europe a, depuis longtemps, fasciné les Orientaux[8].

Le texte est encore inédit et méconnu des chercheurs[9]. Il est écrit de la main de Yuḥannā Naqqāsh lui-même, avec une calligraphie difficile à lire,

---

6 al-Ṭarābulusī, *Tārīkh*, 76.

7 *Ibid.*, 138.

8 La *riḥla* de nos moines voyageurs pourrait être comparée à celle de Ilyās ibn Ḥannā al-Mawṣilī, qui visita une partie de l'Europe et l'Amérique de 1668 à 1683. A beaucoup d'égards, la mentalité des auteurs respectifs semble proche: Anṭūn Rabbāṭ (éd.), «Riḥlat awwal sāʾiḥ sharqī ilā amirka (1668-1683)», in *al-Mashriq* 8 (1905), 821-834, 875-881, 974-983, 1022-1033, 1118-1129. Traduction italienne: Marina Montanaro (éd.), *Il primo Orientale nelle Americhe*, Mazara del Vallo, Liceo Ginnasio "Gian Giacomo Adria", 1992. Traduction hollandaise: Richard van Leeuwen, *Een Arabier in Zuid-Amerika (1675-1683)*. Amsterdam 1992. A propos de l'attitude des voyageurs arabes chrétiens à l'égard de certains éléments de la culture européenne, voir aussi Carsten-Michael Walbiner, «'Images painted with such exalted skill as to ravish the senses...' - pictures in the eyes of Christian Arab travellers of the 17th and 18th centuries», à paraître dans Bernard Heyberger et Silvia Naef (éds.), *De l'estampe à la télévision: la multiplication des images en pays d'Islam (17ème - 20ème siècles)*, Istanbul.

9 Le manuscrit n'est mentionné ni par Georg Graf (*Geschichte der christlichen arabischen Literatur*, vol. 3: Die Schriftsteller von der Mitte des 15. bis zum Ende des 19. Jahrhunderts: Melchiten, Maroniten, Vatican, 1949) ni par Joseph Nasrallah (*Histoire*

dans un style dialectal populaire rempli d'expressions de la langue d'Alep, ville d'où il est originaire. Ce document mérite donc d'être commenté et édité.

Comme nous n'avons pas le temps de passer en revue tout le texte, nous nous contenterons d'accompagner nos voyageurs dans leur tournée, choisissant quelques épisodes intéressants, mettant en évidence les faits les plus saillants, en les groupant par thème.

Du point de vue géographique, ce voyage nous fait visiter plus de quinze villes italiennes: Turin et ses banlieues (pp. 1 et suiv., 6)[10], Aoste (p. 2), Pise, avec ses thermes d'eau chaude et son université (pp. 9-7), Lucques, avec son arsenal et ses champs d'oliviers (pp. 9-10), Prato (p. 11),Venise (pp. 11-13), Padoue (p. 13), Parme (pp. 16 et suiv.), Bergame (p. 18), Brescia (p. 19), Vérone (p. 21), Pérouse (p. 22), Florence (p. 22), Cortone (p. 22), Viterbe (pp. 23 et suiv.) et Sienne (pp. 23 et suiv.). Pour la Hongrie, le texte ne mentionne aucune ville, mais nous informe de la quête des deux moines là-bas (pp. 14, 16).

Il n'est pas question de faire ici l'histoire de l'Italie, mais il nous semble nécessaire de rappeler qu'à cette époque elle n'était pas unifiée, et la plupart des Etats de la Péninsule se trouvaient sous domination étrangère. Les régions décrites par nos deux voyageurs appartenaient à la Savoie et au Piémont, dépendant du Roi de Sardaigne; aux Duchés de Milan et de Toscane, sous la domination des Habsbourg; au Duché de Parme où régnaient les Bourbons-Parme; au Duché de Modène sous l'autorité des Bourbons d'Espagne; et à Venise, qui conservait son Etat républicain.

Le texte détaille les liens familiaux entre les membres de ces différentes dynasties européennes. Par exemple, le Duc de Parme Ferdinand était le fils du roi d'Espagne Don Philippe. Sa mère, Louise Elisabeth de France, était la fille du roi de France Louis XV; et sa femme, Marie Amélie de Habsbourg-Lorraine, était la fille de l'Impératrice d'Autriche. La belle-sœur du roi de France était la fille du Roi de Sardaigne ... Le texte

---

du mouvement littéraire dans l'Eglise Melchite du Ve au XXe siècle, vol. 4/2, Louvain, 1989).

10 Toutes les indications de pages qui suivent se rapportent toujours au manuscrit Ṣarbā 261.

fait allusion aux conséquences politiques de ces alliances familiales[11], sans en traiter explicitement.

Mais la géographie de nos deux moines voyageurs est avant tout une géographie sacrée. Le Père Jean s'attarde à décrire les très nombreux couvents et églises des villes visitées, avec leur contenu. Il mentionne en particulier les reliques et les corps saints les plus vénérés, fameux jusque chez les catholiques de son pays:

- A Pise, il évoque la cathédrale, le baptistère et la tour penchée, ainsi que l'église des Chevaliers de Saint-Etienne (*San Stefano dei Cavalieri*).
- A Aoste il mentionne le crâne de saint Jean Baptiste, qui y est gardé en relique.
- A Turin, l'église du Saint-Suaire.
- A Lucques, il relève l'église de la Très Sainte Vierge miraculeuse, et celle de la Vénérable Croix miraculeuse (*Il Volto Santo*) de Nicodème.
- A Prato, l'église de la précieuse ceinture de la Très Sainte Mère de Dieu.
- A Padoue, l'église de Saint-Antoine.
- A Parme, la chapelle du palais.
- A Venise, l'église de la Sainte Vierge du Caravaggio[12], et la basilique Saint-Marc.
- A Bergame, l'église de la Sainte Croix.
- A Pérouse, l'église de Sainte-Julie et le couvent de la Madeleine.
- A Cortone, le corps de Sainte Marguerite.
- A Viterbe, le corps de Sainte Rose.
- A Sienne, les souvenirs de Sainte Catherine.

Du point de vue historique, le texte contient peu de dates, mais beaucoup d'informations souvent très rapides. Des événements politiques sont relevés, dont voici les plus importants: la guerre entre les Marocains et l'Espagne (p. 2), l'assassinat du Grand Maître de Malte (p. 16), les causes politiques de la persécution contre les chrétiens en Morée (p. 15). Le fait le plus saillant serait l'indépendance de l'Amérique, avec la responsabilité de l'Angleterre dans cet événement (p. 18).

---

[11] Ainsi, le texte dit que Ferdinand, le souverain de Parme, aimait les prêtres, contrairement à sa femme. Il est fait mention du fait que l'Espagne et la France ont vaincu le Pape, et lui ont pris Parme, qui avait été sous sa domination (pp. 16-17).

[12] On ne voit pas de quelle église il pourrait s'agir à Venise. Il se pourrait que l'auteur ait fait une confusion avec la fameuse église de la *Madonna di Caravaggio*, près de Bergame.

Les affaires ecclésiastiques sont largement traitées. Citons, à titre d'exemples, le décès du Supérieur Général des Jésuites (Lorenzo Ricci) qui avait été détenu au Château Saint-Ange à Rome, après le décret supprimant la Compagnie de Jésus en 1773 (p. 25), le décès du patriarche de Venise et l'élection de son successeur (p. 15), le massacre des chrétiens à Belgrade (p. 15) et leur persécution en Morée (p. 15), la visite du patriarche arménien catholique de Jérusalem au Pape à Rome (p. 15), la Bulle *Demandatam* de Benoît XIV à destination des chrétiens melkites (p. 25).

Il faut relever qu'il ne s'agit pas là de renseignements de première main, mais d'informations tirées des gazettes, dont l'usage se répand en Europe à cette époque, ou bien de conversations qui restituaient un certain nombre de faits cueillis dans les journaux.

Cependant, le récit témoigne aussi d'événements vécus directement par l'auteur. Celui-ci montre un certain goût pour la description des accidents et des catastrophes naturelles. Le voyage commence par Turin, où la sécheresse et la peste envahissaient la ville, causant beaucoup de morts. Là, nos deux voyageurs furent obligés de rester et de fêter Pâques dans la peur d'être atteints par l'épidémie (p. 31). C'est l'occasion pour nous décrire le fameux incendie qui s'était propagé dans la rue des Juifs, alors que ces derniers étaient à la synagogue, et que le grand rabbin les empêchait de sortir pour aller l'éteindre. Il dura deux jours successifs (p. 1).

Un autre incendie est enregistré à Oroszlany en Hongrie (p. 14). Un tremblement de terre est survenu à Malte (p. 16), et un autre, léger, à Venise (p. 15). Un éclair aurait causé l'effondrement d'un immeuble à Mantoue, provoquant la mort de 70 juifs (p. 15). La foudre tomba aussi sur Brescia (p. 19). Un accident de carrosse survint sur le chemin de la Hongrie (p. 14), tandis qu'entre Trieste et Venise, nos deux moines furent pris dans la tempête (p. 16). A Vérone, c'est une inondation qui est relevée (p. 21).

Les fêtes et les foires auxquelles nos voyageurs ont assisté sont aussi décrites avec beaucoup de détails. La naissance du dauphin de France (p. 1); l'accueil de l'infante de Sardaigne à Turin, furent l'occasion d'une grande joie et d'une fête populaire (p. 3). Dans la même ville, l'exhibition du Saint-Suaire (p. 6) et la réception du roi par les juifs (p. 7) offrirent un spectacle aux deux moines. A Venise, l'attention du voyageur a été retenue par la semaine sainte (pp. 11 12); et la cérémonie du jet de l'anneau dans la mer (p. 13).

L'auteur ecclésiastique de notre récit se plie également aux modes occidentales du voyage dans cette deuxième moitié du XVIIIe siècle, lorsqu'il évoque les musées qu'il visite, qui s'ouvraient les uns après les autres en Italie à cette époque. Il nous donne une description du musée et de l'Université de Pise (p. 8), de la bibliothèque et de l'imprimerie de Parme (p. 17), du musée des animaux naturalisés de Parme (p. 17); de la salle des manuscrits illuminés, d'ouvrages liturgiques, à Sienne (p. 24).

Tout cela avec un esprit d'humour qui apparaît dans quelques anecdotes rapportées, qui prennent particulièrement pour cibles des ecclésiastiques (pp. 20-22).

Quels sont finalement les éléments qui ont marqué nos moines-voyageurs?

• les techniques et les sciences modernes.

Il se réfère à des statistiques, pour indiquer revenus et population de quelques pays d'Europe.

A Parme, il visita l'imprimerie ducale (conduite à cette époque par le célèbre Giambattista Bodoni (1740-1813), dont il admira la science. Il faut dire qu'il avait un intérêt très concret pour l'imprimerie, puisque son ordre religieux en faisait fonctionner une en ce temps-là au couvent de Saint-Jean de Chouéir[13]. Il rapporte d'ailleurs que Bodoni s'était servi d'un livre issu de cette presse pour réaliser ses poinçons et ses matrices arabes. La facilité du processus d'impression le surprit, et il prit des notes, dit-il, concernant les machines employées (p. 17).

• la richesse: partout tout est en or, en argent, les constructions en marbre et albâtre. Tout est «précieux, de grande valeur, cher ...»[14]. Ailleurs il dit: «dans les bains, ... il ne devra pas compter l'or qu'il dépensera, et il verra comment il sera traité, et comment grands et petits l'appelleront «Monsieur» (p. 9).

---

13 Sur cette imprimerie voir Joseph Nasrallah, L'imprimerie au Liban, Harissa, 1949, 26-46; Wahid Gdoura, Le début de l'imprimerie arabe à Istanbul et en Syrie: évolution de l'environnement culturel (1706-1787), Tunis, 1985, 53-180.

14 Le terme arabe qui revient constamment est *muklif*. Exemple à Prato: *haykal muklif* («sanctuaire précieux», p. 11); à Padoue: *marmar muklif* («marbre précieux», p. 13); à Turin: *kanīsa muklifa* («église précieuse», p. 15); à Parme: *maktaba muklifa* («bibliothèque précieuse», p. 17); à Venise: *qubba muklifa* («coupole précieuse», p. 17).

• l'architecture des cathédrales, la tour de Pise, et tout l'art italien[15].

• les fêtes populaires avec tout leur décor.

• la religiosité (représentation religieuse massive dans les fêtes; messe solennelle avant d'exposer le Saint-Suaire, cadeau à l'archevêque, les reliques, les processions, les couvents, les sœurs cloîtrées etc.).

• la gratuité de l'enseignement.

Et je conclus en disant que nos voyageurs n'avaient pas l'intention de faire ni de la géographie ni de l'histoire; et que leur texte ne prétend donc pas être une encyclopédie, ni une étude exhaustive de la région, mais plutôt une simple narration d'un voyage qui donne une idée partielle, mais réelle, de l'Europe vue par les yeux de deux Orientaux à l'époque ottomane.

15 Sur la manière dont Naqqāsh appréhende l'art figuré en Europe, voir Walbiner, «Images».

THE IMAGE OF THE EUROPEAN IN NIQŪLĀ AL-TURK'S *MUDHAKKARĀT* (CHRONIQUE D'EGYPTE 1798-1804)

HAYAT EL-EID BUALUAN

Introduction

From about the sixteenth century until the end of the eighteenth, historians of *Bilād al-Shām*, including the Christian historians of Lebanon, displayed only a limited interest in events taking place in Western Europe. During this period, the majority of Lebanon's Christian historians were clerics; hence, it is perhaps understandable that they were more concerned by Western Europe's religious influence than its secular impact.

Niqūlā al-Turk was the first Lebanese historian with a secular bent to devote an historical work to the events of the French Revolution and to Bonaparte's expedition to Egypt in 1798. Although seemingly unaware of the Enlightenment and the socio-political movements that preceded the Revolution, he nonetheless draws attention in his work to the beginning of a new phase in the history of Western influence upon the Arab world which would come to challenge its complacency as well as its socio-political life.

Niqūlā ibn Yūsuf ibn Nāṣīf Āghā al-Turk (1763-1828), a Greek Catholic, was born and laid to rest in Dayr al-Qamar, in Mount Lebanon. His ancestors were Greeks from Constantinople, whence he derived his surname, 'al-Turk.' He entered the service of the emir of Lebanon, Bashīr Shihāb II, and was sent to Egypt to observe and report on the French expedition.[1] Al-Turk remained

[1] For al-Turk's life, see Georg Graf, *Geschichte der christlichen arabischen Literatur*, vol. 3, Vatican City: Biblioteca Apostolica Vaticana, 1949, 251-252; Nakoula El Turk, *Histoire de l'Expédition des Français en Egypte*, trans. M. Desgrange, Paris: Ainé, 1839; J. Crabbs, *The Writing of History in Nineteenth Century Egypt*, Cairo: American University Press, 1984, 59; Fu'ād Afrām al-Bustānī "Al-Muʿallim Niqūlā al-Turk," *al-Mashriq*, 43 (1949), 69; ʿĪsā Iskandar al-Maʿlūf, "Niqūlā al-Turk," *al-Mashriq*, 2 (1899), 637; 29 (1931), 287.

there, in Damietta, from 1798 till 1804, while collecting the material necessary for his account of this historical event.[2]

The editor and translator of al-Turk's *Mudhakkarāt,*[3] Gaston Wiet, mentions in his introduction to the work that he obtained a copy of the manuscript, totalling 259 pages, from the private library of King Farūq of Egypt in 1948. The manuscript bore neither a title nor the name of its author, but he was able to identify it as Niqūlā al-Turk's history by comparing it with Alexander Cardin's translation of the same work, included in the final pages of the *Journal* of ʿAbdul Raḥmān al-Jabartī.[4] Another copy of the manuscript was translated by M. Desgranges, who met al-Turk in Dayr al-Qamar.[5]

In its Arabic version, *Chronique d'Egypte* is composed of 218 pages and covers events from 1798 to 1804 in chronological order. It begins with an introduction to the French Revolution, describes the execution of King Louis XVI and summarizes subsequent developments, both in France and in the rest of Europe (1-6). The history of the French expedition takes up 114 pages (107-121) and it is followed by a lengthy account of the arrival of the Ottomans, their wars with the Mamluks and the beginning of Muḥammad ʿAlī's rule in Egypt (122-218).

Al-Turk uses colloquial language and frequently employs rhymed prose (*sajʿ*). He writes both as an observer relating first-hand information[6] and as a commentator on the events he describes, sometimes praising and sometimes signalling his disapproval when he deems it necessary. Thus, he succeeds both in conveying the feelings of the Egyptians toward foreign domination and in presenting his own views on the Europeans.[7]

---

[2] For al-Turk's historical work, see G. Haddad, "The Historical Work of Niqūlā al-Turk, 1763-1828," *Journal of the American Oriental Society*, 81 (1961), 247-251; Henry Pérès, "L'Institut d'Egypte et l'oeuvre de Bonaparte jugés par deux historiens arabes contemporains," *Arabica*, 4 (1957), 120-129; Amal Bashūr, *Ḥamlat Būnābart ilā al-sharq (makhṭūṭat Niqūlā al-Turk)*, Tripoli: Jarrous Press, 1993, 12-31.

[3] Niqūlā al-Turk, *Mudhakkarāt*, ed. and trans. by Gaston Wiet, Cairo: Maṭbaʿat al-maʿhad al-firansī li-l-āthār al-sharqiyyah, 1950. The footnotes in this paper are numbered according to the Arabic version using Wiet's Arabic verse.

[4] See A. Cardin, Journal d'Abdul Rahmān al-Jabarti suivi par l'expédition des français en Egypte, Paris, 1938.

[5] See Bashūr, *Ḥamlat*, 23.

[6] Al-Turk's description of Napoleon's expedition to Bilād al-Shām was taken from Napoleon's proclamation to the *dīwān* in Cairo; see *ibid.*, 110-111.

[7] Note that in the second part of his book, *Al-Ghurar al-ḥisān fī akhbār abnāʾ al-zamān,* Ḥaydar al-Shihābī (1761-1835) depended on al-Turk's account of Bonaparte's expedition to Egypt; see Albert Hourani, "Historians of Lebanon," in B. Lewis and P. M. Holt, eds., *Historians of the Middle East*, London: Oxford University Press, 1964, 231-

It is in this context that the present paper will attempt to present al-Turk's conception of the European, first as warrior, then as administrator and lastly as politician. Such a task requires an examination of al-Turk's portrayal of the European in Egyptian society as well as the reaction of the indigenous population to this foreign presence, in which he introduces us to new questions and unusual reflections concerning the link between the history of the Middle East and the history of Europe, between local history and universal history.

The European as warrior

Describing the French fleet that arrived in Alexandria in 1798, al-Turk writes:

> and their fleet was constituted of three hundred and eighty vessels having on board thirty thousand soldiers and another twenty-three thousand, including generals, majors, officers, commissaries, secretaries, women, children and mariners, a total of fifty-three thousand individuals. The commander-in-chief was General Bonaparte who was thirty years old. He was very daring, always lucky in battles and was able to conquer Italy, Venice and other countries.[8]

Al-Turk gazes in wonder at the superiority and grandeur of the French forces, at the number of French Navy ships and of people on board. He also admires the bravery of their chief, General Bonaparte, as manifested in his military campaigns in Italy and elsewhere.

If we try, however, to go beyond al-Turk's words, we realize that his admiration of the French military is pregnant with his conviction that the forces arrayed before him are far superior to their local counterparts. It is from this perspective that the author describes the landing of the expeditionary force near Alexandria. Al-Turk notes that Muḥammad Karīm, the custom officer of Alexandria, wrote the following message to Murād Bey, the emir banneret (*amīr al-liwāʾ*):

> My Lord, the navy which is nearby is composed of many ships having neither a conceivable beginning nor a describable end. In the name of Allah and His Prophet, send us men.[9]

232; see also Haddad, "The Historical Work," 249. On al-Shihābī, see the article by Jean Charaf in the present volume.

8 Al-Turk, *Mudhakkarāt*, 5-6. The translations in this paper are my own.

9 *Ibid.*, 7.

Al-Turk goes on to describe the hostile feelings of the people and their willingness to resist, but adds that there was only one barrel of gunpowder in the citadel of Alexandria, then considered the key to Egypt. This leads him to contrast the Europeans with local soldiers, saying:

> The fire power of the French is unbearable and their methods of war are harsh. They possess all of the resources for the art of war, about which the Mamluks and the Arabs have not the slightest idea. The latter are horsemen unable to handle [any arms] except sword and spear, while the French avail themselves of firing weapons in an extraordinary way. They are soldiers of exceptional bravery; their hearts are as solid as rocks. They are not attached to life and do not fear death, but face it with serenity.[10]

While recounting the events of 1804, Al-Turk mentions more than once how the news of the French landing in Alexandria had disturbed the native population of Egypt. He expresses not only his own viewpoint, but that of the local inhabitants, when he writes of the superiority of the Europeans and the Egyptians' weakness before them. He states:

> The Egyptians were disturbed. The ambitions of the European states worried them as much as the courage and the valour of their soldiers impressed them. They said: "It is inevitable that a European prince will one day lay hold of Egypt because the Muslims are incapable of resisting the assault of the enemy and remaining firmly in the battlefield, this despite the fact that they have read many books and leaflets and consulted almanacs and controversial works which should have given them the ability to confront the presages along with that which they foretell."[11]

Al-Turk also portrays the cruelty of the French warrior. After the conquest of Jaffa in February 1799, during the Syrian expedition, atrocities were committed by French soldiers and innocent people killed in Bonaparte's name. Surprisingly, al-Turk enumerates these episodes without comment, ending his description as follows:

> For three days, burglary and theft were observed in the country, which was emptied and left like a hollowed donkey.[12]

---

[10] *Ibid.*, 32.

[11] *Ibid.*, 173.

[12] *Ibid.*, 38.

However, after the invading French were defeated by the British, al-Turk is more vocal, giving reasons for their failure. In his view, it was due to the arduous task, carried out by French troops, of conveying heavy weapons, such as long cannons, along the sandy and difficult road from Cairo to Gaza, in addition to the British interception of French ships on their way to battle. Al-Turk then adds: "This is God's will."[13]

Describing the struggle and consequent inability of the French to occupy Acre, al-Turk praises the might of the British Navy in obstructing French efforts to reach its fortresses. He succeeds in drawing a picture of two strong contending armies, the British and the French, both superior in arms and very skilled in the art of war. According to al-Turk, the French defeat was not due to lack of courage or to impotence, but to two other factors: first, the strength of the citadel of Acre, which al-Jazzār[14] had been fortifying for many years; and, second, the power of the British Navy and the tactics of British generals to weaken the resolve of French soldiers. The British posted notices on the gates of Acre advising the French to desert or face certain defeat, offering their services to all those who might decide to flee. Al-Turk adds:

> This message, which circulated among the French troops, had a disheartening effect upon them and made them understand that it was the pure truth. And each time that the British would obstruct their routes, it was impossible for the French to succeed.[15]

Elsewhere in his work, al-Turk refers to Eastern European might, specifically the growth of Russia under Czar Constantine, and the persistent Ottoman fear of Russian expansionism. Unable to explain the increase in the territories falling under the czar's sway, al-Turk merely remarks that God alone knows the reasons for it.[16]

Thus, European expansion and skill on the battlefield are ordained by God as well as the result of Europe's developed weaponry, superior military forces and courageous generals. The European warrior, according to al-Turk, is strong, courageous, efficient, resolute and versed in the sciences; the generals share the attributes of their warriors, but bring to the battlefield greater skills in the sciences and in the art of war. Not content with these generalizations, al-Turk draws a lively and vivid picture of a

---

13 *Ibid.*, 44-45.

14 Governor (*wālī*) of Acre. He died in 1804.

15 *Ibid.*, 46.

16 *Ibid.*, 173.

variety of European officers, including the British general, Smith[17], and the French generals, Caffarelli[18], Bon[19] and Kleber[20]. He goes even further in his narrative to describe the physical appearances of some of them.

Hence, he presents general Bon as "short in stature and well-built, with a protruding chest resembling a piece of rock and a vein as thick as a thumb bulging [in his neck]."[21]

Kleber is praised for his poise and quiet nature; according to al-Turk, these traits won him the respect of all that knew him.[22] He describes Kleber as a tall man with a big head and a very frightening voice that varied in pitch.[23]

Al-Turk's admiration for Europeans and for the French generals in particular does not lead him to ignore their faults. When describing General Menou, who became commander-in-chief after the assassination of Kleber in 1800, al-Turk does not hesitate to expose his shortcomings. Later, in his narrative of the French defeat at British hands in 1801, he writes that Menou came in for harsh criticism from General Lanusse, who had been governor of Menouf, a city in Upper Egypt, in 1798. Visited in his tent by Menou after being wounded in battle, Lanusse blamed his superior's rash behaviour for the French defeat. According to al-Turk, he addressed the following words to Menou:

> A man like you is not fit to be a commander, but should be peeling onions in the kitchens of the French residencies.[24]

---

17 *Ibid.*, 176. Admiral Smith stopped the French from invading Syria and had important contacts with Aḥmad Pasha al-Jazzār of Acre and Emir Bashīr Shihāb II of Lebanon. For more details, see the letters of Sir William Sidney Smith in General Berthier's narrative, *The French Expedition to Syria, 1799*, London, 1799; for a very interesting biography of Smith, see Tom Pocock, *A Thirst for Glory*, London: Pimlico, 1998.

18 *Ibid.*, 45. General Caffarelli lost a foot in the wars of the Rhine; the wooden one he wore in its stead led some to call him Abū Khashaba. Caffarelli was chosen by Napoleon to be the head of the French engineering group in the Middle East; he was also a member of the political and economic branch of the scientific council. He was killed during the siege of Acre in 1799. See Bashūr, *Ḥamlat*, 133, n. 1.

19 Al-Turk, *Mudhakkarāt*, 45. Bon died during the siege of Acre in 1799.

20 *Ibid.*, 45. Kleber succeeded Napoleon as commander-in-chief in Egypt. He was assassinated in 1800 by a Syrian Muslim and command devolved upon General Menou. See *ibid.*, 94-95.

21 *Ibid.*, 45.

22 *Ibid.*, 63.

23 Ibid.

24 *Ibid.*, 102.

By relating this incident, al-Turk tells us much about both General Menou and his critic. However, his negative depiction of the former does not invalidate his generally positive view of Europeans: their superiority in arms, their skill in warfare and their expert generals, the beneficiaries of science, knowledge and careful training.

The European as administrator

When Bonaparte installed himself in Cairo, he assigned generals to the various provinces of Egypt, instructing them to assert their authority to the point of burning any village that dared rebel.[25] Yet, despite the threat of such draconian measures, al-Turk writes approvingly of the French administrative system in Egypt, the establishment of the general and municipal councils, and the ability of the French generals to provide security in the provinces.

Al-Turk describes an eight-man council (*dīwān*) of Islamic scholars (*ʿulamāʾ*) and merchants that was instituted in Cairo to hear the grievances of the people. A French general attached to the council audited its decisions and reported them to his superior. Al-Turk also mentions another council – the Council of Seven or Council of Commerce – presided over by a French merchant who heard the complaints of merchants, the *dīwān* and others. In addition, he notes that Bonaparte imposed special taxes on the spice merchants, the Copts and the Syrians.[26]

Al-Turk openly lauds the way French proclamations and announcements reached the people. After being translated into Arabic, they were printed and distributed to the governors of the provinces, who would ensure that they were posted in public places. Al-Turk tells us that Bonaparte brought printing presses from Paris and Rome, as well as type for five languages: Arabic, French, Latin, Greek and Syriac. Persian characters were carved in Egypt to ensure the production of books and pamphlets in Turkish as well. Printers competent in all of these languages accompanied Bonaparte from Rome.[27]

Al-Turk evidently admires the various tools introduced by the French to facilitate the administration of Egypt – not merely the technological,

25 *Ibid.*, 18.

26 *Ibid.*, 17-18. On Bonaparte's organization of Egypt, see J. C. B. Richmond, *Egypt, 1798-1952*, New York: Columbia University Press, 1977, 19-24; and P. M. Holt, *Egypt and the Fertile Crescent, 1516-1922*, London: Cornell University Press, 1969, 161-163.

27 Al-Turk, *Mudhakkarāt*, 49.

such as the printing press, but also the organizational, such as the municipal and general councils.[28] And, indeed, Bonaparte's invitation to the sheikhs, *ʿulamāʾ* and notables to participate in French-controlled rule and his desire to negotiate with them as the leaders of the Egyptian community may have sown the seeds of national awareness or, at least, implanted the idea of an indigenous leadership.[29] Intentionally or unintentionally, al-Turk gives definite emphasis to these concepts in his work.

The European as politician

Al-Turk presents the European as a skilful politician who tries to understand the nature of the conquered people, appeals to what concerns them most – namely, their religious beliefs – and shows readiness to involve them – in the persons of their *ʿulamāʾ,* sheikhs and notables – in their own government. At the same time, the European is pictured as an obstinate leader adept at using the law to achieve his objectives and willing to resort to force when all else fails. The archetype of this characterization is Bonaparte himself, described by al-Turk as "a great hero with formidable energy"[30] whose soldiers loved him "as men love women."[31]

From the outset, Bonaparte presented himself to the Egyptians as a partisan of Islam. Upon his arrival in Alexandria, he distributed a printed proclamation to inform the Egyptians about his expedition and garner their acquiescence, if not support. He said that, in the name of the French government and in agreement with its principles of equality and liberty, he had come to punish the Mamluks, those Georgian and Caucasian slaves who had long exploited the most beautiful part of the globe. He then assured the Egyptians that he had not come to destroy their religion, for he earnestly believed in Muḥammad and the Qur'an; all men are equal before God, he added, and only intelligence, virtue and science differentiated them.

Specifically addressing the judges (*quḍāt*), preachers (*aʾimma*) and scholars (*ʿulamāʾ*), Bonaparte reiterated his belief in Muhammad and asked them to convince the Egyptian people of France's allegiance to Islam and the Ottoman sultan; by way of contrast, he accused the Mamluks of constant disobedience to Constantinople. He lastly promised peace and pros-

---

28 *Ibid.*

29 On this subject, see P. J. Vatikiotis, *The History of Egypt*, Baltimore: John Hopkins University Press, 1980, 39-40.

30 Al-Turk, *Mudhakkarāt*, 2.

31 *Ibid.*, 61.

perity to those who accepted French rule, adding that once the people grew to know the French, they would come to them with all their hearts.

Bonaparte's tone then changed and he threatened all those who might ally themselves with the Mamluks, saying they would lose all hope of salvation and face utter destruction.[32]

In the context of this proclamation, al-Turk describes Bonaparte as an outstanding leader who tried to rally the people to his rule and who, as noted above, constantly addressed their most influential representatives. Bonaparte portrayed himself as a virtuous ruler who emphasized the principles of justice and equality, as well as the importance of science, contrasting his civilized approach with the cruelty and inefficiency of the Mamluks.

Yet, when his interests are at stake, Bonaparte is also a merciless ruler who offers not only promises and rewards, but also threats and punishment. Hence, those who dare oppose the French to follow the Mamluks will be lost forever.

This policy of securing public opinion, of involving the subject population in government, of resorting to promises and threats, and of using religion to influence the people, was to continue under Kleber and then Menou once Bonaparte left Egypt in August 1799. However, al-Turk mentions several instances in which the people of Egypt doubted French pretensions despite Bonaparte's attempts to assure the Muslim community of his good intentions and to show his love for Islam by promising to construct a mosque carrying his name. The Egyptians remained unconvinced, considering Bonaparte's promises to be deceitful and often describing him as "a Christian son of a Christian."[33]

Described by al-Turk as obstinate and proud, General Menou married a Muslim woman and was converted to Islam. Yet, al-Turk states that his profession of Islam repulsed his men, who saw no reason for it since the Muslims doubted his sincerity.[34]

Nonetheless, for al-Turk, it was yet another example of the skill of the European in the art of politics, using all possible stratagems to consolidate his power and manipulate the people. Hence, he is a military ruler who tries to combine autocracy with democratic principles.

---

32 *Ibid.*, 8-9.

33 *Ibid.*, 59-60.

34 *Ibid.*, 100.

The European in society

After their occupation of Egypt, the French made great efforts to win the sympathy of the people and to adapt themselves to their way of life. Al-Turk relates how the French used to join them in celebrations of Islamic feasts and the Prophet's day.[35] But the Egyptians did not trust French behaviour, or their dubious motives, and always referred to them as infidels (*kuffār*).

Al-Turk gives reasons for the Muslim population's aversion to the French, even though he also notes that many French soldiers had professed Islam and begun to study the Arabic language and the Qur'an.

He says:

> Several French dwelling places were visited by many Muslims of the female sex, especially by white slaves once owned by the Mamluks. As for the black slaves, they were unveiled and clothed in the European (*ifranj*) style. They used to ride horses and stroll freely in the streets.[36]

Thus, certain women and girls now had complete liberty to roam the city's streets in a way never before seen by Egyptians. Al-Turk adds:

> The French know very well how to deal and communicate with the female sex, a fact which distinguishes them from [all of] the other races the world over.[37]

He enumerates the dangers faced by the French. The French were occasionally attacked by bedouins (*ʿurbān*) and peasants (*fallaḥīn*) while accompanying mail from Cairo to Rosetta and Damietta, as well as to many other localities. The Egyptian climate did not suit them and a considerable number became ill or blind. Most telling, perhaps, some were afflicted with venereal diseases because they consorted with Cairo's many prostitutes. Al-Turk notes:

> The French were very much used to sexual indulgence – all these were sufficient reasons to weaken the French.[38]

---

35 *Ibid.*, 60.

36 Ibid.

37 Ibid.

38 *Ibid.*, 27-28.

When describing French social life, al-Turk also indicates the hostile reaction of the Egyptian people to customs and manners alien to their traditions and way of thinking. But this hostility went much deeper than mere differences in lifestyle, for it was grounded in the religious orientation of Middle Eastern society.[39] It was from this perspective that the Egyptian Muslims equated the *ifranj* with the Christians and, on several occasions, took revenge upon the local Christian community.

According to al-Turk, after the arrival of several European consuls in Cairo in 1218/1803 and the implementation of the Capitulations, some Christians responded by dressing in a manner which did not follow the dictates of tradition. For this and other reasons, representatives of the Muslim majority met with the emir banneret, Ibrāhīm Bey, to make the following complaint.

> It is unacceptable that a Muslim country like ours, which is the door to *al-Kaʿba,* be regarded as an *ifranj* region which allows the Christians to ride horses, wear Islamic clothes and not abide by local customs.[40]

Here, al-Turk not only records his observations, but also justifies the repugnance of Egyptians toward French customs that conflicted with local practices derived from Egypt's own Muslim past. He relates how the Egyptians were constantly waiting for a foreign liberator to end the French occupation, noting:

> This occupation was very difficult for the Egyptians to bear, especially as they had been under Muslim rule since the days of the Prophet.
> .... In the past, the Europeans (*al-ifranj*) tried several times to occupy Egypt, but were not successful. Historians state that their last endeavour was when the French king (*sulṭān*), Louis IX, was defeated at al-Manṣūra.

He continues by offering the following comments:

> On the other hand, it was very difficult for the *ifranj* to enter freely into Egyptian society, especially when the Egyptians saw their women unveiled and shamelessly circulating in the streets with the *ifranj* and dwelling in their houses. The Egyptians could not bear these dreadful scenes.

---

39 *Ibid.*, 145-146. On the Muslim view of the world, see Bernard Lewis, *The Muslim Discovery of Europe*, London: Norton and Company, 1982, 59-69.

40 Al-Turk, *Mudhakkarāt*, 145-146.

.... It was enough to see the wine pubs spread into all of the marketplaces of Cairo, even into some mosques. This spectacle rendered the whole atmosphere stifling to the Muslims and in each instant they wished they were dead.

Al-Turk adds:

The French occupation ameliorated the living conditions of the lower class: namely, street-sellers, porters, artisans, donkey drivers, muleteers, panders and prostitutes. In brief, the lower stratum of Egyptian society was at its ease, whereas the elite and the middle class had to suffer all sorts of annoyances, because, among other things, the import and export of commodities had been suspended.[41]

After praising French achievements only a few pages earlier, al-Turk is now offering us a panorama of French life in Egyptian society to explain why the latter refused to accept European customs. He concludes:

The Egyptians cannot accept a people like this: first, because their religion is in opposition to that of the French; second, because their language is dissimilar to the French one; third, [because] this is [also] true of their fashions; [and] fourth, [because] there is an old enmity between the Egyptians and the French.[42]

Al-Turk goes further to give his own view that Egyptians could not accept French rule since it was something "against nature."[43] What he apparently means by this last statement is that a wide gap separated the French from the local population in all areas, whether religion, language, or race. Moreover, Egyptians had always been suspicious of Western ambitions in the Middle East.[44]

---

41 *Ibid.*, 30-31. ʿAbd al-Raḥmān al-Jabartī (1745-1845), an Egyptian historian contemporary to al-Turk, agrees with his criticisms of French customs. Yet, while al-Turk only mentions taxes imposed by the French and public dissatisfaction with them, al-Jabartī denounces French financial measures, especially the appointment of Copts as tax-collectors. He sees an amelioration in the economic situation after the French occupation ended. See ʿAbd al-Raḥmān al-Jabartī, *ʿAjāʾib al-āthār fī al-tarājim wa-l-akhbār*, Bulāq, 1297 [1879], 11-16. See also ʿUmar ʿAbd al-ʿAzīz ʿUmar, *ʿAbd al-Raḥmān al-Jabartī wa-Niqūlā al-Turk*, Beirut: Buḥayrī Ikhwān, 1978. On al-Jabartī, see also J. Crabbs, *The Writing of History in Nineteenth-Century Egypt*, Cairo: American University Press, 1984, 43-61.

42 Al-Turk, *Mudhakkarāt*, 24.

43 *Ibid.*, 30.

44 See J. C. B. Richmond, *Egypt*, 14.

Although al-Turk was a Christian, he shared the Arabic language with the Egyptians, as well as virtually the same traditions. However, he was seemingly able to separate much of his attachment to his own roots from his openness to Western civilization in the picture he paints of the French in Egyptian society.

Conclusion

Despite al-Turk's almost total disregard for the intellectual impact of the French expedition, he is nonetheless able to bring to life a dramatic encounter between East and West, the first in a series that would redefine the terms of the challenge posed by the West and the response of the East to it.[45]

Al-Turk was on a mission to observe and record. His introduction also tells us that he was writing for the benefit of students of history in the hope that later generations would profit from his chronicle and draw lessons for the future.[46] Perhaps al-Turk was aware that he was opening new doors and laying a solid foundation for later historical interpretations and later reflections on the question of Western intrusions and Eastern reactions. In this sense, he was an innovator.

As we have seen, al-Turk contrasts European and Muslim Egypt, beginning with European superiority – and Egyptian backwardness – in weaponry and technology. Clearly, he is indicating what he feels to be the key factor in European strength and urging the recognition of this reality upon his readers in the Middle East.

The second element to be contrasted is the difference in temperament, mentality and customs between the two societies. At this point, al-Turk is apparently approaching the problem from the Egyptian point of view and exploring the reasons for the hostility of the indigenous population toward French rule. He also draws attention to a very important point, namely, the 'unnatural' character of the French occupation. He then presents his own ideas about persons and events.

The idea of national awareness runs through al-Turk's *Mudhakkarāt*. The author emphasizes the difference between French and Egyptian cus-

---

45 For more on this subject, see Bernard Lewis, *The Muslim Discovery*; Bernard Lewis, *The Shaping of the Modern Middle East*, Oxford: Oxford University Press, 1994; Albert Hourani, *Arabic Thought in the Liberal Age*, Cambridge: Cambridge University Press, 1991, 34-66; and Albert Hourani, "Introduction" to Part 3 ("Aspects of Islamic Culture") of Thomas Naff and Roger Owen, eds., *Studies in Eighteenth Century Islamic History*, London: Feffer & Simons, 1977, 253-276.

46 Al-Turk, *Mudhakkarāt*, 1.

toms and language, drawing attention to primary elements of the nationalist sentiment, a theme which later writers will develop and augment.

National loyalty, however, must not obstruct the workings of reason and blind people to the achievements of others. While registering differences between the French and the Egyptians – whether in religion or in way of life – the author cannot but see the superiority of the former in the fields of science and technology. He also realizes that the French experience is different from anything the Egyptians have ever known before and that it deserves, by its very nature, further thought leading to a re-examination of values.

Lastly, al-Turk sees the link between European and Middle Eastern history. His portrayal of the European in Egyptian society, his knowledge of events occurring in Europe, his detailed description of the French occupation, British intervention, Ottoman policy, Mamlūk resistance and defeat, and, finally, the Egyptian reaction to these events, all imply a move from a narrow view of history, in which closed and confined religious interests preoccupy writers, to a more comprehensive view, in which events taking place in the world are linked and interrelated – a move from local history to universal history.

The European in Niqūlā al-Turk's writing represents a challenge above all else; indeed, his very presence poses many questions. How may a society reconcile closed religious conservatism with open intellectual curiosity? How may it follow the path of Western progress in an authentic manner? In many instances, these are questions with which Middle Eastern societies are still grappling as they face the European West.

L'EMIR ḤAYDAR AḤMAD AL-SHIHĀBĪ ET LES LEÇONS DE L'EPOPEE NAPOLEONIENNE

JEAN CHARAF

I

L'émir Ḥaydar Aḥmad al-Shihābī (1763-1835) est un des premiers annalistes libanais du XIXème siècle à s'être intéressé à l'histoire de l'Europe[1]. L'Expédition d'Egypte est le point de départ qui suscita la «curiosité» de l'émir, et servit d'introduction à son histoire fragmentée de la Révolution Française et de ses répercussions en Europe et dans l'Empire ottoman. Il y voit un «fait historique» (*ḥadath*) dont les «nouvelles» (*akhbār*) se concentrent autour de Bonaparte (*Abūnābārta*), principal personnage de sa narration. Il relate en effet «d'une façon résumée» les campagnes de ce dernier depuis l'expédition d'Egypte jusqu'à sa chute en 1814.

Le récit de Ḥaydar ne présente pas une composition unie et continue, car les événements sont inégalement intégrés dans le texte des trois volumes de son histoire publiée sous le titre Le Liban à l'époque des émirs Shihāb[2].

Après avoir mentionné la contre-expédition de l'amiral anglais Sydney Smith en Méditerranée orientale lors du siège de Saint-Jean-d'Acre par Bonaparte, et décrit les circonstances des relations d'amitié de l'Amiral avec Bashīr II[3], Ḥaydar reprend en détail le récit de la campagne d'Egypte et de ses vicissitudes, en copiant textuellement le manuscrit de Niqūlā al-Turk sans le nommer[4]. Puis, pour «compléter son histoire et plaire au lec-

---

1 Signalons que le premier annaliste libanais qui ait écrit très brièvement sur la Révolution Française (qu'il voit comme une «hérésie») est le moine Ḥanāniyā al-Munayyir (1756-1823) dans sa chronique *Al-Durr al-marsūf fī tārīkh al-Shūf*, Bayrūt : Dār al-rā'id al-lubnānī, 1984.

2 Le titre exact de l'histoire de Ḥaydar Aḥmad al-Shihābī est *Al-Ghurar al-ḥisān fī akhbār abnā' al-zamān*. Elle a été publiée par Asad Rustum et Fouad E. Boustany, *Lubnān fī ʿahd al-umarā' al-Shihābiyyīn (Le Liban à l'époque des émirs Chéhab)*, 3 vol., Beyrouth: Publications de l'Université Libanaise, 1969, 936 + XVI p.

3 Ḥaydar, *op. cit.*, I, 187-204.

4 *Histoire de l'expédition des Français en Egypte, par Nakoula el-Turk, publiée et traduite par Desgranges Ainé*, Paris: Imprimerie Nationale, 1839.

teur», il insère dans ses annales les *akhbār* qui lui parviennent ou qu'il collecte de sources différentes. Par conséquent, il ne faut pas s'attendre à trouver dans «l'histoire» de Ḥaydar une critique des événements historiques, ni une recherche sur leurs causes. L'authenticité des événements et l'ampleur informationnelle des *akhbār* dépendent des sources. Celles-ci, en dehors du récit manuscrit de Niqūlā al-Turk, paraissent hétéroclites. Les *akhbār* rapportés reflètent dans le récit cette diversité quantitative et qualitative. Ils sont discontinus. Les événements ne s'enchaînent pas. Contrairement à l'histoire du Mont Liban, les «années creuses» de l'épopée napoléonienne ne soulèvent dans l'esprit de l'émir aucun souci de continuité ou de connaissance historique. C'est que l'auteur, en tant que témoin de son époque, ne s'intéresse à l'histoire de l'Europe que dans la mesure où il dispose de sources qui en parlent. Par conséquent, les événements sont subordonnés aux *akhbār* sans poser toutefois le problème de l'objectivité.

II

L'on peut tenter de cerner les sources dont disposait Ḥaydar pour traiter de tel ou tel épisode de l'histoire napoléonienne:

1. Il s'agit d'abord de la documentation personnelle de l'auteur. Pour les années 1799-1801, l'émir relate avec précision, pièces à l'appui, les événements concernant le siège d'Acre et l'attitude réservée de Bashīr II, sollicité à la fois par Bonaparte et par Aḥmad al-Jazzār (le gouverneur ottoman, quasi autonome, de la région). Les documents conservés par Haydar révèlent deux accusations avancées par le Sultan et lord Sidney Smith contre les Français de la Révolution:

Dans sa proclamation «à toutes les contrées», qui répond au célèbre manifeste de Bonaparte aux Egyptiens, le sultan Sélim III met en garde le «Millet des musulmans» contre les Français révolutionnaires[5]: «Ils sont athés et persécutent les religions. Ils ne croient plus au Jour Dernier. Ils ont saccagé les églises et pillé les ornements sacrés... Ils ont même prétendu que tous les hommes étaient égaux...».

De son côté, dans sa lettre du 14 avril 1799, l'amiral Smith avise «l'émir Bashīr, tous les émirs de la montagne de Maᶜan, le cheikh Bashīr Junblāṭ, et tous les chefs druzes et chrétiens de ladite Montagne» en ces termes: «...vous devez comprendre que Bonaparte ne pouvant plus tenir en Egypte, a voulu envahir la Syrie, croyant à tort que ses habitants seraient

---

[5] Sur la proclamation de Bonaparte et la réplique de Sélim III, voir Henry Laurens *et alii*, *L'expédition d'Egypte 1798 – 1801*, Paris: Armand Colin, 1989, 75–77, 140–141.

dupes, et le recevraient plus facilement. Avec les Arabes, Bonaparte veut passer pour musulman, se vantant d'avoir détruit les églises, brisé les crucifix et réduit le siège du Souverain Pontife. Il n'est donc pas étonnant qu'il déclare le contraire aux habitants de la montagne. Il promet sans tenir ses promesses, et quant il atteint son but, il rejette toute pitié...»

Par contre, continue Smith, «nous tenons parole car nous sommes d'origine noble et de foi chrétienne. Notre politique est loyale; elle est contre l'oppresseur pour secourir l'opprimé...

Les Russes et les Ottomans sont à nos côtés... Nous vous conseillons de n'avoir aucune relation avec les Français pour ne pas indisposer les Puissances. N'ayez aucune confiance en eux, mais ayez recours à notre protection...»[6].

Il est vrai que l'amiral ménage la «fierté» des populations de la montagne pour s'assurer de leur adhésion dans un but stratégique. Il s'emploie de même à gagner l'amitié du Grand Emir pour servir, à long terme, des intérêts réciproques, tant que Jazzār Pacha est maître à Acre, et que le conflit armé, sur fond de rivalités franco-anglaises, est engagé en Orient.

En effet, «une grande amitié ne tarda pas à lier les deux hommes», nous dit Ḥaydar. La correspondance échangée entre eux révéla une «alliance» que les entrevues ont renforcée[7]. La fidélité de Bashīr mérita tout l'appui de l'amiral, qui s'engagea à empêcher les empiètements de Jazzār sur les prérogatives de l'émir, et par le fait même, à le dérober à l'influence des Français. Dans le même but, il intervint à deux reprises auprès du Grand Vizir qui s'empressa de garantir l'avenir de la principauté de Bashīr en la rattachant directement à la Porte, et en interdisant aux pachas ottomans toute ingérence dans les régions attribuées à l'émir Shihāb à titre de *mālikānāt*[8].

Promesses éphémères, qui n'aboutirent à aucun résultat tangible. Par contre, le souvenir des relations amicales entre l'amiral Smith et l'émir Bashīr fut évoqué par la suite. D'après Henri Guys, il servit de prétexte à la proposition d'un «traité de commerce» émanant de M. TH. Alldridge, commissaire aux vivres qui avait séjourné au Liban, dans une lettre à l'émir datée du 13 mars 1819. M. Alldridge, après de nombreux détails, finit par rassurer l'Emir, si quelque crainte pouvait encore le retenir, en lui écrivant: «Attendu que les victoires de Milord Wellington, le général qui

---

6 Ḥaydar, *op. cit.*, I, 187-190. Le firman du Sultan «à toutes les villes» traite les Français «d'hypocrites... qui veulent, par leur mauvaise prétention, détruire la nation musulmane»; *idem*, *op. cit.*, II, 399-402: les lettres de l'Amiral Smith à Bashīr II.

7 Ḥaydar, *op. cit.*, I, 194-195, 201-203; II, 349.

8 Ḥaydar, *op. cit.*, I, 195.

commandait l'armée d'Espagne, ont si complètement lié les mains à Bonaparte, de manière à l'empêcher (selon ce que je crois), de donner jamais des embarras à nos amis en Egypte et en Syrie»[9].

Les relations amicales des Anglais avec l'émir de la Montagne furent entretenues par «les émirs anglais» qui voyageaient dans l'Arabistan. «Plusieurs émirs se sont rendus chez Bashīr et lui exprimèrent leur respect, car, l'amitié pour les [Anglais] datait de bien avant ces jours»[10].

Du coté français, le consul de Beyrouth Henri Guys se plaignait de ses relations avec le prince: «J'ai été loin d'en obtenir des faveurs; il m'a constamment nié les droits de mes nationaux et je ne suis parvenu à obtenir justice à la montagne que par des efforts de zèle, de persévérance et en faisant intervenir les autorités dont l'Emir dépendait»[11].

Quant au commerce français, ajoutait Guys, «il n'a pas eu seulement à essuyer les propres vicissitudes de l'Empire ottoman, puisque les malheurs de notre révolution et les guerres qui l'ont suivie ont pesé sur lui et l'ont anéanti»[12]. Et en 1833, le Baron de Boislecomte ajoute: «les circonstances extérieures ont contribué aussi depuis cette époque à diminuer notre action politique en Orient et nous avons peu à peu négligé, on pourrait presque dire perdu de vue, nos anciens rapports avec les Maronites»[13].

2. Les informateurs constituent la deuxième source des *akhbār* de l'Emir Ḥaydar. Il ne les nomme pas, mais d'après les formes sous lesquelles les informations lui parviennent, nous pouvons distinguer:

a) Ceux qui «lui sont communiqués directement en résumé», soit par des informateurs, soit par des «intellectuels» qui fréquentaient l'émir, tels que le Muʿallim Buṭrus al-Bustānī, Mikhāʾīl Mishāqa, ou d'autres, qui étaient en contact avec les missionnaires protestants.

b) Les *akhbār* recueillis dans l'entourage de Bashīr II. En effet, les contemporains sont unanimes à reconnaître la qualité du milieu intellectuel et politique qui entourait le prince. Henri Guys rapporte que «l'Emir ne laisse pas d'avoir un esprit cultivé»[14]. Il se déclarait

---

9 Henri Guys, *Beyrouth et le Liban*, Paris: Comon, 1850, 2 vol., II, 122-123.

10 Ḥaydar, *op. cit.*, III, 583.

11 Guys, *op. cit.*, I, 286.

12 Henri Guys, *Esquisse de l'état politique et commercial de la Syrie*, Paris: France Libraire, 1860, 9.

13 Rapport du Baron de Boislecomte du 9 août 1833, dans Georges Douin, *La mission du Baron de Boislecomte. L'Egypte et la Syrie en 1833*, Le Caire: IFAO, 1927, 189.

14 Guys, *Beyrouth et le Liban*, II, 305.

l'ami et le protecteur des lettres. Son «esprit cultivé» se manifestait notamment en matière politique. Niqūlā al-Turk l'informait régulièrement sur l'évolution de la situation en Egypte. Un auteur anonyme[15] qui le visita en 1817, rapporte que «les questions qu'il m'adressa... me firent voir qu'il connaissait bien la situation de la France... Ses observations me parurent pleines de sagesse». Enfin, Boislecomte fait remarquer en 1833 que «dans les différentes conversations que j'eus avec l'Emir Béshir, il me montra plus de connaissance que je le supposais de la situation des Puissances de l'Europe. Il me demanda aussi beaucoup de renseignements à ce sujet »[16].

c) Les *akhbār* qui parviennent à Ḥaydar par convergence de différentes sources. C'est ainsi qu'il relate «ce qui s'est passé au Caire et en Egypte» d'après les *akhbār* qui lui sont parvenus en résumé, pour passer ensuite aux «événements qui sont arrivés dans ces contrées», à savoir le Mont Liban et les régions avoisinantes[17].

En 1805, «les *akhbār* convergent». Après le Sacre de Napoléon par le Pape à Paris, une lettre fut adressée, le 2 Janvier 1805, par l'empereur au roi des Anglais, lui «demandant la conciliation (*ṣulḥ*) entre les Français et les Anglais», afin de donner «la paix au monde».

«Le roi des Anglais n'ayant pas reconnu Napoléon Empereur, chargea son ministre de répondre à Mr Talleyrand ministre de France pour les affaires extérieures:

«Sa Majesté ayant reçu une lettre du chef de l'Etat de France, souhaite de tout cœur profiter de la première occasion pour rétablir la conciliation fondée sur des moyens qui procureront à son royaume les intérêts particuliers et la paix permanente. Cependant, Sa Majesté est sûre que cette fin ne pourra survenir que par des accords qui assureront le calme à l'Europe et interdiront la reprise des hostilités... Sa Majesté ne peut donc donner sa réponse qu'après avoir négocié avec les Etats qui lui sont proches, et avec qui elle est liée par des alliances et des accords secrets, et particulièrement l'empereur de Russie, qui a donné des preuves de sa sagesse et de son désir entier de paix et de liberté pour l'Europe.»

---

15 Cité par Pierre Dib, *L'Eglise Maronite*, Beyrouth: La Sagesse, 1973, vol. II, 214.

16 Rapport du Baron de Boislecomte du 9 août 1833, dans Douin, *La mission du Baron de Boislecomte*, 192. Voir aussi Ferdinand Perrier, *La Syrie sous le gouvernement de Méhemet Ali jusqu'en 1840*, Paris: A. Bertrand, 1842, 357.

17 Ḥaydar, *op. cit.*, II, 403-430.

En réponse à cette attitude, «Bonaparte» écrivit une deuxième lettre aux Anglais, leur reprochant de refuser la conciliation (*ṣulḥ*) et la paix (*salām*) avec les Français. Ce qui a valu de la part des Anglais une réponse critique: d'abord, «comment peut-on se concilier avec ce Millet qui fait la guerre à la foi?»; ensuite la lettre fait allusion aux principes propagés par la Révolution, notamment à cette «direction pernicieuse» (*irshād wakhīm*) qui accorde la liberté à toutes les nations, et à l'institution du nouveau régime, «qui efface tous les principes de l'ancien régime». Enfin, avec qui se concilier en France ? L'expérience a montré que les «Français, par leur agressivité en France, en tuant leurs supérieurs, et en Europe, en faisant la guerre à leurs alliés, ne cherchaient que la destruction des nations et des rois»[18].

3. Une dernière source nous est indiquée par Ḥaydar: «en cette année [1805] nous avons vu un livre imprimé en langue turque. Il fut traduit en arabe. Ce livre relate l'histoire des guerres qui eurent lieu entre les rois francs [européens]. Nous fûmes obligés de le transcrire dans notre histoire pour la compléter et plaire au lecteur»[19].

La problématique de la guerre se posa après le Sacre de Napoléon: «les rois francs se sont unis ensemble pour faire la guerre, d'une main forte, au roi des Français. Ce qui obligea son Excellence Napoléon Empereur du royaume de France et roi des royaumes d'Italie, Bonaparte, à tenir un conseil (*dīwān*) et à s'adresser aux sages et aux grands de son Etat» et à l'armée, en leur disant: «Je dois vous exposer mon point de vue et ma politique (*tadbīrī*) concernant la paix de l'Europe, c'est-à-dire de tous les pays occidentaux et les contrées (*aqālīm*) franques: l'entente (*ittifāq*) et l'alliance (*ittiḥād*) contractées nouvellement entre l'Etat autrichien et l'Etat moscovite [russe] et [avec] l'Etat anglais, ont ranimé les guerres. Etant donné que l'Etat anglais est l'ennemi déclaré de cette contrée (*iqlīm*), le Juste (*al-ḥaqq*) m'a imposé d'être le défenseur et le protecteur de cet *iqlīm*

---

18 Les lettres échangées dans Ḥaydar, *op. cit.*, II, 430-432, et 437-439.

19 Ḥaydar, *op. cit.*, II, 440. Il nous a été impossible d'identifier l'auteur de cet ouvrage qui semble être bien informé. Il est fort probable qu'il soit la traduction en turc du *Bulletin de la Grande Armée*. Car le 11 décembre 1806, Napoléon 1er écrivait à l'archichancelier Cambacérès, lui demandant de faire traduire tous les *Bulletins de la Grande Armée* pendant cette campagne (1806) et la campagne dernière en turc et en arabe, et d'en envoyer en profusion à Constantinople. Il ordonne de les tirer à six mille exemplaires, dans un délai de huit jours: Ignace de Testa, *Recueil des traités de la Porte Ottomane avec les Puissances étrangères depuis le premier traité conclu en 1536...*, t. II, Paris, 1864-1898, 287.

contre tout accident partiel ou total...[20] A vous et à toute l'armée, j'explique la raison pour laquelle j'ai tiré mon épée: la conciliation (*ṣulḥ*) était mon ultime désir avant le déséquilibre de ces jours. Les menaces de l'ennemi déclaré ont profondément influencé ma pensée»[21].

Le «livre turc» explique ce grand malaise de Napoléon par trois «faits» qui sont à l'origine de la guerre de 1805: la coalition des grands empires contre le nouvel empereur Napoléon; le passage de l'Inn par les Autrichiens; «l'abandon de la modération par l'Etat russe», et surtout les intrigues des Anglais[22]. Suite à ces «faits», Napoléon «décide de mettre fin à la guerre et à la disparition des âmes» (*talaf al-nufūs*), et, par conséquent, «renouveler dans le royaume français un état permanent et une gloire éternelle». Il s'agit de pacifier l'Europe en comptant sur la collaboration des «grands» de son royaume, «comme ils l'ont promise»; sur le dévouement du «peuple victorieux» qui m'a décidé à délivrer nos patries (*awṭānunā*) de l'hégémonie (*tasalluṭ*) des Anglais»; et enfin, sur les «soldats victorieux» commandés par «leurs grands héros»[23].

En effet, le passage de l'Inn par les Autrichiens (11 sept.), l'avance du général Mack jusqu'à la Forêt Noire et l'occupation de la Bavière «ne laissèrent à Napoléon aucun espoir de conciliation». La guerre fut imminente: «Son excellence le roi Napoléon Empereur des Français sortit de Paris à la tête de son armée, le 24 septembre». Après la traversée du Rhin, il engagea son armée dans les hostilités. Les victoires se succédèrent[24].

Après Gunsburg (11 octobre), l'armée autrichienne, cernée, capitula le 15 octobre à Elchingen. «L'occupation de la ville d'Ulm et la prise de sa forteresse sont considérées parmi les plus grandes conquêtes enregistrées

---

[20] Ḥaydar, *op. cit.*, II, 440.

[21] Ḥaydar, *op. cit.*, II, 440-442.

[22] Napoléon condamne avec des termes sévères (*fasād* et *fisq*) l'Etat anglais, dont les intrigues sont à l'origine de cette guerre: Ḥaydar, *op. cit.*, II, 441; il faut rappeler que la rivalité franco-anglaise s'est ranimée en Méditerranée après la paix d'Amiens signée le 25 mars 1802. L'évacuation de Malte par les Anglais fut, sinon la cause, du moins le prétexte de la guerre. Par conséquent, la responsabilité, bien que fort discutée, ne peut être que réciproque entre deux puissances rivales à l'époque coloniale: Jacques Godechot, *L'Europe et l'Amérique à l'époque napoléonienne*, Paris: PUF, 1967, 110-113.

[23] Les discours de Napoléon dans Ḥaydar, *op. cit.*, II, 440-442.

[24] Ḥaydar, *op. cit.*, II, 442-443, décrit, d'après le texte turc, l'organisation de l'armée, mentionne ses chefs qui ont conduit sa marche jusqu'à l'occupation de la Bavière. «Il y avait durant ces jours des pluies torrentielles sans arrêt, et les soldats français ne renoncèrent jamais à continuer les guerres (combats), et leur roi victorieux Napoléon empereur, sur son cheval nuit et jour, était l'exemple de ses soldats...», Ḥaydar, *op. cit.*, II, 445.

dans les histoires des Français». Cette victoire était le «sixième événement» daté du 18 octobre, et suivi par deux armistices (*amān*) par lesquels les Français imposèrent leurs conditions[25].

La source turque que copie Ḥaydar enregistre en tout dix-huit événements[26] dont le dernier et «le plus renommé est la bataille d'Austerlitz qui procura plusieurs bénéfices (*fawā'id*) et des conséquences (*natā'ij*) heureuses, car notre mission est accomplie: nos ennemis obligeront le perfide anglais à s'éloigner de leurs pays. Il ne reste plus à nos ennemis dans les royaumes de l'Europe (*mamālik Ūrūbā*) qu'à demander, après cette victoire, l'entente (*wafq*), la réconciliation (*muṣālaḥa*) et la paix (*salām*)»[27].

III

Le texte de Ḥaydar est riche en détails: description des manœuvres de l'armée française[28], armistices, conventions, lettres et discours de Napoléon, traités de paix. Le dernier est celui qui fut conclu le 27 décembre 1805 à Presbourg, «entre l'Empereur des royaumes autrichiens et l'Empereur du royaume de France et roi d'Italie, leurs héritiers et descendants et leurs citoyens, pour une paix totale et permanente».[29]

C'est à la victoire d'Austerlitz que s'arrête le livre turc. Ḥaydar, pour compléter l'histoire de Napoléon, se réfère à une lettre (*kitāba*) envoyée de Constantinople et parvenue à ʿAbdallāh Pacha, gouverneur (*wālī*) de Damas, et contenant les renseignements (*takhbīr*) suivants:

«Napoléon 1er *Abūnābārta*, après son couronnement comme roi de France et d'Italie avec grand faste, nomma son frère Joseph (*Yūsuf*) sultan du pays flamand avec les onze *iqlīm*-s de la terre basse prise anciennement à l'Autriche; et son deuxième frère Louis sultan de Naples et du pays d'Italie après avoir chassé le sultan de Naples, ne lui laissant que l'île de

---

25 Texte dans Ḥaydar, *op. cit.*, II, 449 et 452-453.

26 Signalons particulièrement l'entrée de Napoléon à Vienne le 13 novembre, Ḥaydar, *op. cit.*, II, 470-475.

27 Ḥaydar, *op. cit.*, II, 484.

28 Ḥaydar, *op. cit.*, II, 480-484, consacre cinq pages aux manœuvres de l'armée française avant la victoire d'Austerlitz. Suivent les déplacements de Napoléon, sa correspondance secrète avec le Tsar, et enfin, la rencontre de Napoléon avec l'empereur d'Autriche.

29 Ḥaydar, *op. cit.*, II, 496-499, le texte du traité s'arrête à l'article 22, suivi de cinq pages vides, qui n'ont probablement pas été traduites du turc.

Sicile et le pays de la Calabre. Le sultan se réfugia alors auprès du roi des Anglais...»[30].

«Après sa victoire sur l'Autriche et les Russes, Napoléon a voulu l'alliance (*ittiḥād*) avec l'Etat ottoman. Il demanda au sultan Sélim de lui envoyer un ambassadeur pour lui faire comprendre ce qu'il pensait.» Le sultan délégua immédiatement Muhīb Efendi[31].

Le 15 juin, Muhīb Efendi est reçu par «Sa Majesté l'émir des lumières et le roi très puissant». Le discours prononcé en turc par l'ambassadeur extraordinaire, et reproduit en arabe par Ḥaydar[32], est presque une traduction littérale du texte français[33]: après avoir mentionné les titres traditionnels du Sultan ottoman Sélim Khan, l'ambassadeur s'exprime en ces termes:

«S.M. l'empereur de toutes les Turquies... m'envoie à S.M. impériale et royale Napoléon, le premier, le plus grand parmi les souverains de la croyance du Christ, l'astre éclatant de la gloire des nations occidentales, celui qui tient d'une main ferme l'épée de la valeur et le sceptre de la justice, pour lui remettre la présente lettre impériale qui contient les félicitations sur l'avènement au trône impérial et royal, et les assurances d'un attachement pur et parfait. La Sublime Porte n'a cessé de faire des vœux pour la prospérité de la France et pour la gloire que son sublime et immortel empereur vient d'acquérir, et elle a voulu manifester hautement la joie qu'elle en ressentait; c'est dans cette vue, Sire, que mon souverain, toujours magnanime, m'a ordonné de me rendre près du trône de V.M. impériale et royale, pour la féliciter de votre avènement au trône, et pour lui dire que, les communications ordinaires ne suffisant pas dans une pareille

---

30 Ḥaydar, *op. cit.*, II, 503. Joseph, l'aîné des Bonaparte, régna en fait sur Naples, puis sur l'Espagne. C'est Louis, qui n'était pas le second frère de Napoléon, mais le troisième, qui devint roi de Hollande.

31 Ḥaydar, *op. cit.*, II, 503; Napoléon écrit, le 21 mai 1806, au ministre des Affaires Etrangères: «J'ai besoin d'entretenir avec Constantinople de fréquentes correspondances... Je désire donc que, si aujourd'hui votre lettre au réïs-efendi n'est pas partie, elle parte sans délai...», de Testa, *op. cit.*, II, 274.

32 Ḥaydar, *op. cit.*, II, 503-504.

33 de Testa, *op. cit.*, II, 274-275. Stéphane Yerasimos (trad.), *Deux Ottomans à Paris sous le Directoire et l'Empire. Relations d'ambassade*, Arles: Actes Sud, 1998: version française de la relation d'ambassade de Seyyid Abdürrahim Muhibb Efendi, 169–261. *Ibidem*, 46: arrivé à Paris le 20 mai, il présenta ses lettres de créance le 5 juin (et non le 15, comme le dit Ḥaydar). Il refusa de donner à Napoléon le titre de «Roi de Rome» dans son discours, comme le lui avait demandé Talleyrand. Le lendemain, le titre controversé a été ajouté dans le discours imprimé dans les journaux, ce qui provoqua un litige. C'est ce discours imprimé par la presse française que Ḥaydar a dû suivre.

circonstance, il a voulu envoyer un ambassadeur spécial, pour signaler d'une manière plus éclatante les sentiments de confiance, d'attachement et d'admiration dont il est pénétré pour un prince qu'il regarde comme le plus ancien, le plus fidèle et le plus nécessaire ami de son empire».

De même, la réponse de Napoléon traduite en turc par Muhīb Efendi, et citée par Ḥaydar[34], est identique au texte français publié par Testa[35].

«Monsieur l'ambassadeur, votre mission m'est agréable, s'exprima Napoléon. Les assurances que vous me donnez des sentiments du sultan Sélim, votre maître, vont à mon cœur. Un des plus grands, des plus précieux avantages que je veux retirer des secrets qu'ont obtenu mes armes, c'est de soutenir et d'aider le plus utile comme le plus ancien de mes alliés. Je me plais à vous en donner publiquement et solennellement l'assurance. Tout ce qui arrivera d'heureux ou de malheureux aux Ottomans sera heureux ou malheureux pour la France. Monsieur l'ambassadeur, transmettez ces paroles au sultan Sélim; qu'il s'en souvienne toutes les fois que mes ennemis, qui sont aussi les siens, voudront arriver jusqu'à lui. Il ne peut jamais rien avoir à craindre de moi; uni avec moi, il n'aura jamais à redouter la puissance d'aucun de ses ennemis». Le lendemain, une alliance secrète fut signée entre Napoléon 1er Bonaparte et Muhīb Efendi:

«L'Etat Ottoman doit [conserver son ami particulier], abandonner l'amitié des Anglais et déclarer la guerre aux Anglais et aux Russes. Le Sultan de France sera uni avec l'Etat ottoman. Il lui rendra le royaume de Crimée que les Russes occupent depuis quinze ans...»

IV

Cette «alliance secrète» engage l'Empire ottoman dans le jeu diplomatique des grandes puissances. L'influence française est prépondérante à Constantinople, ce qui irrite les Anglais et les Prusses. Les hostilités reprennent durant les années 1806 et 1807. Les *akhbār* de Ḥaydar sont cependant fragmentés:

La rupture avec la Prusse entraîne les deux puissances à la guerre:

Dans ses préparatifs de guerre, «le roi victorieux Bonaparte prétexta que sa volonté était de nommer son troisième frère» roi de Pologne. Il souleva, par conséquent, le problème du partage de ce royaume entre les rois de Prusse, d'Autriche et de Russie. «Car, ce royaume était auparavant un obstacle entre le royaume de l'Islam et les royaumes francs...». Le partage

---

34 Ḥaydar, *op. cit.*, II, 504.

35 de Testa, *op. cit.*, II, 275.

avait renforcé, remarque Ḥaydar, la puissance des Russes face aux Ottomans[36].

L'importance stratégique de la Pologne «avait donc poussé la reine Catherine à convaincre le roi d'Autriche et de Prusse à s'entendre sur le partage de ce royaume...».

Le roi de Prusse, mis au courant de l'intention de Napoléon, rompit son alliance avec la France et se rangea du côté russe. Cette rupture entraîna «une grande guerre» qui se termina par la victoire d'Iéna et la nomination du frère de Napoléon roi de Prusse[37].

«L'alliance secrète» avec l'Empire ottoman se refléta sur la situation des chrétiens (*naṣārā*). Le Sultan Sélim promulgua dans «toutes les villes de l'Empire», un rescrit impériale (*khaṭṭ sharīf*) ordonnant à tous les responsables «d'assurer la paix à tous les sujets (*raʿiyya*) pauvres dans toutes les régions, la sécurité de leurs biens et de leurs familles, et de préserver leur liberté de toute atteinte...».

Le *khaṭṭ sharīf* fut communiqué au gouverneur (*wālī*) d'Alep par le consul français. Son exécution fut confirmée par un décret (*buyuruldu*) émis par le gouverneur et adressé aux évêques et aux moines résidents de cette province.[38]

V

Après ces «brefs *akhbār*» de 1807, Ḥaydar garde le silence jusqu'en 1809. En cette année commence l'épisode de la chute de Napoléon. Les événements se précipitent, et le chroniqueur n'en retient que les *akhbār* décisifs:

«En 1809, les guerres ont repris dans les pays francs. Napoléon 1er se révolta contre les rois, et il abandonna avec son peuple, sa religion. Il persécuta Rome et tous ceux qui étaient attachés à leur foi chrétienne»[39].

---

36 En fait, il y eut un premier partage partiel de la Pologne entre les trois puissances en 1772, puis entre la Prusse et la Russie en 1793. En 1795 enfin, la Pologne avait cessé d'exister, les trois Etats s'attribuant chacun une part de ce qui en restait. (Deux de ces partages sont du reste évoqués par Ḥaydar, mais avec des erreurs dans la date de l'Hégire qu'il indique). Après Iéna, Napoléon reconstitua un Grande-Duché de Varsovie en 1807. Louis, le troisième frère de Napoléon, allait en fait devenir roi de Hollande.

37 Ḥaydar, *op. cit.*, II, 506. La désignation du frère de Napoléon comme roi de Prusse est bien évidemment une affirmation erronée de Ḥaydar. En 1807, un «royaume de Westphalie» englobant les possessions occidentales de la Prusse est constitué en faveur de Jérôme Bonaparte. Frédéric-Guillaume III (1797–1840) poursuit son règne sur une Prusse vaincue et réduite, qui connaît alors une période de régénération nationale.

38 Ḥaydar, *op. cit.*, II, 506-508: Texte du *khaṭṭ sharīf*.

39 Ḥaydar, *op. cit.*, III, 550-551.

Ce dernier point retient l'attention de Ḥaydar. La persécution est confirmée par une lettre envoyée par un compatriote résidant à Rome[40] qui y décrit la situation comme suit:

«Nous vous informons que nous ne savons pas quelle sera notre fin. Nous sommes avec grande peur, sous le joug de la servitude qu'exerce un peuple révolté, parti des ténèbres, qui agit contre la religion chrétienne. Ce peuple a annulé tous les règlements... Il a confisqué toutes les rentrées des couvents, et il a exilé tous les évêques, les cardinaux, les supérieurs des congrégations religieuses, et même le Souverain Pontifie et certains émirs et notables de la ville... Il applique les nouveaux règlements institués par Napoléon 1er, et il oblige les hauts fonctionnaires à prêter serment à ces règlements.

«Le pape est enfermé dans son sérail depuis un an, cinq mois et cinq jours. Le 6 juillet 1809, quelques-uns se sont réunis. Ils ont bloqué les routes et ont grimpé chez le Pape. Ils lui ont proposé un acte (*ṣakk*) sur lequel il devait apposer son sceau. Et l'on dit que cet acte contenait cinq articles (*shurūṭ*):

«Le premier, le Pape transférera sa résidence à Paris avec son conseil; le deuxième, tous les missionnaires envoyés par ordre du Pape dans les pays lointains seront des prêtres français; le troisième, le Pape ne sera que français après le décès du Pape actuel; le quatrième, toutes les congrégations religieuses sont dissoutes; le cinquième, le Code Civil concernant le mariage et le divorce sera appliqué. Le Pape rejeta toutes ces *shurūṭ*. Il fut arrêté et déporté avec son ministre»[41].

Le deuxième *khabar* relaté par Ḥaydar est le mariage de Napoléon en 1810, «avec la sœur du roi d'Autriche, après avoir divorcé de sa première femme (Joséphine), qui ne lui donnait pas d'enfants»[42].

---

40 Ḥaydar, *op. cit.*, III, 551. Nasser Gemayel, «La Révolution française vue par des témoins maronites», Mouvement Culturel Antelias / France (édit.), *La Révolution française et l'Orient 1789–1989*, Paris: Cariscript, 1989, 251–271, nous donne une idée de l'état d'esprit très hostile des ecclésiastiques maronites assistant aux événements révolutionnaires à Rome (1796–1799). Malheureusement, les documents, provenant du patriarcat de Bkerké, sont publiés en fac-similés peu lisibles, accompagnés d'un résumé français.

41 La lettre parvenue de Rome résume les conséquences du conflit survenu entre le Pape et Napoléon 1er: le 17 mai 1809, Napoléon avait décidé d'annexer Rome. La même année le Code Civil des Français fut mis en vigueur dans les anciens Etats du Pape. A la nouvelle que Pie VII allait l'excommunier, Napoléon 1er donna l'ordre d'enlever le Pape et de le déporter, le 6 juillet, jour de la bataille de Wagram. Le Pape fut en effet emmené par la gendarmerie et enfermé à Savone. L'empereur ordonna en même temps aux cardinaux de se rendre à Paris.

42 Ḥaydar, *op. cit.*, III, 554.

En 1812, les *akhbār* convergent: «l'armée moscovite arrête la guerre contre l'Islam après la paix signée selon des conditions excessives pour les musulmans. Puis les guerres reprennent entre l'Etat français et l'Etat moscovite. Les Français ayant remporté la bataille qui dura cinq jours, occupèrent la plupart des pays moscovites».

L'occupation ne dura pas longtemps. «En 1813, les Moscovites parviennent à chasser les Français de leur pays. «La cause en était la neige excessive dans ce pays. Les Français n'etaient pas habitués à cela»[43].

Le *khabar* de la chute de Napoléon est puisé par Ḥaydar dans une gazette publiée à Paris, et arrivée en Egypte par le biais de Malte. L'Emir n'en retient que la dernière phase de la campagne de France commencée à la fin de 1813 et arrivée le 30 mars 1814 devant Paris:

«Les armées des rois alliés remportèrent la victoire sur l'armée française commandée par le général Mortier qui recula jusqu'à Paris. Et le 31 avril, une proclamation de l'émir Schwarzenberg invita les Parisiens à capituler et à se prononcer sur le gouvernement qui convenait le plus à la France. A minuit, les généraux Marmont et Mortier se résignèrent et sortirent de Paris avec leurs soldats.

«Le même jour, à neuf heures du matin, l'empereur des Moscovites, le sultan de Prusse et l'émir Schwarzenberg, chef de l'armée autrichienne, entrèrent à Paris avec les armées alliées. Ils furent reçus par les Parisiens qui arborèrent la cocarde blanche et acclamèrent les rois alliés, la famille des Bourbons et Louis XVIII. Un gouvernement provisoire fut institué immédiatement, et le 2 avril, le Sénat décida la déchéance de Bonaparte»[44].

«Pendant ce temps Napoléon était à Fontainebleau près de Paris. Il fut pressé par ses généraux d'abdiquer en faveur de son fils». L'Empereur céda le 4 avril. Le 5 avril, les généraux Ney, Macdonald et M. Coulaincourt se rendirent chez les rois alliés et demandèrent pour Napoléon une dotation annuelle de 6 millions et l'île d'Elbe comme résidence. Les généraux revinrent à minuit chez Napoléon. Le général Ney lui communiqua la nouvelle de son exil. L'Empereur s'y résigna le 6 avril 1814. Et enfin, les rois alliés tinrent une réunion entre eux pour réorganiser l'Europe»[45].

---

43 Ḥaydar, *op. cit.*, III, 577.

44 Ḥaydar, *op. cit.*, III, 600-602.

45 Ḥaydar, *op. cit.*, III, 602-603 et 610. Le dernier *khabar* relaté par Ḥaydar, *op. cit.*, III, 640, est l'assassinat «du fils de Louis XVI en 1818, parce que les Français haïssaient la famille des Bourbons».

VI

C'est ainsi que se terminent les exploits de l'Auguste Empereur Napoléon *Abūnābārta*. Ḥaydar ne porte aucun jugement explicite sur eux, bien qu'il cite intégralement les accusations des Anglais et du Sultan contre les Français de la Révolution.

L'émir chroniqueur n'insiste pas sur ces accusations qui lui semblent marginales. Car la problématique de son récit se noue autour du nouveau régime dont il décrit les origines en ces termes:

«Le peuple de cette capitale [Paris], violemment agité, se souleva avec fureur contre le roi, les princes et les nobles, et manifesta la haine qu'il tenait cachée contre eux depuis de longues années.

Il demandait de nouvelles lois, de nouveaux règlements, prétendait que le pouvoir absolu du roi avait causé d'affreux désastres dans le royaume, et que les nobles jouissaient seuls de tous les biens de la France. Tandis que le reste de la nation était accablé de charges et de misère. Telles furent les causes du soulèvement général...»

L'idée principale que retient Ḥaydar de cette citation empruntée à Niqūlā al-Turk[46] est l'émancipation du commun peuple (*ʿāmma*) sous le régime de l'égalité et de la liberté, prôné par Bashīr II. Le peuple et l'Etat se confondent dans le récit de l'auteur pour exprimer la possibilité d'une amélioration des conditions sociales et politiques des *ʿāmma* aux dépens des notables dans la société du Mont Liban. Notre annaliste paraît être, dans ce sens, moins conservateur que son contemporain Ṭannūs al-Shidyāq, et moins libéral que Mikhāʾīl Mishāqa.

Depuis qu'il avait adhéré au mouvement de réforme entrepris par Bashīr II durant la deuxième période de son gouvernement (1804-1832), Ḥaydar était intervenu en tant que médiateur dans les différends et les conflits qui survinrent entre les *ʿāmma*, les notables et le grand prince. Les termes conciliation, réconciliation (*ṣulḥ*, *muṣālaḥa*) et paix (*salām*) sont les plus répétés dans ses annales. Ils reflètent le tempérament pacifique de l'auteur, qui voyait dans ces concepts des moyens efficaces pour gouverner la société composite de l'émirat.

Le *ṣulḥ* et la *muṣālaḥa* étaient indispensables pour Ḥaydar aussi longtemps que l'Empire ottoman laissait ses *raʿiyya* se débattre dans l'anarchie et l'exploitation. «C'était un régime, déclarait Bashīr II à Boislecomte[47], qui n'avait plus de vie ni d'action, et qui devait évidemment périr...» «L'on ne

---

[46] *Histoire de l'expédition des Français en Egypte*, 3.

[47] Rapport du baron de Boislecomte du 9 août 1833, dans Douin, *op. cit.*,, 192.

peut avoir d'égard pour un gouvernement qui ne se préoccupe pas de ses sujets.»

En accord tacite avec l'attitude de Bashīr II vis-à-vis de l'Empire ottoman, Ḥaydar ne cachait pas son admiration pour la suprématie militaire de l'Europe qui imposait à l'Etat musulman ses «conditions excessives», ou qui «fit trembler d'effroi les pays soumis à l'islamisme». La victoire remportée par les Français sur l'armée du Grand Vizir dans la bataille du Caire, «était, en effet, l'événement le plus extraordinaire dont les siècles puissent jamais offrir le spectacle. Qu'une poignée de soldats eût vaincu, subjugué et mis en fuite plusieurs milliers d'hommes, la pensée ne peut se le figurer, les yeux et les oreilles en sont frappés d'étonnement...»[48] Ce contraste qualitatif et quantitatif entre les forces des Etats est à l'origine d'un déséquilibre dans les niveaux de progrès et de développement des peuples. *ʿĀmma* et *raʿiyya* aspirent à l'égalité et à la liberté.

C'est sous le signe de l'émancipation que Ḥaydar voit l'histoire de l'Europe à l'époque napoléonienne, dont les effets bénéfiques se répercuteraient sur les peuples d'Orient. En effet, l'idée d'un changement dans les structures étatiques en vue d'améliorer les conditions des *raʿiyya* enchante l'Emir Ḥaydar. Il partage implicitement la politique de l'Emir Bashīr II qui «faisait un très grand cas des Européens et les regardait comme d'une extrême utilité pour faire valoir un Etat...» dans sa principauté[49]. C'est donc dans le cadre de cette valorisation de l'Etat que Ḥaydar s'intéresse à l'Europe, et plus particulièrement à la France, pour en tirer un modèle de progrès qui prendrait en considération les aspirations des peuples d'Orient[50].

---

48 *Histoire de l'expédition des Français en Egypte*, 219-220.

49 Douin, *op. cit.*, 192.

50 «A cette époque de renouvellement», le baron de Boislecomte écrit à propos de «la population de l'Orient»: «En Orient toutes les races sont absorbées par le grand but de rétablir l'indépendance nationale... mais ces peuples orientaux voudraient l'égalité sous l'empire de la loi et l'alliance de la liberté. L'égalité politique... est artificielle en Orient. Elle a permis de constituer l'Etat sur l'égalité religieuse...»: Archives du Ministère des Affaires Etrangères (Paris), Mémoires et Documents, Turquie 23 (1833-1834), rapport du 1er août 1833, f. 526.

AUX ORIGINES D'UN MYTHE: LA LETTRE DE ST. LOUIS AUX MARONITES

YOUSSEF MOUAWAD

> *Peut-être me direz-vous: «Es-tu sûr que cette légende soit la vraie?» Qu'importe ce que peut être la réalité placée hors de moi, si elle m'a aidé à vivre, à sentir que je suis et ce que je suis ?*
> Baudelaire, *Les fenêtres, Petits Poèmes en Prose.*

Des groupes, des nations ou des peuples ont, à un moment donné de leur histoire, le besoin d'un texte fondateur. Les Syriaques ont créé la légende de la correspondance d'Abgar roi d'Edesse avec Jésus-Christ, et l'Occident latin a inventé la donation de Constantin pour justifier les prétentions spirituelles et temporelles du pape. Les Maronites, quant à eux, ont fait appel à Saint Louis, pour fonder le mythe de l'indissociable fraternité franco-maronite.

St. Louis aurait adressé aux Maronites la lettre suivante:

> A l'émir des Maronites, ainsi qu'au patriarche et aux évêques de cette nation:
>
> Notre cœur s'est rempli de joie lorsque nous avons vu votre fils Simon, à la tête de vingt-cinq mille hommes, venir nous trouver de votre part pour nous apporter l'expression de vos sentiments et nous offrir des dons, outre les beaux chevaux que vous nous avez envoyés. En vérité, la sincère amitié que nous avons commencé à ressentir avec tant d'ardeur pour les Maronites pendant notre séjour à Chypre où ils sont établis, s'est encore augmentée. Nous sommes persuadés que cette nation, que nous trouvons établie sous le nom de Saint Maron, est une partie de la nation française, car son amitié pour les Français ressemble à l'amitié que les Français se portent entre eux. En conséquence, il est juste que vous et tous les Maronites jouissiez de la même protection dont les Français jouissent près de

nous, et que vous soyez admis dans les emplois comme ils le sont eux-mêmes. Nous vous invitons, illustre émir, à travailler avec zèle au bonheur des habitants du Liban, et à vous occuper de créer des nobles parmi les plus dignes d'entre vous, comme il est d'usage de le faire en France. Et vous, seigneur patriarche, seigneurs évêques, tout le clergé, et vous, peuple maronite, ainsi que vous noble émir, nous voyons avec une grande satisfaction votre ferme attachement à la religion catholique et votre respect pour le chef de l 'Eglise, successeur de Pierre à Rome; nous vous engageons à conserver ce respect et à rester toujours inébranlables dans votre foi. Quant à nous et à ceux qui nous succéderont sur le trône de France, nous promettons de vous donner, à vous et à votre peuple, protection comme aux Français eux-mêmes, et de faire constamment ce qui sera nécessaire pour votre bonheur.

Donné près Saint-Jean-d'Acre, le vingt-et-unième jour de mai, douze cent cinquante, et de notre règne le vingt-quatrième[1].

1. Critique du texte

Ce texte (dorénavant cité comme la *Lettre*) comporte tant d'invraisemblances que je procéderai à sa critique interne avant de m'engager dans sa critique externe.

1.1. Critique interne

Nous n'avons qu'à relever certaines inexactitudes pour démontrer le caractère apocryphe de la *Lettre*. La liste suivante est donnée à titre indicatif et non limitatif.

1) La *Lettre* est adressée à l'émir des Maronites ainsi qu'au patriarche et aux évêques de cette «nation». Ce qui laisse entendre que les Maronites étaient rassemblés sous l'égide d'un seul prince. Or, il est acquis qu'à l'époque des croisades, les Maronites, concentrés dans les parties septentrionales du Mont Liban, relevaient en dernier recours du comte de Tripoli. Nul chef maronite n'avait centralisé le pouvoir autour de sa personne[2], même si certains chefs locaux se faisaient appeler *malik* ou *amīr*.[3]

---

1 Nicolas Murad, Notice Historique sur l'Origine de la Nation Maronite, Paris, 1844, 25-26.

2 Jean Richard, *Le comté de Tripoli sous la dynastie toulousaine (1102-1187)*, Paris, 1945, 86 et suiv.; Kamal Salibi, "The Maronites of Lebanon under Frankish and Mamluk rule", *Arabica*, IV (1957), 75.

3 Kamal Ṣalībī, *Munṭalaq tārīkh Lubnān*, Beyrouth, 1979, 96.

2) La *Lettre* prétend que vingt-cinq mille Maronites s'étaient rendus à Acre. Les Maronites du Mont Liban ne pouvaient se déplacer en si grand nombre en direction de Saint Jean d'Acre, sans susciter l'intérêt des chroniqueurs du temps, quand on songe que l'ensemble des effectifs de la VII e Croisade, qu'avait lancée Louis IX, ne dépassait pas les vingt-cinq mille hommes[4]. En tout état de cause, les Maronites de l'époque ne pouvaient former un tel contingent. Guillaume de Tyr évalue leur nombre à quarante mille[5]. Le même chiffre est donné par le chroniqueur arménien Hayton qui écrivait à la fin du XIII e siècle[6].

3) La *Lettre* affirme la perpétuelle orthodoxie des Maronites et leur attachement au Pape, réfutant par là les propos de Guillaume de Tyr qui nous apprend que l'union des Maronites à l'Eglise romaine remonte à 1180.[7] Saint Louis n'aurait pas pu faire une telle déclaration en 1250, quand l'union s'était faite à une date relativement aussi proche.

4) La *Lettre* assimile les Maronites aux Français en ces termes: «Nous sommes persuadés que cette nation que nous trouvons établie sous le nom de Saint Maron est une partie de la nation française.» Ces propos ne pouvaient être tenus par un roi qui ne pouvait songer à assimiler ou à annexer les Maronites à un *Commonwealth* français, ou encore moins envisager le concept de «nation» comme on le ferait au XIX e siècle.

5) Enfin, la *Lettre* s'achève par un engagement du roi à protéger les Maronites. Or, la notion de «protection» n'est apparue que bien plus tard, à l'époque ottomane.

1.2. Critique externe

Mais où se trouve donc l'original de la Lettre de Saint Louis? L'auteur de l'ouvrage *Notice Historique sur l'Origine de la Nation Maronite*, Mgr Nicolas Murad, fut le premier à rapporter ce texte en 1844, en précisant que: «Cette lettre dans sa version française, est tirée d'un manuscrit arabe très ancien qui fait partie des archives des Maronites. L'auteur du manuscrit dit l'avoir traduite du latin en arabe»[8]. Pour Mgr Murad donc, l'original de cette lettre serait en latin. Or si ce manuscrit original n'est pas

---

4 Jean Richard, *Saint Louis*, Paris, 1983, 197-198.

5 Guillaume de Tyr, *Le Royaume de Jérusalem (1099-1184)*, t. III, Beyrouth, 1992, 391.

6 Hayton, *La Flor des histoires de la terre d'Orient*, Recueil des Historiens des Croisades, Documents arméniens, t. III, Paris, 1906, 250.

7 Kamal Salibi, "The Maronite Church in the Middle Ages and its Union with Rome", *Oriens Christianus*, 42 (1958), 92-104.

8 Nicolas Murad, *Notice Historique*, 25.

disponible, il n'en reste pas moins qu'il en existe une traduction, le prétendu «manuscrit arabe très ancien qui fait partie des archives maronites». Mgr Murad ne précise pas de quelles archives il s'agit.

A notre connaissance, c'est Rashīd al-Shartūnī dans son édition de l'ouvrage du patriarche Duwayhī *Tārīkh al-ṭā'ifa al-mārūniyya* qui le premier a affirmé la présence de la *Lettre* dans les archives du patriarcat maronite à Bkerké, sans préciser s'il s'agissait de l'original ou de sa traduction[9]. Dans ladite édition, Rashīd al-Shartūnī glissa, pour les besoins de la cause, une version arabe de la *Lettre*. Certes, il précisait que c'est d'après un auteur français Louis de Baudicour[10], mais en faisant dire à ce dernier que l'original se trouvait à Bkerké. C'est ainsi qu' al-Shartūnī s'est approprié au profit du siège du patriarcat maronite l'original de la *Lettre*.

En revanche, René Ristelhueber a été catégorique: pour lui les archives de Bkerké ne comportent ni l'original de la *Lettre* ni sa copie[11]. Et c'est exact. Une consultation des archives patriarcales nous a permis de nous rendre à l'évidence.

Certes, le catalogue général des archives de Bkerké (*al-fihris*) établi par le père Ibrāhīm Ḥarfūsh cite la lettre de St. Louis de 1250 en tête de l'inventaire des documents du patriarcat. Cette lettre est présentée comme la version arabe de la *Lettre: Nuskha ʿarabiyya li-faramān Luwīs al-tāsiʿ*, mais, en fait, elle est rédigée de la propre main du père Ḥarfūsh, donc nécessairement après la date de septembre 1927, date à laquelle il est entré en fonction comme archiviste à Bkerké. Il est à noter que cette version a subi des corrections sur la marge d'une autre main que celle du père Ḥarfūsh, ce qui conforte notre thèse d'après laquelle les versions arabes de la *Lettre* sont faites à partir du texte français reproduit plus haut et que le «manuscrit arabe très ancien qui fait partie des archives maronites» est introuvable, si tant est qu'il ait jamais existé.

Pour nous résumer, nous dirons, si l'on admet les propos de Mgr Murad, que la lettre de Saint Louis a subi les avatars suivants:

1- L'original en latin, qui est introuvable.

2- Le manuscrit arabe très ancien (traduit de l'original en latin), qui est également introuvable. Mgr Murad est d'ailleurs le seul à en parler.

3- La version française de la *Lettre* telle qu'elle apparaît dans l'ouvrage de Mgr Murad et qu'on retrouve reproduite par d'autres auteurs.

---

9 Isṭifān al-Duwayhī, *Tārīkh al-ṭā'ifa al-mārūniyya*, éd. Rashīd al-Shartūnī, Beyrouth, 1890, 110-111.

10 Louis de Baudicour, *La France au Liban*, Paris, 1879, 17-18.

11 René Ristelhueber, *Traditions françaises au Liban*, Paris, 1918, 65 et suiv.

4- Les diverses versions arabes traduites à partir du texte français. La version arabe d'al-Shartūnī a été reproduite mot pour mot par le père Būlus ʿAbbūd[12] et par le père Buṭrus Fahd[13]. Il y a également celle du père Ibrāhīm Ḥarfūsh dans les archives de Bkerké. Il y eut plus tard, celles de Karam Jūzif Anṭūn[14] et celle de Jūrj Hārūn[15] et d'autres encore probablement, mon inventaire n'étant pas exhaustif.

Toutes ces traductions arabes ont été faites d'après la *Lettre* en français et n'ont aucun rapport avec le «manuscrit arabe très ancien» qui se trouverait dans les archives des Maronites, pas plus qu'avec un original latin.

Au point où en sont les choses, il n'y a pas lieu de procéder à la critique externe du document, celui-ci étant introuvable.

A ce stade, il y a de sérieux doutes qui planent sur l'authenticité de cette *Lettre*. En tentant d'identifier son auteur et de cerner sa date d'apparition, nous apporterons des arguments supplémentaires quant à son caractère apocryphe. D'où l'intérêt de vérifier l'état des récits jusqu'en 1844.

2. L'état des récits jusqu'en 1844

Nous allons voir que jusqu'en 1844, ni les auteurs arabes ni les auteurs français ne font état de la *Lettre*.

2.1. Les auteurs de langue arabe

Jibrāʾīl ibn al-Qilāʿī ne semble pas avoir retenu grand chose du passage de Saint Louis en Orient: ce sont d'autres personnages de l'époque des croisades qui retiennent son attention.[16] Le patriarche Duwayhī, qui ne mentionne pas la *Lettre*, rapporte néanmoins le récit de la VII e croisade, la capture du roi Louis IX en Egypte, son séjour en Terre Sainte, et prétend qu'en rentrant dans son pays, le roi capétien laissa de son entourage et de ses soldats dans le Mont Liban[17]. Cette dernière allégation constitua probablement l'élément dormant qui permit à la lettre de s'épanouir au

---

12 Būlus ʿAbbūd, *Taqālīd Faransā fī Lubnān*, Harissa, 1921, 69-71.

13 Isṭifān al-Duwayhī, *Tārīkh al-azmina*, éd. Buṭrus Fahd, Beyrouth, 1983, 608 (un extrait de la *Lettre* est publié en annexe, p. 616).

14 Karam Jūzif Anṭūn, *Dawr Faransā fī Lubnān* (traduction de l'ouvrage de Louis de Baudicour, *op. cit.*), s.l., 1982, 42.

15 Jūrj Hārūn, *Isṭifān al-Duwayhī*, Beyrouth, 1981, 154.

16 Jibrāʾīl ibn al-Qilāʿī, *Zajaliyyāt*, éd. Buṭrus al-Jumaiyil, Beyrouth, 1982.

17 Isṭifān al-Duwayhī, *Tārīkh al-ṭāʾifa al-mārūniyya*, 110.

XIXe siècle comme on le verra plus bas. Le même silence est observé dans la relation de Yūsuf Mārūn al-Duwayhī[18] et dans les chroniques de Shaybān al-Khāzin[19] et de al-ʿAynṭūrīnī[20]. L'émir Ḥaydar Shihāb reproduit les termes de Duwayhī et confirme la légende en répétant que Louis IX a laissé de son entourage et de son armée au Mont Liban[21]. Jusque là, nul n'a évoqué la *Lettre*.

Mais voilà que Ṭannūs al-Shidyāq la cite en 1859 dans son ouvrage *Kitāb akhbār al-aʿyān*[22]. D'après lui, Saint Louis aurait adressé une missive à l'émir des Mardaïtes et aux prélats de l'Eglise maronite, où les thèmes de la *Lettre* auraient figuré, à savoir l'amitié, la protection, etc. C'est le premier auteur d'expression arabe qui mentionne nommément la *Lettre*. Cependant il ne dit pas ses sources, pas plus qu'il ne précise son existence dans des archives déterminées.

2.2. Les auteurs de langue française

Les récits des auteurs français qui ont visité le Mont Liban confirment les suspicions, et nous donnent une idée du climat qui régnait avant 1844.

Ainsi M. Poujoulat, écrivant à M. Michaud en juillet 1831 à partir du Liban dit: «...l'amour des Maronites pour la France; la vieille monarchie de St. Louis les a protégés pendant bien longtemps. Deux lettres monumentales, l'une de Louis XIV, l'autre de Louis XV, font foi de cette protection glorieuse [...] Ces deux lettres royales sont la consolation et la gloire des Maronites dans ces derniers temps, on leur a dit que le zèle des Français pour la religion catholique avait été remplacé par une triste indifférence [...] Si les Français descendaient en Syrie pour en tenter la conquête, 60 000 guerriers Maronites se précipiteraient des hauteurs du Liban sous nos bannières. Il est écrit dans leurs anciennes légendes, qu'au temps des croisades, 40 000 de leurs frères moururent en combattant pour les

---

18 Yūsuf Mārūn al-Duwayhī, "Risāla mabniyya fī sharaf al-ṭāʾifa al-mārūniyya", dans Anṭūniyūs Abū Khaṭṭār al-ʿAynṭūrīnī, *Mukhtaṣar tārīkh Jabal Lubnān*, éd. Ighnāṭiyūs Ṭannūs al-Khūrī, Beyrouth, 1953, 94-108.

19 Shaybān al-Khāzin, *Al-uṣūl al-tārīkhiyya*, éd. Būlus Masʿad et Nasīb al-Khāzin, vol. 3, Jounieh, 1958, 337.

20 al-ʿAynṭūrīnī, *Mukhtaṣar tārīkh Jabal Lubnān*, 46-47. Cet auteur ne mentionne que la chute de Tripoli aux mains de l'Islam à la fin du XIII e siècle.

21 Ḥaydar Aḥmad al-Shihābī, *Kitāb al-ghurar al-ḥisān fī tawārīkh ḥawādith al-zamān*, t. I, Le Caire, 1900, 422.

22 Ṭannūs al-Shidyāq, *Kitāb akhbār al-aʿyān fī Jabal Lubnān*, Beyrouth, 1859, 208.

armées françaises; les Maronites sont fiers de voir ainsi leur propre histoire se mêler en quelque sorte à l'histoire de la grande nation [...]»[23].

Les lettres de protection de Louis XIV et de Louis XV sont citées, mais on ne mentionne guère la *Lettre* de Saint Louis. Cependant plus on se rapproche de la date de 1844, date présumée de la création de la *Lettre*, plus ses éléments constitutifs de la légende se manifestent.

De son côté, le baron de Boislecomte qui s'était rendu au Mont Liban en 1833, en plein intermède égyptien, s'entend dire par le patriarche maronite que la protection de la France «autrefois si active, s'était bien refroidie depuis un demi-siècle. Nous en conservons précieusement le titre dans nos monastères».[24] De quels titres s'agit-il? Pour Boislecomte, il s'agit de «rapports sanctionnés par la Porte sous le règne de Louis XIV»[25]. Nulle trace de la *Lettre* de Saint Louis, même si Boislecomte rapporte un «souvenir confus d'anciens rapports et de services rendus au temps des croisades»[26]. Tous les éléments constitutifs du mythe sont là, mais point de *Lettre* de Saint Louis. En revanche, les lettres de Louis XIV et de Louis XV sont mises en évidence.

Le sort réservé à cette *Lettre* dans le *Voyage en Orient* d'Alphonse de Lamartine, qui visita le Mont Liban en 1832 et 1833, nous éclaire. Ainsi la première édition de cet ouvrage chez Gosselin et Furne en 1835, ne reproduit pas le texte de la *Lettre*. Ce n'est que dans l'édition pour souscripteurs du *Voyage en Orient* de 1849 chez Firmin Didot que, pour la première fois, elle fait son apparition, suivie naturellement des lettres authentiques de Louis XIV et de Louis XV. Dans cette édition, l'emprunt à l'ouvrage de Mgr Murad est si évident qu'on trouve certains passages du *Voyage en Orient* recopier mot pour mot le texte de la *Notice Historique* ...

En somme, avant 1844, personne ne mentionne la *Lettre*, pas plus chez les auteurs maronites que chez les auteurs français. Notre scepticisme va se confirmant et les présomptions pèsent de plus en plus lourd sur Mgr Nicolas Murad qui le premier, rapporta l'existence de cette *Lettre*.

---

23 Michaud et Poujoulat, *Correspondance d'Orient* [1830-1831], t. VII, Paris, 1835, 312 et suiv.

24 Georges Douin, *La mission du baron de Boislecomte, l'Egypte et la Syrie en 1833*, Le Caire, 1927, 194.

25 *Ibid.*, 188.

26 *Ibid.*

3. La vie et les opinions de Mgr Nicolas Murad

De la vie agitée de Mgr Nicolas Murad, nous retiendrons qu'entre son arrivée en Italie en 1826 et la parution de son ouvrage à Paris en 1844, c'est-à-dire en 18 ans, il n'a séjourné que quelques mois au Mont Liban, en l'année trouble de 1841, à la fin de laquelle il se rendit à Istanbul où il resta vingt mois à plaider la cause de sa communauté. Nous rappellerons en passant l'importance de son œuvre épistolaire avec les chancelleries européennes, correspondance qui nous éclaire sur sa vie et ses opinions[27]. Possédant la langue italienne, se faisant certainement assister lorsqu'il rédigeait en français, il a été présent à tous les débats concernant l'avenir politique du Mont Liban et de sa propre communauté au cours des années 1840-1844, qui fut une période agitée de l'histoire du Mont Liban.

S'adressant au roi Louis-Philippe le 30 avril 1844, Mgr Murad affirme que «personne n'ignore que les Maronites ont été de tout temps protégés par la France et considérés comme Français. Les privilèges dont ils jouissent ont été accordés par les prédécesseurs de votre majesté, St. Louis, Louis XIII et Louis XV de glorieuse mémoire comme le verra votre majesté dans la lettre écrite par St. Louis, trouvée dans nos archives et rapportée par nos historiens [...]»[28]. Or cette affirmation est fausse, comme nous l'avons vu plus haut; pas un auteur maronite ne rapporte l'existence de cette *Lettre* avant la date butoir de 1844. Les choses s'éclairent si nous comparons le texte ci-dessus, qui est d'avril 1844, avec le paragraphe susmentionné de la *Notice Historique* de mai 1844 qui dit: «Cette lettre est tirée d'un manuscrit arabe très ancien qui fait partie des archives des Maronites: l'auteur du manuscrit dit l'avoir traduite du latin en arabe.» Deux versions quasi simultanées émanant de la même personne et qui, sans se contredire, ne sont pas tout à fait identiques.

Revenons quatre ans en arrière. Ainsi, lorsque Mgr Murad adresse une requête en février 1840 à Louis-Philippe, il ne cite que les fameuses lettres de Louis XIV et Louis XV[29]. Rien sur la *Lettre* de Saint Louis, bien que ce prélat fasse mention des croisades en disant qu'après cette période les Maronites ne se sont plus trouvés à s'employer au service de la France[30]. A ce

---

27 Voir la traduction de la *Notice Historique* en arabe par Joseph Mouawad et Antoine Kawal sous le titre de *Nubdha tārīkhiyya fī aṣl al-umma al-mārūniyya*, Paris, 1988.

28 Adel Ismail, *Documents diplomatiques et consulaires relatifs à l'histoire du Liban*, vol. 7, Beyrouth, 1976, 355.

29 Adel Ismail, *Documents diplomatiques et consulaires relatifs à l'histoire du Liban*, vol. 6, Beyrouth, 1976, 262.

30 *Ibid.*, 261.

stade, on est en droit de se poser la question de savoir si on n'avait pas découvert entre février 1840 et avril 1844, dans certaines archives, cette fameuse *Lettre* dont personne n'avait jamais mentionné l'existence jusque-là. La question est d'autant plus pertinente que les deux lettres de protection de Louis XIV (28 avril 1649) et Louis XV (12 avril 1737) conservées au patriarcat maronite, avaient d'ores et déjà été vérifiées par les autorités consulaires françaises pour s'assurer de leur authenticité, et de ce fait avaient fait l'objet d'une correspondance suivie entre 1830 et 1832 entre ces autorités et le siège patriarcal[31]. En revanche, nous ne trouvons aucune trace d'une quelconque découverte de la *Lettre* de Saint Louis, encore moins d'une correspondance qui s'y rapporterait. Comment expliquer ce silence, qui fut observé jusqu'en 1844, autrement que par le caractère apocryphe du document ? Silence qui fut brisé dans sa *Notice Historique* par Mgr Murad, que tous les indices semblent désigner comme l'auteur de la *Lettre*.

4. La lettre et l'esprit de la Lettre après 1844

A partir de 1844, nous assistons à une large diffusion de la *Lettre,* tant sous la plume d'auteurs libanais d'expression française que dans les écrits d'auteurs français. Parmi les premiers, il est indispensable de citer deux membres du clergé maronite, le Père Azar[32] d'une part, qui prit le relais de Mgr Murad dans la promotion de cette mythologie, le chorévêque Louis Zouain[33] d'autre part (mais dans une moindre mesure), pour en arriver à nos contemporains, dont Michel Chehdan-Kalifé, qui étudie les rapports franco-libanais de 1250 (date présumée de la *Lettre*) à 1978 en passant par de Gaulle[34]. Un autre ouvrage plus récent, quoique mettant en doute le contenu exagéré de la *Lettre*, n'en retient pas moins qu'elle «prend nécessairement sa source dans un fait réel»[35].

Quant aux auteurs français, si nous avons évoqué plus haut le cas de Lamartine qui est révélateur, il n'en reste pas moins que c'est le baron de Testa qui donna à la *Lettre* de Saint Louis ses lettres de noblesse et une crédibilité

---

31 Cf. Ibrāhīm Ḥarfūsh, "ʿAlāqat baṭārikatina maʿa al-duwal", *al-Manāra* (Revue de la congrégation des missionnaires libanais), 3 (1983), 391-92.

32 R.P. Azar, *Les Marounites*, Cambrai, 1852, 49 et suiv.

33 Louis Zouain, *Notes et souvenirs d'un voyageur libanais*, Paris, 1880, 103-105.

34 Michel Chehdan-Kalifé, *Les relations entre la France et le Liban (1958-1978)*, Paris, 1983, 13.

35 Nasri Salhab, *La France et les Maronites*, Beyrouth, 1997, 33 et suiv.

certaine[36]. Cependant, l'ouvrage d'Achille Laurent est à notre connaissance le premier qui se soit saisi de la *Lettre* pour une large diffusion[37]. Ce livre, paru en 1846, reproduit textuellement certains passages de l'ouvrage de Mgr Murad, mais son auteur n'a pas estimé utile de nous mentionner ses sources, en l'occurrence la *Notice Historique*. Le ton était donné. D'autres auteurs comme Louis de Baudicour[38] n'allaient pas se priver de citer la *Lettre* et de participer et à cette campagne de promotion.

Mais au-delà de la *Lettre* même, c'est le climat d'une époque qu'il faut rapporter. Dans le même ordre d'idées, mais cette fois devant la Chambre des Députés, Adolphe Crémieux plaide la cause maronite le 3 juillet 1847, en ces termes: «Les chrétiens du Liban, mais ils sont vos frères à la guerre, vos frères sur les champs de bataille. Dans toutes les circonstances, vous les avez trouvés. St. Louis les a trouvés, Napoléon les a trouvés»[39]. La greffe avait bien pris, et avec beaucoup plus d'ampleur qu'au Mont Liban.

Mais tous les auteurs français n'étaient pas dupes. S'ils ne manquent pas de dire que les Maronites avaient combattu avec Godefroi de Bouillon et Saint Louis contre les «infidèles», ils ne citent comme lettres de protection que celles de Louis XIII, Louis XIV et Louis XV[40]. Xavier Marmier qui visita l'Orient en 1845, nous donne une idée exacte du climat qui régnait chez les Maronites, en disant «de grandes époques sont gravées dans leur mémoire: les Croisades et l'expédition d'Egypte; deux grands noms: Saint Louis et Napoléon»[41]. Il rapporte que la messe de la Toussaint est célébrée à Beyrouth en présence du Consul de France, où Maronites de la Montagne, prêtres espagnols et italiens «prient publiquement pour un seul souverain»[42] et «c'est d'une voix unanime que tous les assistants l'appellent leur roi»[43].

Plus on avance dans le siècle, plus le mythe s'affirme et s'amplifie. Ainsi Gabriel Charmes nous rapporte les propos du patriarche Būlus Masʿad qui dit: «... quand nous affirmons que nous sommes Français, ce n'est pas seulement

---

36 Ignace de Testa, *Recueil des Traités de la Porte Ottomane avec les puissances étrangères*, t. III, Paris, 1866, 140.

37 Achille Laurent, *Relation historique des affaires de Syrie depuis 1840 jusqu'en 1842*, t. I, Paris, 1846, 380 et suiv.

38 Louis de Baudicour, *La France au Liban*, 17-18.

39 René Ristelhueber, *Traditions françaises au Liban*, 2.

40 Baptistin Poujoulat, *Récits et souvenirs d'un voyage en Orient*, Tours, 1848, 154.

41 Xavier Marmier, *Impressions et souvenirs d'un voyageur chrétien*, Paris, 1873, 172.

42 *Ibid.*, 173.

43 Xavier Marmier, *Du Rhin au Nil, De Constantinople au Caire (1845-1846)*, Paris, 1887, 84.

de cœur que nous le sommes; du sang français, du sang des Croisés coule dans nos veines»[44]. Et le patriarche de citer à l'appui une lettre du pape Benoît XIV qui affirme que «les Maronites ont recueilli les Croisés»[45].

Cette mythologie atteignit son apogée, sinon son paroxysme, dans un ouvrage de Gaston Decombejean intitulé «Sous les Cèdres du Liban, ou les bienfaits de la civilisation chrétienne en Orient»[46] où la *Lettre* de Saint Louis occupe la place d'honneur. Dans cet ouvrage, les Maronites se battent aux côtés de Pierre l'Ermite et de Gauthier sans Avoir. «Ce baptême du sang devait nous attacher leur race» nous dit l'auteur[47]. A côté de cet ouvrage de vulgarisation, c'est une thèse de doctorat de 1899 qui reprend sans esprit critique les mêmes thèmes[48].

Et pour clore, écoutons ce que dit un notable maronite à la veille de la première guerre mondiale: «Les liens inébranlables qui nous unissent à la France constituent pour nous un précieux héritage transmis par nos aïeux et nous y restons attachés avec une fidélité intransigeante et jalouse»[49]. Des deux côtés de la Méditerranée un même discours qui faisait de la «nation maronite» une sorte de légion étrangère qui, n'étant pas française de souche, le serait devenue par son sang versé au service de la France.

5. Tentative d'explication

Pour saisir l'intention de Mgr Nicolas Murad, il est indispensable de rapprocher la *Lettre* de Saint Louis d'un autre paragraphe de sa *Notice Historique*, à savoir celui qui rapporte la présumée prise de contact entre les Maronites et le général Bonaparte qui assiégeait Acre en 1799. Mgr Murad nous rapporte que:

> Lorsque ce général (Bonaparte) arriva à Saint-Jean d'Acre, il manqua un moment de provisions de bouche, et allait se trouver dans un cruel embarras si les maronites ne lui eussent apporté des vivres; «c'est pour nos frères les Français que nous sommes envoyés, disent-ils, et non pour vous qui persécutez l'église catholique romaine». Bonaparte leur députa le len-

---

44 Gabriel Charmes, *Voyage en Syrie*, Paris, 1891, 316.

45 *Ibid.*, 316-17.

46 Gaston Decombejean, *Sous les Cèdres du Liban ou les bienfaits de la civilisation chrétienne au Liban*, Paris, 1895, 19-20.

47 *Ibid.*, 18.

48 Francis Rey, *De la protection diplomatique et consulaire dans les échelles de Levant et de Barbarie*, Paris, 1899, 360-61.

49 Discours du 19 avril 1911 tenu au patriarcat maronite, in Ristelhueber, *Traditions françaises*, 55, n. 2.

> demain son secrétaire interprète, le chevalier Amédée Jaubert (aujourd'hui pair de France), chargé de leur témoigner ses remerciements et se leur traduire ces propres paroles: «Je reconnais que les maronites sont français de temps immémorial; moi aussi je suis catholique romain; vous verrez que par moi l'église triomphera et s'étendra au loin»[50].

Ce rapprochement entre deux hommes de guerre: Saint Louis et Bonaparte, dont le théâtre d'opération fut l'Orient, n'est pas innocent. Il est évident que des raisons proprement libanaises présidaient au souci de l'auteur de la *Notice Historique* de s'adresser à un public français.

5.1. Le public français

Nous sommes en 1844, en pleine époque romantique: le Moyen-Age est revenu à la mode au 19ème siècle et la monarchie de Juillet exalte la figure de Saint Louis. Le climat de cette période était réceptif à la propagande de cette imagerie héroïque. De même le culte napoléonien gagnait en ampleur: les cendres de Napoléon avaient été rapatriées en 1840. Rappeler aux Français leur gloire militaire à l'époque du roi-bourgeois, c'était quasiment en appeler à l'opinion publique et travailler les esprits en faveur d'une politique plus interventionniste de la France en faveur des chrétiens du Liban.

5.2. Les raisons libanaises

Ces deux versions apocryphes se rapportant à Saint Louis et à Bonaparte ont vu le jour en 1844, à une époque où la société du Mont Liban vivait une période de mutation accélérée sous le choc de la pénétration d'un Occident triomphant. L'occupation égyptienne (1832-1840) avait apporté des modifications majeures aux usages et traditions politiques de l'émirat et le Mont Liban changea plusieurs fois de régime politique entre 1840 et 1844. La liquidation de la principauté (*al-imāra*) fut ressentie comme une perte très grave par les Maronites. Le patriarche Yūsuf Ḥubaysh et Mgr Nicolas Murad, son délégué à Istanbul, Rome et Paris, allaient plaider la cause de leur communauté et réclamer aux puissances de l'époque, le rétablissement des Shihāb à la tête de l'émirat. Les Maronites, en général, étaient déçus de l'attitude française et réclamaient de la part de leur protectrice traditionnelle, une politique plus «musclée» et, pourquoi pas, une intervention militaire. Mgr Murad écrivait en 1842 à Guizot en ces termes: «il n'est question que d'envoyer à Beyrouth quatre ou cinq vaisseaux de guerre avec armes ou

---

50 Nicolas Murad, *Notice Historique*, 41 et suiv.

munitions afin qu'appuyés par une puissance, les peuples opprimés puissent, par leur propre courage, revendiquer leurs droits»[51]. Dans l'esprit de Mgr. Murad, si les Maronites pouvaient tant exiger de la France, c'est qu'ils étaient eux-mêmes français. La phrase de Bonaparte était bien là pour le prouver, de même que la *Lettre* de Saint Louis.

En 1844, date d'apparition de la *Lettre*, il n'est plus question de rétablir l'Emirat, ni de restaurer la dynastie chrétienne des Shihāb. Les espoirs ne sont plus permis. Désormais c'est le système du double caïmacamat qui divise le pays en deux régions: des Maronites se trouvent sous administration druze, alors que les conflits confessionnels ont opposé depuis 1841 Druzes et chrétiens et ont fait des ravages dans les régions mixtes. Aux yeux de certains, la France a encore bradé les Maronites. C'est alors qu'à Paris, en cette même année 1844, paraît la *Notice Historique* de Mgr. Murad, rappelant que les «maronites sont français de temps immémorial» aux dires de Bonaparte.

Car les Maronites vivaient dans l'expectative d'un changement capital qui viendrait de l'extérieur. Ils étaient en situation d'attente d'un événement grave, d'une intervention française. Déjà en 1833 en pleine décade égyptienne, le patriarche maronite se plaignait de ce que la France n'intervînt pas comme elle le faisait au siècle précédent[52]. Alors que, «tous les chrétiens catholiques du Mont Liban sont persuadés qu'avant peu la Syrie sera occupée par une puissance européenne»[53]. En 1838, Cheikh Buṭrus Karam commentant le passage du Prince de Joinville en 1836 dans son village d'Ehden, glissa à l'oreille de son interlocuteur «que sans doute le Prince était venu visiter son futur royaume»[54]. Dans le même ordre d'idées, en se révoltant contre les Egyptiens, les chrétiens croyaient pouvoir se substituer une autorité européenne à celle d'Ibrāhīm Pacha. C'était une période où les événements s'accéléraient; les idées et les espoirs les plus insensés agitaient les esprits. Ainsi dans une lettre du 21 mai 1840 adressée par le consul français Bourée à Thiers, président du conseil, à la suite d'une entrevue avec l'Emir Bashīr «je demandai au Prince si son gouvernement actuel avait un territoire assez étendu pour pouvoir se suffire, il me répondit que non, ajoutant qu'il faudrait lui ajouter un port de mer et la plaine qui sépare le Liban de l'Anti-Liban pour approvisionner de grains la Montagne qui en manque. J'exprimai

---

51 Murad à Guizot, 27 mars 1842, in Adel Ismaïl, *Documents diplomatiques et consulaires relatifs à l'histoire du Liban*, vol. 25, Beyrouth, 1980, 333-35. Voir également Murad à Guizot, 27 nov. 1842, *ibid.*, vol. 26, Beyrouth, 1981, 250-52.

52 Georges Douin, *La mission*, 194.

53 Eusèbe de Salle, *Pérégrinations en Orient*, t. I, Paris, 1840, 126.

54 *Ibid.*

le regret qu'il en fut ainsi [...] ou autrement l'indépendance de la Montagne eut été pour les populations chrétiennes une garantie de bonheur».[55] Le mot indépendance était prononcé dans un cadre géographique économiquement viable. Certes, «indépendance» n'était pas encore un terme aux contours très précis. Aux yeux des protagonistes de l'époque, cette notion pouvait s'accommoder de tutelle étrangère, européenne ou plus précisément française. Mais, en tout état de cause, cela impliquait un changement de statut, une rupture.

La France ne pouvait accepter une telle proposition. Elle souhaitait continuer à exercer sa politique traditionnelle de protection. Desages, directeur des affaires politiques au Ministère des Affaires étrangères, écrivait le 7 juillet 1840 à Cochelet, consul général de France à Alexandrie «nous protégerons , s'il y a lieu, les gens du Liban contre l'Egypte, comme nous les protégions jadis contre les pachas de la Porte. Mais pour cela, point de révoltes, point de rêves d'indépendance»[56]. Thiers lui-même devait écrire le 29 juillet 1840 à Cochelet pour remplacer le consul Bourée et stigmatisant son rôle en ces termes «je vois qu'il s'est formé à Beyrouth une coterie de jeunes Français et d'étrangers, qui trouvent les insurgés du Liban fort intéressants, ce qui peut être et qui dans cette vue, veulent les encourager et les soutenir. M. Bourée a eu la sottise d'entrer dans ces idées; il m'a proposé de former dans le Liban une principauté chrétienne, relevant de la France et entraîné par ces ridicules visions, il a failli tout compromettre»[57].

Cette attitude, on ne peut plus nette, de la France officielle devait nécessairement entraîner une déception et une frustration maronites. C'est probablement ce climat particulier, ces rêves d'indépendance qui ont amené à la création du mythe, à sa matérialisation dans un document «authentique». La *Lettre* de Saint Louis et les propos de Bonaparte, en faisant remonter la protection aussi loin dans le temps, et en tendant à assimiler les Maronites à des Français, arrivaient à point nommé. Mgr Murad, et probablement même une large frange de l'opinion maronite, pouvaient croire qu'une expédition militaire française les soulagerait de leur situation peu enviable. Et c'est dans ce sens que la *Notice Historique* exalte les figures de deux chefs militaires dont les bannières se sont déployées au grand soleil d'Orient.

En somme, c'est plutôt sous forme d'intervention militaire que les Maronites voyaient l'appui français.

---

55 Bourée à Thiers, 21 mai 1840, in Adel Ismaïl, *Documents diplomatiques et consulaires relatifs à l'histoire du Liban*, vol. 4, Beyrouth, 1976, 24-30.

56 In François Charles-Roux, *Thiers et Méhémet-Ali*, Paris, 1951, 83.

57 *Ibid.*, 109.

A VIEW OF THE 'OTHER': BERLIN IN 1855 THROUGH THE EYES OF SALĪM BUSTRUS*

AXEL HAVEMANN

'Otherness' and the 'other'

When considering human history and the writing of it, it quickly becomes apparent that 'otherness' is a recurrent theme and that one aspect of that theme is the perception of the 'other' as the 'alien', the 'foreigner', the 'stranger'; a perception which all too easily may change into a somewhat different – although related – concept, that of the 'enemy'. The categories of the 'other', the 'alien', the 'foreigner' and the 'stranger' in the Middle East, as well as the concepts derived from them, have been repeatedly studied from different perspectives by scholars such as Bernard Lewis and, more recently, Franz Rosenthal.[1] Lewis is primarily concerned with the question of how Islam discovered Europe – 'the world of unbelievers' from the Muslim point of view – while Rosenthal analyzes the phenomenon of the 'stranger' exclusively within the context of medieval Islamic society and culture. Yet, several other approaches and foci are possible and appropriate which go beyond the scope of their work.

In compliance with the general topic of this volume, the present paper will examine a travel account written by Salīm Bustrus, a young Lebanese who visited Berlin, then (1855) the capital of Prussia, while travelling through Europe. In fact, the traveller's description of Berlin will be at the centre of the paper. The choice of Bustrus' account as an example of how the 'other' may be visualized and experienced may enlarge and possibly modify the findings of other scholars, which are mostly related to reports by travellers to Paris and London. Moreover, to the best of my knowledge,

---

* I am indebted for various forms of help to Prof. Gerhard Höpp (Berlin).

1 Bernard Lewis, *Die Welt der Ungläubigen: Wie der Islam Europa entdeckte* (Frankfurt: Propyläen, 1983); *id.*, "The Other and the Enemy: Perceptions of Identity and Difference in Islam," in *Religionsgespräche im Mittelalter*, eds. Bernard Lewis and Friedrich Niewöhner, Wiesbaden: Harrassowitz, 1992, 371-82; Franz Rosenthal, "The Stranger in Medieval Islam," *Arabica*, 44 (1997), 35-75.

Bustrus was the first Arab to make Berlin the subject of a travel report, and the only Lebanese to do so in the whole of the nineteenth century.

Before approaching the writer and his text, it may be useful to make some general observations regarding Arab travel accounts of Europe in the nineteenth century. Despite some more or less detailed studies during the last fifty years or so,[2] it is astonishing to note how little work has actually been done in comparison to the amount of existent material; at least twenty reports on travels to Europe were written and published during the nineteenth century, quite apart from earlier or later works.[3] Whatever the reasons for such neglect and reserve on the part of researchers may be – perhaps a lack of interest in this kind of literature, or the banality of the topics presented, at least from the European view – this fact in itself reveals something about the difficulties that different societies have in coping with each other.

What are the general features or recurrent elements contained in these travel books, bearing in mind the sometimes high degree of variation in emphasis and selection? According to Ibrahim Abu-Lughod, the only thing these books have in common is a preoccupation with geographic description. They differ considerably in subject matter depending upon the time of their composition and the status, outlook and concerns of their authors.[4] Nevertheless, one may still recognize some characteristics typical of the genre. These include: the scientific and pragmatic purpose given to European travel and a marked predilection for France; the travellers' admiration and enthusiasm for gardens, palaces, museums, expositions, traffic, landscapes and inventions (such as the telephone and the telegraph); their de-

---

2 Henri Pérès, "Voyageurs musulmans en Europe au XIXe et XXe siècles," *Mémoires de l'Institut Français d'Archéologie Orientale du Caire*, 68 (1940), 185-95; Anwar G. Chejne, "Travel Books in Modern Arabic Literature," *Muslim World*, 52 (1962), 207-15; Ibrahim Abu-Lughod, *Arab Rediscovery of Europe: A Study in Cultural Encounters*, Princeton: Princeton University Press, 1963; Leon Zolondek, "Nineteenth-Century Arab Travelers (*sic*) to Europe: Some Observations on Their Writings," *Muslim World*, 61 (1971), 28-34; Rotraud Wielandt, *Das Bild der Europäer in der modernen arabischen Erzähl- und Theaterliteratur*, Beirut/Stuttgart: Franz Steiner, 1980; Dale F. Eickelmann and James Piscatori, eds., *Muslim Travellers: Pilgrimage, Migration, and Religious Imagination*, London: Routledge, 1990; Fawwāz Ṭarābulsī and ʿAzīz al-ʿAẓma, *Aḥmad Fāris al-Shidyāq: Silsilat al-aʿmāl al-majhūla*, London/Beirut: Riad El-Rayyes, 1995.

3 Abu-Lughod, *Arab Rediscovery*, 72-75; Gerhard Höpp, "Ein Bild vom anderen: Berlin in arabischen Reisebeschreibungen des 19. Jahrhunderts," *Zeitschrift der Deutschen Morgenländischen Gesellschaft*, Suppl. X (1994), 167-73 (see 168, n. 12). Höpp compares the later accounts of Berlin by egyptian travellers to the report by Salīm Bustrus.

4 Abu-Lughod, *Arab Rediscovery*, 77-80.

fensiveness vis-à-vis Europe, noticeable both in expressions of superiority and in self-criticism; their interest in the history and politics of the places visited; and their focus on measurements and statistical details.

Moreover, one also perceives the travellers' evaluation and comparison of the European character and habits with those of the non-European, as well as between various European peoples themselves. In addition, one often notices many commonplaces and stereotypes favouring clichés in viewing Europeans, as well as a general imprecision in descriptions and lack of differentiation.[5] Finally, there is an acceptance of Europe as a source of benefit and utility, concomitant with a belief that some features of European life should be imitated.[6]

One should be careful, however, not to isolate the admittedly limited view of the travellers from their social ties, commitments and dependences. When a traveller writes on the utility of the observed, it may certainly distort the picture of Europe which he presents, but it may also enable us to draw conclusions on the situation and the circumstances of the observer – conclusions which may elucidate his particular viewpoint.

Abu-Lughod has pointed out that "the items selected for description shed light on what an Arab of that period saw as novel by contrast."[7] This statement has been made with regard to Salīm Bustrus, the author whose work is examined here.

Salīm Bustrus: Life and travel

Salīm was born in 1839 into one of Beirut's richest and most prominent families, the Greek Orthodox house of Bustrus, founded by forebears who migrated to the Lebanese coast from Cyprus in 1600. During the 1820s and 1830s, the Bustrus family rose to take a prominent place among local entrepreneurs and to become one of the 'Seven Families' – the cream of Beirut's merchant nobility – running their commercial affairs and investing their capital.[8] Some time before 1850, Salīm's father, Mūsā, established a common enterprise in association with his nephews which engaged in a variety of ventures locally, regionally and internationally. Due to their

5 Wielandt, *Das Bild der Europäer*, 100, 103 and passim.

6 Zolondek, "Nineteenth-Century Arab Travelers (*sic*)," 30-31; see also Wielandt, *Das Bild der Europäer*, 34 sqq., 127 sqq. (on *tafarnuj*).

7 Abu-Lughod, *Arab Rediscovery*, 79.

8 The other six were the Misk, Bassūl, Abelā, Mudawwar, Sursuq and Baihum families; see Leila Tarazi Fawaz, *Merchants and Migrants in Nineteenth-Century Beirut*, Cambridge, Mass.: Harvard University Press, 1983, 85-98.

prestige, influence and connections, the house of Bustrus also had good contacts with Ottoman officials and with several European consuls-general; they were, in fact, the protégés of the Russians.[9]

Salīm, who lost his father at the age of thirteen, received a thorough and careful education, particularly in Arabic literature and foreign languages; later in life, he translated French novels and composed Arabic poems, the latter being collected in a *dīwān*. In 1855, he travelled to Europe for some six months under the watchful eye of an elderly relative in order to recuperate from an illness. The observations and impressions made during this visit were published one year later under the title *Kitāb al-nuzha al-shahiyya fī l-riḥla al-salīmiyya*. This book contains Salīm's description of those places in Germany which he had seen, among them Berlin. In 1860, Salīm settled in Alexandria for business reasons, returning to Europe in 1866 to open a company in Liverpool; the company was later transferred to London where he lived permanently until his death in 1883 at his summer home in Folkestone.[10]

According to his biographers, Salīm Bustrus was highly respected both in his home country and in England, partly for his membership in various benevolent societies. His good relations with Russia, not unusual for a member of the Bustrus family, are clearly apparent in the fact that his two sons became the godchildren of Czars Alexander II and III, respectively. Moreover, Salīm was awarded several medals by Russia as well as by the Ottoman Empire. After his funeral in Beirut, he was publicly mourned through lamentations and obituaries published there.[11]

On 27 March 1855, Salīm started on his voyage to Europe which took him through Italy, France, England, Belgium, several territories of the later German Empire and Austria-Hungary. Leaving Beirut by ship, he first headed southward, to Egypt, to see the sights in Alexandria and Cairo,[12] then crossed the Mediterranean and, after a stop at Malta, arrived in southern Italy. Continuing by land, he traversed the country, stopping at Messina, Naples, Rome, Pisa, Florence and Genoa, sightseeing in each city – sometimes at great length – according to his interests, the possibilities

---

9 Fawaz, *Merchants*, 94-95.

10 For all biographical data, see Jirjī Zaydān, *Mashāhīr al-sharq*, 2d ed., Cairo, 1910-11, 2:166-68; Louis Shaykhū, *Al-ādāb al-ʿarabiyya fī l-qarn al-tāsiʿ ʿashar*, Beirut, 1924, 2:113; Yūsuf Ilyās Sarkīs, *Muʿjam al-maṭbūʿāt al-ʿarabiyya wa-l-muʿarraba*, Cairo, 1346/1928, 563; Carl Brockelmann, *GAL*, Suppl. II, 757.

11 Zaydān, *Mashāhīr*, 2:168.

12 Salīm Bustrus, *Kitāb al-nuzha al-shahiyya fī l-riḥla al-salīmiyya*, Beirut, 1856, 3-12.

and the amount of time available.[13] Thereafter, Salīm went via Marseilles and Lyons to Paris, which was in his view, as in that of many other travellers, "the Paradise on Earth (*jannat al-dunyā*)."[14] Almost fifty of the 133 pages that make up his travel account are devoted to a description of the French capital, where he spent 29 days.[15] Throughout a subsequent sojourn in London, lasting little more than a week, he was forced to keep to his bed due to ill-health caused by the city's smog.[16] After a second stay in Paris to recover, Salīm travelled through Belgium, via Brussels and Liège, to enter Prussian territory by way of the city of Aachen (Aix-la-Chapelle).[17] From there he moved eastwards, via Cologne, Bonn, Hanover and Braunschweig, to Berlin. After a brief stay in the Prussian capital,[18] he continued to Potsdam, then southwards via Dresden to Austria-Hungary, with visiting stops in Vienna, Prague and Trieste.[19] It was there that Salīm boarded a ship, stopping in several Greek centres and in Istanbul, as well as in other Turkish coastal cities,[20] to arrive back in Beirut on 1 October 1855.

Sojourn in Berlin

What did he see and write of Berlin? Out of twelve and a half pages which describe his entire stay in Germany, five and a half are reserved for Prussia's capital.[21] It seems that Salīm spent relatively little time in Berlin, probably not more than a day. Unfortunately, he does not mention the duration of his visit, nor even if he spent the night there. (He came from Braunschweig, obviously by train, and continued onward to Potsdam – all within one day?) At any rate, he had a full programme in the historical and cultural centre of Berlin: in other words, in the area between the Brandenburg Gate, the boulevard 'Unter den Linden', the Museum District, the Dome, the Royal Palace with its adjacent buildings, and Wilhelm Street, the seat of many governmental agencies.

---

13 *Ibid.*, 17-50; detailed descriptions of Rome and the Vatican, 27-41.

14 *Ibid.*, 54, 57.

15 *Ibid.*, 54-102.

16 *Ibid.*, 102-4.

17 *Ibid.*, 104-8.

18 *Ibid.*, 110-15.

19 *Ibid.*, 120-24.

20 *Ibid.*, 124-30.

21 *Ibid.*, 108-20 (Germany); 110-15 (Berlin).

Six places are explicitly mentioned and described by Salīm: the Royal Palace (*al-qaṣr al-mulūkī*); the New Museum (*dār al-tuḥaf al-jadīda*); the Royal, or Old, Museum (*dār al-tuḥaf al-mulūkīya*); the Palace of the Prince of Prussia (*qaṣr amīr Brūssiyā*), that is, Crown Prince William (later Emperor William I), the brother of the then king, Frederic William IV; the Dome (*kanīsat al-kātidrah*); and the (Royal) Asylum and School for the Blind (*madrasat al-ʿumyān*), near Belle-Alliance Square at the southern end of Wilhelm Street – a location much further from the centre.

Despite often detailed and vivid descriptions of the places visited and objects seen, personal impressions and reactions are only rarely reported. Throughout long sections of the book, one almost feels as though one is reading a formal account rather than the author's subjective experiences. This holds particularly true with regard to the people Salīm must have met during his tour. Thus, the depiction of the Royal Palace is reminiscent of a tourist guide-book, with an enumeration of the interior decoration, furniture, paintings and other ornamental objects,[22] while descriptions of museums and expositions tell one little more than a catalogue might. In the New Museum, however, Salīm is especially attracted to the Egyptian mummies, commenting that "they look as if they are only recently deceased." Furthermore, he gives evidence of an interest in archaeological findings (such as copper idols and coins) from Egyptian, Greek and Roman graves, and in huge paintings with subjects taken from the Bible and medieval history.[23] At the Royal Museum (Old Museum), Salīm again describes in detail all the valuables kept in fifteen rooms. Stopping before the paintings, many with biblical themes, he comments that "the persons portrayed look as if they are real."[24]

At the Palace of the Crown Prince, we read the same guide-book description, but then there is a sudden clear reference to precious gifts from Russia, including pieces of furniture, a portrait of the Czar's family and pictures of Czar Nicholas – the focused attention obviously an expression of respect for Russia, so closely linked to the Bustrus family.[25] The Dome is treated quite briefly; Salīm merely mentions the tombs of King Frederic I, his son and some of his wives, as well as a painting showing the descent of the Holy Spirit upon the apostle Peter.[26]

---

22 *Ibid.*, 110.

23 *Ibid.*, 110-11.

24 *Ibid.*, 112.

25 *Ibid.*, 114.

26 *Ibid.*, 114.

The most detailed report concerns the School for the Blind, filling a little more than two pages of the entire account of Berlin.[27] Salīm describes this institution with a touching detail. He is deeply impressed by the ability of the blind, and mostly young, boys and girls to read and write by means of the Braille script, and to produce skilful handicrafts, such as baskets, lampshades, clothes and shoes. He is amazed by the quality of the products which he deems to be "made with difficulty even by sighted people."[28] He sums up the school and its pupils by saying: "We have never before seen anything similar" to this.[29]

It is evident that the qualities of utility and novelty were crucial for Salīm's attention and enthusiasm. The objects and ideas which he chose to describe were those he considered new, useful and worthy of imitation: artefacts of material culture, technological innovations, and the pursuit and development of learning and knowledge. When faced with examples of these qualities, his otherwise sober and stereotypical presentation is always replaced by emotional modes of expression. In this context, it is striking that Salīm did not mention modern public transport, although he made full use of the railway system to travel through Europe and almost certainly arrived in Berlin by train.

Details concerning daily life and the city's facilities, markets, shops and parks are only incidentally mentioned. As for other subjects, Salīm sticks to the rather general and unsurprising observations which he also made with regard to many of the other places he visited: for example, the size and cleanliness of the streets and squares, and the changeable weather. Berliners are characterized as skilful in handicrafts, clever and acquisitive, well-educated, God-fearing and pious: "typical of all Germans."[30] Elsewhere, we read that the Germans are healthy and have strong constitutions, and that their women look beautiful wearing elegant and fashionable gowns.[31]

According to the author's predilection for statistics, Berlin is said to have had 250,000 inhabitants, 9,000 houses, 700 streets and 40 large squares. Finally, the report concludes with some verses praising the beauty of Berlin;[32] this also a commonplace for many of the urban descriptions provided by Salīm.

---

27 *Ibid.*, 112-14.

28 *Ibid.*, 114.

29 *Ibid.*, 113.

30 *Ibid.*, 115.

31 *Ibid.*, 124.

32 *Ibid.*, 115.

What is specific to Salīm's report? And which of the general traits of travel literature are reflected, or missing, from his account? Strictly speaking, not much that he writes is outstandingly new or unique, apart from the fact that he focuses on Berlin and is the sole nineteenth-century Arab traveller to do so. Several of the general features of the genre which are present in the text have been noted above, yet several are absent – for example, there is nothing on libraries, schools and theatres in Berlin, nothing on Prussian politics and history, and no critical evaluation of the character and habits of the people. To explain these omissions, one need only recall that Salīm spent very little time in Berlin and, further, that he was only sixteen years old. Under the circumstances, one cannot expect of him reflections comparable to those made by more mature and learned travellers who spent considerably more time in the cities about which they wrote. Considering his age, his perceptions and record are impressive by the mere fact of their existence.

Salīm initially went to Europe to recover his health, but he was also, in his own words, "eager to see the Frankish lands (*al-bilād al-ifranjīya*), noted for their organization and refinement," whose people "are so inclined toward learning and excel in the various arts."[33] Implicit in his words is the hope that his compatriots would compare these achievements with their own and would learn from them; Salīm's biographer, Zaydān, quotes him in this sense.[34] The call to profit from, and imitate, those European features and innovations which appeared to be useful is as perceptible in Salīm's book as it is in the writings of most other Arab travellers. It was a perspective that often caused descriptions of European achievements to be overloaded with superlatives and greatly exaggerated.[35]

To summarize, Salīm's account of Berlin and the other cities where he stopped focused on what he considered worthy and of interest to educated readers at home. Neither he nor any of his colleagues probably wanted to draw a 'real' and complete picture of Europe, its component countries, or its cities. Nevertheless, an image was created – not uniform, but with different shades and facets – which reflected either a Europe seen through Arab eyes or, far more likely, a Europe seen through the eyes of Arabs who were themselves the product of a particular time and environment. As

---

33 *Ibid.*, 1, 54. For the meaning of *ifranj* in Lebanese usage, see Kamal Salibi (on his home village Bḥamdūn in the 1930s), "Living with Changing Times," in L. Carl Brown and Matthew S. Gordon, eds., *Franco-Arab Encounters*, Beirut: American University of Beirut, 1996, 155-78 (see 164).

34 Zaydān, *Mashāhīr*, 2:167.

35 Wielandt, *Das Bild der Europäer*, 104 and *passim*.

fact and fiction are intertwined in this literary genre, as in all sorts of historical writing, it seems futile to expect from Arab travellers something that is more than, or different from, that which they simply related.

Nonetheless, it is still challenging for future researchers to study the Arab – and not only the Lebanese – view of Berlin and Germany throughout a wider period of time; in other words, to look for and to compare relevant reports from different periods of the nineteenth and even twentieth centuries. This approach may result in a better and deeper understanding of the Arab view of the 'other' (that is, the European) as well as of the European view of the Arabs – a mutual understanding and respect instead of distance and alienation.

LE REGARD DE BUṬRUS AL-BUSTĀNĪ SUR LES ARABES ET LES EUROPEENS

KARAM RIZK

Vie et oeuvres de Buṭrus al-Bustānī

L'étude qui suit est consacrée au traité de Buṭrus al-Bustānī *Khiṭāb fī l-hay'a al-ijtmā^ciyya wa-muqābala bayna al-^cawā'id al-^carabiyya wa-l-firanjiyya*[1]. Ce document devrait intéresser le lecteur à plusieurs égards. Cet essai, qui appartient à la *Nahḍa*, traite en effet d'un thème nouveau: les structures des civilisations arabe et occidentale, abordées par un esprit profond et dans un style original et percutant. Avant d'analyser l'œuvre, présentons son auteur.

Nous ne pouvons évoquer le phénomène culturel majeur qui s'est produit au Liban au XIXe siècle sans parler de Buṭrus al-Bustānī, un des piliers de la Renaissance des lettres arabes. A cet égard, l'article que Georg Graf lui a consacré en 1945 demande une mise à jour, en particulier en ce qui concerne les idées politiques et sociales de l'homme[2].

Bustānī est né en 1819 à Dibbiyya, dans une famille maronite. C'est au séminaire de ^cAyn Warqa qu'il étudia l'arabe, le syriaque, le latin, l'italien, le français, la philosophie et la théologie. Quant à l'anglais, il l'a appris seul dans un premier temps, puis avec Eli Smith, son ami protestant, à qui il enseignait l'arabe.

En septembre 1840, lors du débarquement des forces navales anglaises à Beyrouth pour aider les Ottomans à chasser Méhemet Ali de la Syrie, Bustānī fut engagé comme interprète. En novembre de la même année, il

---

1 Beyrouth 1869. Edité et traduit en français par Karam Rizk, *Discours sur la société et comparaison entre les coutumes des Arabes et des Occidentaux*, Kaslik: U.S.E.K. 1999. A paraître dans la même collection «Sources de l'histoire du Liban et du Proche-Orient»: Nāṣīf al-Yāzijī, *L'administration du Mont-Liban à l'époque des émirs Chéhab*.

2 Georg Graf, *Geschichte der christlichen arabischen Literatur*, vol. IV, Vatican, 1951, 326-327.

enseignait l'arabe à Beyrouth au petit séminaire des missionnaires américains. De cette époque date sa conversion au protestantisme[3].

Bustānī était une personnalité marquante, dotée d'un esprit méditatif et ouvert. Il ne se révolta jamais contre sa communauté d'origine. Au contraire, il la défendit lorsque, dans sa biographie de Asᶜad Shidyāq, il reprocha aux missionnaires protestants la partialité de leur version de 1833[4].

Il ne se laissa jamais dominer complètement par ces derniers. Certes, il les a aidés à instituer leurs premières églises locales à Beyrouth, à ᶜAbay et à Ḥaṣbayya, puis comme traducteur de la Bible et rédacteur de livres scolaires. Cependant, il semble qu'il se soit affranchi de leur tutelle dans les années 1860. C'est alors que s'épanouirent ses talents d'écrivain, de journaliste et de linguiste[5].

Outre ses multiples écrits en faveur des lettres arabes, Bustānī contribua à créer plusieurs sociétés littéraires:

– La société syrienne des arts et des sciences (*Syrian Society of Arts and Sciences*), fondée à Beyrouth en collaboration avec Eli Smith en 1847, et réorganisée en 1868 sous le nom de Société syrienne des sciences.

– La société littéraire pour la diffusion des livres arabes (*al-ᶜUmda al-adabiyya li-ashhar al-kutub al-ᶜarabiyya*), fondée à Beyrouth en 1860[6].

Ces deux sociétés comprenaient des membres musulmans et chrétiens, mais eurent une existence courte, probablement en raison de la suspicion des autorités à leur égard.

Bustānī voulait également répandre le savoir et le démocratiser. Dans ce but, il lança plusieurs périodiques:

– *Nafīr Sūriyā* (Le Clairon de Syrie, 29 septembre 1860-22 avril 1861), dans les colonnes duquel il publia ses «Lettres à la nation». Il y prône la réconciliation, la justice sociale, la démocratie, la séparation des pouvoirs civil et religieux, et d'autres thèmes capables de cicatriser les blessures profondes de la commotion de 1860.

– *al-Jinān* (Les Jardins, 1870-1886), revue bi-mensuelle en 32 pages, ayant pour devise «L'amour de la patrie émane de la foi», présentait des articles variés, littéraires, scientifiques, historiques... Les éditoriaux rédigés par son fils Salīm sous la rubrique de *jumla siyāsiyya* traitaient chaque fois

---

3 *American Board of Commissioners for Foreign Missions (ABCFM), Rapport annuel de 1841*, p. 110, signale le premier contact de Bustānī avec la Mission de l'American Board; Jean-Marie Hornus, «Le protestantisme», *Proche-Orient Chrétien*, VIII (1958), 247.

4 *Qiṣṣat Asᶜad Shidyāq Bākūrat Sūriyā*, Beyrouth, 1860 (Biographie de Asᶜad Shidyāq).

5 Voir la liste des ouvrages qu'il produisit à cette époque dans l'annexe.

6 *Ḥadīqat al-Akhbār*, 112 (23 février 1860), 3.

un thème particulier, tel le génie du siècle, les droits, l'éducation, l'épargne et la politique ...[7]

– *al-Janna* (Le Jardin, 1870-1881), hebdomadaire, puis bi-hebdomadaire, était un journal politique et commercial.

– *al-Junayna* (Le Petit Jardin, 1871-1875) fut le premier quotidien en langue arabe consacré aux affaires économiques et commerciales.

Le processus éducatif ne pouvait se réaliser sans que des outils adéquats fussent mis à la disposition des enseignants et des élèves, d'où la nécessité de rédiger des manuels scolaires (Annexe 1). Par ailleurs, selon Bustānī, qui la chérissait, la langue arabe ne pouvait être apte à exprimer efficacement les réalités et les connaissances sans la doter d'un lexique qui en déterminât les mots, leur étymologie et leur signification. Il composa alors le dictionnaire *Muḥīṭ al-Muḥīṭ*, dans lequel il intégra des termes vernaculaires et étrangers, à côté des vocables tirés de l'arabe standard. Il le dédia au sultan Abdül Aziz et en reçut une récompense pécuniaire et honorifique.

La publication des six premiers tomes de *Dā'irat al-Maʿārif* (1876-1883), la toute première encyclopédie arabe, couronna sa carrière d'homme de lettres. Son fils Salīm acheva et édita le septième et le huitième volume en 1884. D'autres membres de la famille publièrent à Beyrouth et au Caire les volumes 9 à 11. Le khédive Ismāʿīl patronna généreusement l'œuvre en ordonnant à son gouvernement de s'abonner à mille exemplaires, et de mettre à la disposition de l'auteur les ouvrages de référence en Egypte.

Bustānī fut également un fin diplomate. Il occupa le poste de secrétaire au consulat américain de Beyrouth de 1847 à 1857, et celui de consul par intérim du 4 avril 1857 au 22 juillet 1858, sous l'égide du consul anglais Noel Moore. Cette promotion déclencha contre lui l'opposition des missionnaires américains de l'«American Board of Commissioners for Foreign Missions» et lui occasionna des dépenses s'élevant à 23.222,2 piastres de frais pour l'administration consulaire dont il avait la charge. Trois ans plus tard, il céda son poste de drogman à son fils Salīm.

En 1863, il fonda l'«Ecole nationale» qui connut un grand succès[8]. Dès sa deuxième année d'existence, elle compta 150 élèves dont 8 étrangers. C'est cet établissement qui servait d'école préparatoire au «Syrian Protestant College», devenu par la suite l'«American University of Beirut». Bus-

---

[7] Jibrān Ayyūb, *Fihrist majallat al-Jinān*, I-II, thèse à l'Université Libanaise, Beyrouth, 1972. Salīm al-Bustānī, *Iftitāḥiyyāt majallat al-Jinān*, t. I, (1870-1875), Beyrouth: édition Khūrī Quzmā Yūssif, 1990.

[8] Buṭrus al-Bustānī, «al-Madrasa al-waṭaniyya», *al-Jinān*, IV (1973), 626-629.

tānī fut aussi un réformateur social. Il lança dès 1849 un manifeste en faveur de l'éducation des femmes, idée inédite au Proche-Orient. Et lors du cataclysme de 1860, il n'hésita pas à participer au secours des réfugiés (35.000), pris en charge par l'«Anglo-American Relief Committee».

Cette diversité d'occupations lui donna une envergure et une sagesse peu communes, qui lui valurent d'être connu, dans tout le Liban, comme «le Maître» (*al-muʿallim*).

Quant à ses idées politiques, deux thèses récentes tendent à en faire un «légitimiste» et un ardent défenseur de l'ottomanisme. Abdul-Latif Tibawi et Butrus Abu Manneh fondent cette interprétation sur le fait qu'il a été décoré par le sultan. Abu Manneh va jusqu'à parler d'une «conversion à l'ottomanisme», par analogie avec sa conversion au protestantisme. Tibawi, de son côté, s'efforce d'atténuer la portée du nationalisme, fût-il libanais, dans sa pensée[9].

En fait, Bustānī était nationaliste sans renier pour autant son loyalisme à l'Empire et à ses lois. Ses écrits postérieurs à 1860 abondent de termes tels que patrie, nation, union, solidarité...

Il défendit des idées tout à fait nouvelles pour son temps et son milieu: l'éducation de la femme, la justice sociale, l'égalité, la liberté, le progrès scientifique, la séparation des pouvoirs, idées qui demeurent encore de nos jours difficilement recevables au Proche-Orient comme dans d'autres parties du monde[10]. Il prônait un système politique confédéral organisant les différentes ethnies de la Syrie (Grecs, Syriens, Arméniens...) sur le modèle des Etats-Unis d'Amérique[11] .

Prudent, il ne s'attaqua jamais directement au régime, mais il dénonça le despotisme et la tyrannie qui conduisent à la révolution[12]. Réaliste, il se contentait d'envisager des réformes dans les domaines scolaire et judiciaire, conscient qu'un régime parlementaire ne se substituerait pas dans l'immédiat aux sultans, et que l'hégémonie ottomane, rétablie par les Anglais, n'était pas arrivée à son terme. D'où la nécessité, sans duplicité au-

---

9 Abdul-Latif Tibawi, «al-Mu'allim Butrus al-Bustani», *Arabic and Islamic Themes, Educational and Literary Studies*, Londres, 1976, 228-252; Butrus Abu Manneh, "The Christian's between Ottomanism and Syrian Nationalism: the Ideas of Butrus al-Bustani", *IJMES*, 2 (1980), 287-304.

10 Voir des extraits traduits en français de son journal Clairon de Syrie, dans Youakim Moubarac, *Pentalogie antiochienne / Domaine maronite*, Beyrouth, 1984, t. I, vol. 2, 1217-1219.

11 *al-Jinān*, 1 (1870) et 5 (1874).

12 *al-Jinān*, 2 (1871).

cune, de ménager le pouvoir en place, parfois même de se taire, pour échapper à la censure[13].

Le génie de Bustānī s'épanouit au contact de la pensée occidentale du XIXe siècle. Son dessein a été de faire accéder le plus grand nombre possible de Libanais et d'Arabes à la culture, but qu'il s'est efforcé d'atteindre à travers son enseignement et ses écrits diffusés dans tout le Proche-Orient.

Le genre du document

Le traité que nous présentons ici relève de la sociologie, ou plus exactement de la psychologie sociale, puisqu'il envisage le processus de socialisation, les rapports des individus au sein de leurs groupes et les interactions de ceux-ci. Bustānī a élaboré sa réflexion avant la constitution de ces disciplines, et sa contribution est la première de ce genre dans la langue arabe depuis la *Muqaddima* d'Ibn Khaldūn (1332-1406).

Le contexte

Le traité prend racine dans le contexte socioculturel spécifique de Beyrouth, dans la deuxième moitié du XIXème siècle. En effet, pendant cette période, la ville connut une transformation sociale profonde due à l'intensification des échanges entre le Proche-Orient et l'Occident. Jamais auparavant la circulation des hommes, des idées et des marchandises n'y avait atteint une intensité aussi prononcée et aussi constante. Elle devint une cité cosmopolite où se côtoyaient des autochtones et des étrangers issus de toutes les catégories sociales: fonctionnaires, consuls, marchands, soldats, missionnaires, voyageurs..., et même les marginaux expulsés de chez eux que Bustānī appelle apaches (*awbāsh*).

C'est à cette période décisive, qui voit l'émergence d'un phénomène d'acculturation, caractérisé par un engouement irréfléchi portant les indigènes à adopter les coutumes des Occidentaux, que Bustānī rédige un traité en forme de plaidoyer pour une véritable authenticité locale, sans pour autant discréditer l'apport de la civilisation occidentale.

Le penchant que manifestaient les Orientaux à adopter les us et coutumes de l'Occident devint, dans la deuxième moitié du XIXème siècle, un phénomène social et un thème littéraire de prédilection, exprimé par le concept de *tafarnuj* («occidentalisation», avec une connotation péjora-

---

13 *al-Jinān*, 3 (1872).

tive)[14]. Ce thème inspira les écrits d'auteurs comme Aḥmad Fāris al-Shidyāq (1804-1887), Khalīl al-Khūrī (1836-1907) et Salīm al-Bustānī (1848-1884). Buṭrus al-Bustānī avait développé la même question dans sa onzième *Waṭaniyya*, intitulée «de la civilisation» (*fī l-tamaddun*) et publiée le 22 avril 1861 dans son journal *Nafīr Sūriyā*. Il l'a réintégrée à la fin du présent traité.

Cette convergence d'intérêts de plusieurs écrivains vers un même thème littéraire, en l'occurrence l'occidentalisation des mœurs, est le fruit des circonstances socioculturelles que nous venons d'évoquer. Elle indique que le sujet était dans l'air et qu'il avait besoin d'être traité. Cependant, les procédés utilisés variaient d'un écrivain à l'autre, quoique tous, à l'exception de Buṭrus al-Bustānī, eussent exprimé ce leitmotiv dans des romans. Le but assigné était également commun. Tous avaient abordé le thème du *tafarnuj* dans l'intention de mettre en garde les Orientaux contre toute tendance susceptible de diluer leur identité. Cet accord sur l'orientation générale n'autorise cependant pas à conclure à une convergence totale et nullement à une dépendance de Bustānī à l'égard de ses pairs. Bustānī a consacré au thème précité un traité particulier, dont la verve, les principes d'inspiration, le type d'argumentation et le style lui sont propres. Examinons-en d'abord les sources.

Les sources

Bustānī adopte partiellement les idées et la terminologie d'Ibn Khaldūn formulées dans ses Prolégomènes ou *al-Muqaddima*. Ibn Khaldūn affirme que l'homme tend vers la civilisation (*ʿumrān*) qui revêt deux formes: la bédouine et la citadine. Chacune possède sa propre organisation, mais toutes deux sont fondées sur un principe naturel de coopération: l'esprit de corps, autrement dit *al-ʿaṣabiyya*, qui unit les agnats de même sang et qui les achemine vers le pouvoir. Chaque civilisation a ses besoins et ses exigences dont la satisfaction impose la maîtrise des métiers et des techniques[15].

---

[14] Rotraud Wielandt, *Das Bild der Europäer in der modernen arabischen Erzähl- und Theaterliteratur*, Beyrouth, 1980. L'auteur analyse le *tafarnuj* chez les écrivains libanais et égyptiens.

[15] Ibn Khaldun, *Discours sur l'histoire universelle* (al-Muqaddima), traduction par Vincent Monteil, Arles: Sindbad 1997. Sur la civilisation, voir p. 67, 135, 469; sur *al-ʿaṣabiyya*, voir p. 198, 238, 253, 255. Les premières éditions imprimées de la *muqaddima* avaient paru quelques années avant le traité de Bustānī, qui les avait donc à sa disposition: Būlāq (Le Caire), 1857 et Paris, 1858.

Bustānī reprend ces idées, dont certaines appartiennent aux penseurs arabes ayant précédé Ibn Khaldūn. Il les développe et les systématise. Il ne s'embarrasse pas trop de l'origine de la vie sociale, considérée comme donnée ou plutôt «révélée» chez son inspirateur, et omet de disserter sur la politique de son temps, se contentant d'évoquer le rôle des responsables politiques dans l'établissement de la sécurité publique, condition sine qua non du développement économique et culturel. Il s'interroge plutôt sur le fonctionnement de la société, qu'il fonde sur les besoins et les craintes des individus. Il emprunte beaucoup de termes techniques, qu'il remplace parfois par des synonymes ou qu'il charge d'une nouvelle acception. A titre d'exemple, le mot *tamaddun* (civilisation) se substitue à son synonyme *ʿumrān*, et le mot *ʿaṣabiyya* acquiert une connotation supplémentaire, celle d'amour de la patrie.

Bustānī a lu certains penseurs du Siècle des lumières, notamment Rousseau, à qui il emprunte l'idée du «bon sauvage», mais qu'il abandonne, probablement sous l'empire de la théologie protestante. Il en retient cependant l'idée que le «luxe va rarement sans les sciences et les arts»[16].

Après avoir situé ce traité dans son contexte socioculturel et indiqué ses références intellectuelles, il nous incombe d'en présenter le contenu.

Le contenu

Le traité comporte trois parties:

La première renferme deux sections, dont l'une définit la société ou plutôt le processus de socialisation, et l'autre examine l'état de la sociabilité de Beyrouth.

La deuxième partie définit l'habitude, détermine les mécanismes de son acquisition et les motifs de sa réception ou de son abandon, et amorce l'étude des composantes de sa différenciation dans divers milieux sociaux, en l'occurrence parmi les Européens et les Arabes.

La troisième partie établit d'emblée une comparaison entre les habitudes et coutumes des Arabes et des Européens, fondée sur les différents secteurs de la vie sociale quotidienne, allant de l'allure extérieure aux normes morales et scientifiques.

La première section de la première partie est typiquement théorique. Bustānī y formule sa conception de la société. Celle-ci «désigne les habi-

---

16 Jean-Jacques Rousseau, *Discours sur l'origine et les fondements de l'inégalité parmi les hommes, œuvres politiques*, Paris: Bordas 1989, p. 43. Ibn Khaldun, *Discours sur l'histoire universelle*, p. 191: Les Bédouins «sont plus près de l'état de nature (*fiṭra*) et plus éloignés des mauvaises habitudes».

tants d'un pays ou d'une cité ayant des intérêts communs; elle est plutôt l'état qui procède de la socialisation humaine (*al-ijtimāʿ al-basharī*). Elle se fonde sur des besoins et des craintes dont l'équilibre exige une certaine organisation. Celle-ci constitue une loi qui mesure le degré de civilisation atteint par cette société. L'équilibre en question serait irréalisable ici-bas, car «on ne peut l'atteindre dans un monde déchu tel que le nôtre et dans une nature corrompue comme celle des hommes». Ceci indique combien l'auteur était marqué par l'anthropologie protestante dont il avait embrassé les principes.

Bustānī distingue trois types de sociétés: 1. la société primitive ayant un minimum minimorum de besoins et de craintes, 2. la société bédouine ayant moyennement de besoins et de craintes, 3. la société «civilisée» ayant un maximum de besoins et de craintes. Les deux derniers types soulignent la filiation entre sa pensée et celle d'Ibn Khaldūn.

Bustānī classe les besoins de l'homme en sept catégories, sans expliciter l'ordre de leur priorité, à savoir: les besoins naturels, les besoins intellectuels, les besoins de communication ou relationnels, les besoins éthiques, les besoins religieux, les besoins politiques, et les besoins de luxe. Sa conception de la société est fonctionnaliste. Les individus sont condamnés à coopérer ou à associer leurs intérêts pour satisfaire leurs besoins, lesquels, une fois intégrés, produisent la civilisation. Cependant, il fait intervenir Dieu pour distribuer équitablement les besoins et les ressources entre les différents pays.

La deuxième section de la première partie fournit un apport tout à fait original, dans la mesure où elle consiste en un témoignage historique important sur Beyrouth. En effet, l'auteur explore à la lumière de sa théorie l'état social de Beyrouth, qui remplit un double rôle: celui de lien entre l'Orient et l'Occident et celui de théâtre où se montrent les coutumes des Arabes et des Occidentaux, dont il développera la comparaison dans la troisième partie.

Il constate que les habitants de Beyrouth se répartissent en trois catégories: les artisans, les commerçants et les propriétaires, unis par des intérêts communs. Tous sont des gens civilisés et avides de répandre les bienfaits de la civilisation.

Beyrouth est une ville cosmopolite où dominent deux nationalités: les fils de l'Orient et les fils de l'Occident, réunis par des intérêts communs, notamment commerciaux, politiques et éthiques. Le nombre des marginaux y est réduit par rapport à d'autres villes.

Il observe également que les besoins naturels de la société beyrouthine sont presque satisfaits. La sécurité publique y est assurée et ne cesse d'être améliorée grâce aux efforts des responsables. Il ose affirmer «avec sincérité et fierté que cette ville est la plus sûre au monde», ce dont témoigne l'extension des travaux publics. Il rassure les plus réticents parmi les tenants les plus enthousiastes de «l'esprit du siècle» que cette ville qui était jadis nourricière en matière de jurisprudence et de lettres, le sera encore à l'avenir».

Les besoins intellectuels de Beyrouth sont par contre mal satisfaits, malgré la multiplication du nombre d'écoles et d'imprimeries et les efforts des sociétés savantes. La ville manque encore de bibliothèques, de gazettes et de journaux commerciaux et industriels. A défaut de ces moyens, les jeunes gens passent leur temps dans les cafés et aux jeux de cartes.

De même, dépourvue de théâtres, de musées et de tout ce qui élargit les horizons de la raison, renforce la convivialité et améliore l'état de la société, la ville répond mal aux besoins de communication ou de relations.

Les besoins éthiques et religieux ne sont pas non plus contentés, car l'état de ceux qui doivent [les] assurer et les favoriser» laisse à désirer. Il y a là une critique à peine voilée à l'encontre des éducateurs et des responsables religieux.

La deuxième partie est consacrée à l'habitude (*ʿāda*), qui dérive de la racine *ʿawd* (retour), et qui signifie répétition. Elle indique les actions bonnes ou mauvaises que l'homme a l'habitude d'accomplir par routine et par persévérance. Le respect de l'étymologie du terme arabe dans la définition de l'habitude montre le talent linguistique de l'auteur[17].

Bustānī distingue plusieurs genres d'habitudes: celle qui est une faculté enracinée dans l'âme et qui s'appelle caractère, celle qu'on ne peut pas détacher de son possesseur, qui ressemble à un instinct implanté dans le corps, et qu'on appelle une cinquième nature, celle qui passe pour une deuxième nature, et enfin celle qui correspond aux conventions et aux mœurs d'un groupe. C'est cette dernière qui sera étudiée par l'auteur. Elle découle du besoin. Et le besoin habituel peut être causé par le caprice de la mode, le goût ou la religion, etc. L'habitude engendrée par ces facteurs revêt un caractère obligatoire. Elle peut résulter d'une autre origine, comme le désir de ressemblance ou d'imitation. Elle est alors facultative. Les habitudes dépendent du degré de civilisation de leurs usagers. Elles évoluent, changent, se polissent et tombent en désuétude, comme celles qui caractérisaient l'ancien costume libanais et qui sont devenues un objet de dérision pour les générations actuelles.

Bustānī constate que la différence entre les humeurs des hommes, des pays, des religions, des lois et des temps entraîne une divergence dans les

---

[17] Ibn Khaldun, *Discours sur l'histoire universelle*, 194: «l'homme est l'enfant de ses habitudes», voir également p. 456, 609.

habitudes. Il remarque que toutes celles des Occidentaux ne conviennent pas aux Arabes et vice versa, et conclut que les Occidentaux ne se sont pas fatigués pour trouver leurs habitudes, car ils ont inversé celles des Arabes et obtenu les leurs. Sont ainsi définis les fondements théoriques qui serviront à la troisième partie du traité, totalement consacrée à la comparaison entre les coutumes des Arabes et celles des Occidentaux. L'auteur retient principalement sept *topoï* relatifs aux allures et au comportement, à savoir: les cheveux, le costume, la nourriture et les ustensiles, les relations sociales, l'attitude à l'égard des choses du monde, la perception réciproque des uns et des autres, la différence des mœurs et des usages.

La comparaison est utilisée comme un mode de pensée. Les divers parallélismes renvoient aux références «mentales» des groupes et ne se réduisent pas à un catalogue où seraient indexées des figures, des catégories et des représentations stéréotypées. D'ailleurs, tous les personnages sont des acteurs collectifs désignés par différentes expressions: les Arabes, les Francs, les fils de l'Orient, les fils de l'Occident, les habitants de Beyrouth, les habitants de la Montagne, etc.

La première comparaison porte sur la manière d'arranger les cheveux et les poils de la barbe. Ceux-ci constituent la couverture naturelle dont Dieu a doté ses créatures humaines, chacune selon son besoin. Ils servent à protéger, à parer et à distinguer un sexe d'un autre. Les Occidentaux, au contraire des Arabes, se laissent pousser les cheveux et se rasent la barbe. Ils s'ingénient à façonner leurs barbes et leurs moustaches «pour avoir dans leur visage toutes les formes que l'esprit peut imaginer. Peut-être y a-t-il là une sagesse et des intentions que la raison arabe ou orientale ne peuvent comprendre».

La deuxième comparaison porte sur le costume. «La finalité originelle du vêtement, écrit-il, est la protection du corps humain du froid et de la chaleur et sa dissimulation à la vue, c'est pour cette raison que chaque pays et chaque saison a adopté un habit qui lui convenait». Le vêtement étroit des Occidentaux convient à la rapidité de leurs mouvements et correspond à leur grande estime de la valeur du temps. Cependant, il contrarie les principes de la pudeur. Le vêtement ample des Arabes convient à la lenteur de leurs mouvements, qui résulte de leur insouciance de la valeur du temps, mais correspond au principe qui rattache le sérieux moral au sérieux naturel. Toutefois, Bustānī «préfère voir un Occidental civilisé en habit arabe que de voir un Arabe non civilisé en habit franc».

La troisième comparaison concerne la nourriture et les ustensiles utilisés dans l'alimentation. Les Occidentaux recherchent l'utilité dans la plupart de leurs mets, les Arabes le plaisir. La nourriture des uns est légère, celle des autres épaisse et lourde, mais elle habitue l'estomac depuis l'enfance à digérer les denrées crues. Les Occidentaux mangent assis sur des chaises autour d'une table sur laquelle l'on dresse le couvert. Les Arabes mangent assis par terre, autour d'une nappe de cuir, d'un plateau de cuivre ou d'une tablette de bois. Ils prennent leur nourriture avec la main et plusieurs personnes peuvent manger dans la même assiette. Ils vouent un respect incommensurable au pain, qu'ils revêtent d'un caractère sacré. C'est pour cela qu'ils ramassent et embrassent toute miette qui tombe par terre. La vénération du pain les dispense de quitter le repas pour recevoir un hôte.

Cependant les Arabes érigent le fait de partager leur repas au rang d'un mystère moral, qui affecte toutes les formes exagérées des bienséances, des convenances et de l'insistance, quel que soit le nombre de convives, même imprévus, et quelles que soient la nature et la quantité de nourriture. Ils ont forgé tout un vocabulaire pour exprimer ce phénomène. Tous les termes afférents tels que *mumālaḥa*, *mujāmala*, *mujābara* sont porteurs des connotations du verbe partager (le repas) et sont corroborés par l'insistance marquée pour continuer à manger après satiété, en l'honneur de telle Dame ou de tel Monsieur parmi les commensaux. Ce ne sont pas de pures formalités protocolaires. Elles renvoient à l'adage arabe: autant on mange, autant on aime. Les Occidentaux sont aux antipodes de ces usages.

La quatrième comparaison souligne la différence qui existe entre les Arabes et les Occidentaux dans les relations sociales. Les premiers saluent quiconque survient sur la route. Ils considèrent la renonciation à ce devoir comme une erreur grave. Ils accueillent les Occidentaux dans leurs maisons, sans avoir besoin d'une médiation. Leurs formules de salutations sont prolixes mais vides, et peuvent occuper plus d'un quart d'heure. Leur correspondance relève du même genre. Ils mélangent les salutations avec les affaires. Ils rechignent à mentionner ensemble deux choses ayant un rapport à l'élévation et à la bassesse, tels que les pieds et la tête. Ils n'accordent pas à la femme les droits que Dieu lui a accordés. C'est pourquoi les femmes demeurent chez eux dans un état lamentable d'ignorance et de mesquinerie.

Les Occidentaux ne saluent que ceux qu'ils connaissent. Leurs salutations, leurs conversations et leurs correspondances sont courtes, utiles, et introduisent aux affaires. L'un d'eux peut parler de sa tête et de ses pieds, de son soulier et de sa barbe sans les avilir ou déranger les mœurs. Pour saluer, les Occidentaux serrent la main, tirent leur chapeau à l'homme ou à la femme et parfois s'embrassent. Bustānī tolère difficilement cette coutume exagérément pratiquée dans les scènes de théâtre; il apprécie par contre le statut dont jouit la femme occidentale et le considère comme un facteur de progrès.

La cinquième comparaison porte sur l'attitude respective des Arabes et des Occidentaux vis-à-vis du monde et des lois qui le régissent. Les Occidentaux sont constants, étudient les phénomènes, appliquent des règles, établissent des normes pour les inventions nouvelles et abandonnent ce qui n'est plus fonctionnel. Les Arabes reçoivent tout de la tradition. Ils sont tournés vers le passé et aiment laisser l'ancien dans son état d'ancienneté. «Voilà pourquoi, écrit-il, on voit le monde progresser, alors qu'ils restent à leur place, occupés à faire l'éloge de toutes leurs coutumes et à mépriser tout ce qui les contredit, car ils estiment être l'origine depuis laquelle les autres peuples se sont ramifiés et dont ils s'inspirent».

La sixième comparaison aborde la vision réciproque des Arabes et des Occidentaux. Les Occidentaux de condition inférieure installés au Proche-Orient regardent les Arabes avec légèreté et mépris. L'auteur impute ce dédain au comportement bizarre de certains autochtones. Les Occidentaux entrent en contact pour leurs affaires généralement avec des indigènes du bas peuple tels qu'un portefaix, un muletier etc., ou avec des gens dont la main est tendue pour le bakchich. Ils projettent alors ce même regard sur toute la population. Les Arabes, au contraire, respectent les Occidentaux jusqu'à un point préjudiciable. Toutefois, l'auteur reconnaît que la plupart des Occidentaux qui résident à Beyrouth sont dignes de tout respect et qu'on leur doit beaucoup. D'autre part, les Arabes installés en Occident sont respectés et leurs biens protégés.

La septième comparaison examine les différences entre les Arabes et les Occidentaux en matière de mœurs. Les Occidentaux se distinguent des Arabes en tout, sauf en ce qui concerne l'ordre de la nature et la foi en Dieu. Ils diffèrent par leur manière de s'asseoir, de marcher, de communiquer avec les autres, de se réunir, par leur allure, leurs gestes, leurs noces et leurs funérailles. Ils se singularisent jusqu'au bout des ongles, jusqu'au dernier soupir. Pour connaître en détail toutes les différences entre les coutumes des deux peuples, l'auteur préconise d'inverser les habitudes anciennes des Arabes; apparaissent alors celles des Occidentaux. Face à l'incurie des Arabes indifférents au changement et myopes quant à l'expansionnisme des coutumes occidentales, l'auteur termine la troisième partie de son traité en lançant un avertissement: «Si la situation persiste telle quelle, nous avons, nous les Arabes, à préparer des cercueils pour ce qui reste de nos coutumes anciennes, car je vois les bataillons des coutumes occidentales les attaquer avec force et détermination. Comme leurs défenseurs sont plus nombreux et plus puissants que ceux de nos coutumes, et comme elles sont entourées par la force de la parenté agnatique fondée de nos jours sur l'amour de la patrie, l'habileté dans les arts, la gestion, les techniques et la fortune, on peut craindre que nos coutumes soient, en définitive, vaincues et qu'elles subissent les vicissitudes du sort». On trouve les mêmes échos, avec plus d'acuité, dans son onzième manifeste – *waṭaniyya* – qui clôture le traité.

La pensée de Bustānī

Bustānī fonde sa pensée sur des idées et des valeurs modernes telles que l'association des intérêts communs, la solidarité, le travail, l'amour de la patrie, l'aspiration à la culture, la dignité de la femme... censées atténuer les différences de race et de religion.

Sa réflexion reflète une vaste érudition, une expérience profonde et une observation perspicace, qui en font un véritable penseur du XIXème siècle, voire un innovateur dans ce domaine. Il pousse parfois le rationalisme jusqu'au bout. Pour ne citer qu'un exemple, Bustānī affirme qu'on ne saurait évaluer une habitude qu'en l'étudiant en soi, en examinant son utilité ou sa nuisance indépendamment de la pratique de ses usagers et des autres facteurs influents. Attentif à l'évolution des habitudes des Occidentaux, il s'efforce d'en mesurer le déroulement temporel qu'il évalue à huit cents ans. La distance qui les sépare des habitudes des Arabes s'élève à quatre cents ans. Il observe que les Occidentaux sont plus dynamiques et plus disposés au changement, ce qui explique leur avance sur les Arabes. Ceux-ci sont conservateurs par nature et «aiment maintenir l'ancien dans son état d'ancienneté». Cette observation est récurrente dans ses écrits. Elle garde toute son actualité pour le monde arabe, dont beaucoup de secteurs semblent rester dans leur état originaire, loin de toute modernité, malgré les apparences trompeuses du progrès.

Il souligne le conflit qui oppose dans son milieu les anciens (*al-qudamā'*) aux modernes, qu'il appelle les adeptes de «l'esprit du siècle nouveau». Il serait très intéressant d'étudier l'évolution des mentalités, leur résistance ou leur perméabilité au changement, et de mesurer le cheminement effectué depuis cet essai.

Bustānī étaye son argumentation sur diverses considérations d'ordre éthique, médical, hygiénique, religieux. Ces arguments apparaissent surtout dans la troisième partie de son traité qui a pour objet principal la comparaison entre les coutumes des Arabes et des Occidentaux. Voici quelques extraits reproduits suivant l'ordre des comparaisons.

Pour les Arabes, la barbe et les moustaches sont plus qu'un signe de virilité: un symbole de l'honneur. Bustānī considère ici uniquement leur fonction: «... Les poils des moustaches et de la barbe, par exemple, ont comme utilité de constituer un filtre qui préserve les organes respiratoires des matières poussiéreuses, la gorge et les narines du vent froid humide. De plus, ils distinguent le sexe masculin du sexe féminin...»

Le vêtement ample des Arabes est un autre signe de la dignité humaine. Le vêtement étroit et court des Occidentaux est très laid et opposé à la décence et à la morale, parce qu'il répond au besoin de protection sans répondre au besoin de couverture, contrairement au vêtement ample des Arabes. L'auteur déclare: «J'aurais voulu couper une largeur de la tunique des Arabes pour en rallonger la longueur de la tunique des Occidentaux, qui n'atteint que la partie supérieure aux fesses, et découper deux largeurs des longs sarouals des Arabes pour les coudre à la largeur du pantalon occidental; ainsi pourrions-nous avoir un vêtement modéré et convenable pour les deux groupes. Toutefois, nous disons que le vêtement en soi n'est rien, comparé à la vérité de l'homme».

Les Occidentaux réchauffent leurs mains en portant les gants et leurs pieds en mettant des chaussettes, alors qu'ils laissent leur tête découverte au soin de la nature, à l'encontre des Arabes, qui réchauffent leur tête en portant le turban, alors qu'ils laissent leurs pieds nus à l'état de nature. «C'est pourquoi nous croyons que les grippes atteignent les Occidentaux à partir de la tête, et les Arabes à partir des pieds. Ce qui poussa peut-être les Occidentaux à adopter cette coutume, c'est qu'ils savent que le cœur, à partir duquel le sang se diffuse comme source de chaleur vers les autres organes, est plus proche de la tête que des membres et que celle-ci n'a pas besoin autant que ceux-là d'être réchauffée, en dehors du vêtement naturel dont Dieu l'a recouverte».

La symbolique du repas partagé chez les Arabes est au cœur des liens familiaux et sociaux. Mais Bustānī ne regarde ici que les effets des pratiques. Les Occidentaux utilisent le couvert pour manger et se dispensent de respecter les principes de la propreté. Cette anomalie entraîne une érosion de leurs dents. Les Arabes peuvent manger à plusieurs la soupe dans un même bol, ce qui suscite le dégoût de ceux qui n'y sont pas habitués, et peut-être des maladies contagieuses parmi ceux qui le sont.

Bustānī donne deux exemples relatifs aux usages de la table et illustrant une acculturation mal assimilée. Un Occidental invité dans la maison d'un notable s'était laissé entraîner par une invitation insistante à boire du vin jusqu'à ce qu'il fût enivré. Il passa la nuit dans la maison de ce cheikh. Le lendemain, il rebroussa chemin à dos d'âne. Passant près d'une fontaine, il fit approcher sa monture du bassin d'eau; après avoir étanché sa soif, l'animal leva la tête. «Le maître se mit alors à insister et à le frapper en lui disant: «bois en signe d'estime pour telle dame et pour plaire à telle dame». L'âne s'effaroucha.... et ne put boire plus que sa capacité. L'Occidental se dit: «en vérité, l'âne est plus sage que moi, pour son bien.» Il s'en alla après avoir tiré une leçon exemplaire d'un animal qu'on présente comme modèle de l'ignorance».

Un autre Occidental, élève de Bustānī, se targuait d'être «arabisé», ou du moins connaisseur des habitudes locales. Il fut l'hôte d'un notable «occidentalisé», mais qui avait appris la seule coutume occidentale de ne pas s'obstiner à inviter à manger. Lorsque la nourriture fut présentée, l'Occidental mangea un peu et s'éloigna de la table. Il était convaincu qu'il allait être rassasié à force d'insistance par «les bouchées d'estime» pour lesquelles il avait l'habitude de garder une place vide dans son estomac. Le maître de maison lui demanda, «pourquoi as-tu cessé de manger?» Il répondit: «grâce à Dieu, je me suis rassasié.» Au lieu de réitérer l'invitation, le maître «occidentalisé» demanda au domestique de servir de l'eau à l'hôte pour se laver les mains. Le pauvre Occidental dut alors quitter la table encore affamé.

Bustānī demeure le premier et le plus grand défenseur de la dignité de la femme au Proche-Orient. Cependant il stigmatise une habitude irrecevable dans son milieu, «le fait que les hommes embrassent les femmes chez les Occidentaux au moment de la salutation, nous le rattachons aux rubriques de l'indécence qu'ils poussent à l'extrême, surtout dans les scènes de danse dont les mouvements et les gestes sont suffisants pour étouffer un Arabe, si «occidentalisé» qu'il soit».

Ces quelques échantillons de la pensée de l'auteur, au-delà de leurs caractéristiques diverses: réalisme, positivisme, humour, sarcasme... et parfois même naïveté, reflètent l'ambition d'un réformateur engagé, un des pionniers de la Renaissance arabe.

La langue et le style

Bustānī conçoit la langue comme un «être» qui croît et évolue à l'instar des sciences. Elle est un moyen qui conduit à celles-ci, et nullement une fin en soi. La décadence de la langue arabe constitue ainsi selon lui l'une des causes majeures de la disparition des sciences chez les Arabes. Persuadé des conclusions de son investigation, il entreprit de la réformer avec amour, patience et compétence, comme l'attestent ses multiples œuvres linguistiques et littéraires. Le but qu'il s'était assigné consistait à en faire un outil à même d'aborder n'importe quelle discipline scientifique. Y-est-il parvenu dans ce traité?

La langue employée y est correcte, simple et sans artifices, excepté certains adjectifs et quelques substantifs relatifs à la physionomie et au costume démodé des ancêtres. Les phrases sont en général longues, denses, graves, découpées en propositions au rythme alternatif, et animées par des figures de style, notamment l'antithèse, la métonymie, la synecdoque, l'ironie... Le vocabulaire est riche, malgré l'abondance des répétitions. Ainsi le mot civilisation (*tamaddun*) apparaît-il plus de vingt-cinq fois, le verbe trouver (*wajada*) et ses dérivés ont un nombre d'occurrences très élevé; il en va de même des mots instruments (*ālāt*), outils (*adawāt*), utilité (*manfaʿa*), etc. Certains concepts reçoivent une nouvelle acception, tels que *ʿaṣabiyya*, qui signifie originairement esprit de corps mais s'enrichit chez Bustānī de vertus patriotiques. Le mot *hawā'* est utilisé cinq fois pour indiquer la mode. Certains termes ne sont pas définis, mais employés comme si leur sens était clairement déterminé, tel que *al-Ifranj*, qui signifie originairement les Francs mais qui désigne en fait tous les Occidentaux, et en particulier les Européens, puisque l'auteur mentionne deux fois l'Europe. On peut évoquer dans la même perspective les termes: Arabes, Syrie... Le mot patrie (*waṭan*) apparaît dix fois. Cette fréquence n'est pas fortuite. Le concept *jumhūr* signifie peuple. Il est employé plus de cinq fois et inclut des connotations politiques modernes, issues des revendications des paysans et des révoltes appelées *ʿāmmiyya*[18]. L'auteur agrémente ses propos de proverbes et de vers qui charrient une sagesse séculaire, confirment ses assertions et confèrent à son texte une couleur locale typique.

Cet essai clôt la série de discours ou conférences prononcées aux séances de la Société Scientifique Syrienne, à savoir les *Discours sur la littérature arabe* et *Discours sur l'Education de la femme*. Il y met l'accent sur la rencontre des civilisations occidentale et arabe. Bustānī désirait une interaction entre les deux cultures qui ne s'arrêtât pas aux apparences et aux faits contingents. Il souhaitait une intégration réfléchie des valeurs sans l'imitation servile et aveugle qui entraîne l'aliénation. De ce point de vue, Bustānī représente le modèle même d'un penseur ayant su assimiler l'apport culturel occidental tout en enrichissant le patrimoine arabe.

La réflexion fondamentale qu'il développe reste valable pour la société actuelle. Aujourd'hui, l'engouement pour la culture de l'Occident cherche à emprunter à celui-ci toutes les représentations et les modes sociales. Le modèle occidental jouit de moyens énormes: les médias, la publicité, les catégories de la pensée, les techniques... Comment «les fils de l'Orient» peuvent-ils adapter les emprunts à leurs propres modes de vie? Comment peuvent-ils protéger leur patrimoine? Le conflit entre l'ancien et le mo-

---

18 Voir sur les mouvements des paysans au XIXéme siècle Axel Havemann, *Rurale Bewegungen im Libanongebirge des 19. Jahrhunderts*. Berlin, 1983; Karam Rizk, *Le Mont-Liban aux XIXe siècle. De l'Emirat au Mutaṣarrifiyya, tenants et aboutissants du Grand-Liban*. Kaslik, 1994.

derne continuera à s'accentuer au cours du troisième millénaire pour affecter non seulement les mœurs et les usages, mais également les valeurs et les structures sociales. Ceci ne risque-t-il pas d'ébranler les systèmes existant au Proche-Orient? Comment envisager ce processus d'acculturation?

Annexe: Oeuvres de Buṭrus al-Bustānī (1843–1884)

Nous les avons regroupées par genre. La liste donnée par Georg Graf, *Geschichte der christlichen arabischen Literatur*, vol. 4, Vatican, 1951, 327, est incomplète.

– Manuels scolaires:

Kitāb kashf al-ḥijāb fī ʿilm al-ḥiṣāb, Beyrouth, 1848, 9e édition en 1885 (Manuel de mathématiques).

Rawḍat al-tājir fī mask al-dafātir, Beyrouth, 1851 (Principes de comptabilité).

Miṣbāḥ al-ṭālib fī baḥth al-maṭālib, Beyrouth, 1854 (Lampe de l'élève dans la recherche de la connaissance. - Il s'agit d'un commentaire de la grammaire de l'évêque maronite d'Alep Germain Farḥāt.)

Miftāḥ al-miṣbāḥ, Beyrouth, 1862-1868 (Clef de la Lampe où il explique sa grammaire citée *supra*).

– Ouvrages de sociologie et de littérature:

Taʿlīm al-nisāʾ, Beyrouth, 1849 (L'éducation de la femme), réédité in *al-Jinān*, 13 (1882), 207-214.

Khiṭāb fī adab al-ʿArab, Beyrouth, 1859, 1869 (Discours sur la littérature arabe, dans lequel il porte un diagnostic sur les causes de la décadence de cette littérature).

Dīwān al-Mutanabbī, Beyrouth, 1860.

Khiṭāb fī l-hayʾa al-ijtmāʿiyya wa-muqābala bayna al-ʿawāʾid al-ʿarabiyya wa-l-firanjiyya, Beyrouth,1869 (Discours sur la société et comparaison entre les coutumes des Arabes et des Européens).

– Ouvrages lexicographiques:

Kitāb Muḥīṭ al-Muḥīṭ, 2 vol., Beyrouth, 1869-1870 (Dictionnaire océanique des océans), résumé dans *Qaṭr al-Muḥīṭ*, Beyrouth, 1867-1871.

Dāʾirat al-Maʿārif, 6 vol., Beyrouth, 1876-1887 (Encyclopédie arabe).

– Ouvrages historiques:

Edition de *Kitāb akhbār al-aʿyān fī jabal Lubnān*, Beyrouth, 1859 (Chroniques des notables du Mont-Liban de Ṭannūs al-Shidyāq).

Qiṣṣat Asʿad Shidyāq bākūrat Sūriya, Beyrouth, 1860 (Biographie de Asʿad Shidyāq).

Tārīkh Nabūliyūn al-awwal, Beyrouth, 1868 (Histoire de Napoléon).

– Traductions:

– Oeuvres religieuses:

Kitāb al-bāb al-maftūḥ fī aʿmāl al-rūḥ, Beyrouth, 1843 (en collaboration avec Eli Smith où se trouvent rassemblés les textes des docteurs protestants).

Al-Kitāb al-muqaddas, Beyrouth, 1860, 1865 (La Bible; en collaboration avec Eli Smith, Cornelius van Dyck et autres).

Siyāḥat masīḥī, s.d. (traduction de Bunyan, *Pilgrim's Progress*).

Tārīkh al-fidāʾ, s.d. (traduction de J. H. Merle d'Aubigné, *Histoire de la Réformation du XVIe siècle*, 5 vol., Paris, 1835–1853).

– Roman:

Kitāb al-tuḥfa al-Bustāniyya fī l-asfār al-Karūziyya, Beyrouth, 1861 (traduction de *La vie et les aventures étranges et surprenantes de Robinson Crusoé*).

L'IMAGE DE LA FEMME OCCIDENTALE DANS LA PRESSE LIBANAISE ENTRE 1858 ET 1914

MAGDA NAMMOUR

Introduction

La femme est le miroir de la société.[1] C'est à travers son image que se reflètent les mœurs, les traditions, les rapports sociaux et les transformations socio-culturelles d'un pays. La presse, quant à elle, véhicule les pensées, rend compte des changements. Et combien ces derniers ont-ils été nombreux à Beyrouth au cours du XIXème siècle! L'image de la femme occidentale dans les journaux libanais est un bon indice pour une étude de l'histoire socio-culturelle de cette époque. Dès sa naissance en 1858, la presse beyrouthine consacrait une rubrique à la situation sociale. On y lisait des opinions relatives à la situation culturelle du pays ou à l'évolution des mœurs et des coutumes. A l'examen de cette rubrique, la colonie occidentale installée dans la ville était très appréciée par les Beyrouthins qui la considéraient comme une source de richesse économique[2] et culturelle, dont la présence favorisait l'apprentissage des langues, des sciences et des coutumes[3].

En effet, au cours du XIXème siècle, Beyrouth connut une conjoncture internationale qui lui était favorable. L'installation de consulats généraux des grandes puissances, dans les années 1840, contribua à l'essor de la ville, qui fut intégrée dans les circuits de l'économie mondiale. Du petit bourg qu'il était, Beyrouth devient en 1888 le siège d'une province (*wilāya*) qui porte son nom, d'une superficie de 30.500 km^2. Cette reconnaissance politique, jointe à l'essor économique, attira dans la ville les Occidentaux venus surveiller de près leurs affaires, ainsi que des habitants du

---

[1] Jirjī Niqūlā Bāz, «Taʾthīr al-nisāʾ fī l-irtiqāʾ»; Causerie donnée à la chambre de lecture de l'association Jamʿiyat shams al-barr le 9 mai 1902, publiée dans la revue *al-Maḥabba*, 171-172 (1902), 5 (tiré à part).

[2] *Ḥadīqat al-akhbār*, 460 (16/28 mai 1867), 1, col. 1.

[3] «Miqdār ziyādat al-ʿilm fī Sūriyā fī hādhā al-jīl wa-ʿilalihā», *Ḥadīqat al-akhbār*, 82 (16/28 juillet 1859), 3-4.

Mont Liban et des différentes villes de Syrie qui cherchaient à y faire fortune. Le contact des Occidentaux par le biais du commerce, la rencontre quotidienne avec ceux qui étaient installés dans la ville, et surtout les voyages en Europe entrepris par les plus nantis, ont largement contribué à modifier la façon de penser et d'agir des Beyrouthins.

En arrivant à Beyrouth, les Occidentaux amenèrent avec eux leurs habitudes, leurs techniques, leur façon de se nourrir et de se divertir. Ils arrivèrent aussi avec leur conception de la famille et de l'économie. En résumé, avec un mode de vie différent, ce qui avait pour conséquence un brassage continuel de populations et d'idées. Ce contact permanent avec des peuples complètement différents occasionnait un échange culturel fort enrichissant, mais qui contenait toutefois plusieurs germes de conflits, d'autant plus que la société beyrouthine était une société traditionnelle bien ancrée dans son monde oriental. Par exemple, les cadeaux offerts lors des fiançailles, dans la communauté orthodoxe, en l'occurrence des *manādīl* et des mouchoirs, prouvent bien cet attachement, puisqu'ils représentent des symboles arabes[4]. Dans cette situation, comment les Beyrouthins perçoivent-ils l'Autre? On sait que la perception de l'Autre reflète l'image de soi, et aide l'observateur à se définir soi-même.

A travers des articles de *Ḥadīqat al-akhbār*, *Lisān al-ḥál*, *al-Jinān*, *al-Bashīr*, *al-Taqaddum*, *al-Firdaws*, *al-Maḥabba* et *al-Ḥasnaʾ*, nous présenterons l'image de l'Occidentale dans la presse libanaise, depuis la parution du premier périodique beyrouthin en 1858 jusqu'à la fin de la période ottomane, en 1914. Le choix de ces périodiques est arbitraire. La page sociale ayant été ouverte au public, nous estimons que notre échantillon est représentatif des courants de pensée en œuvre dans le pays, indépendamment de toute appartenance communautaire.

Entre 1858 et 1870, la presse libanaise n'aborde pas de questions relatives au statut de la femme et de son instruction, hormis quelques publicités pour des écoles de jeunes filles ou une mention évaluant à un millier le nombre de filles fréquentant l'école des Filles de la Charité (Lazaristes), des diaconesses prussiennes et autres établissements de la ville[5]. Au cours de cette période, la rubrique sociale s'intéressait à l'évolution de la ville en général. A partir de 1870, la situation change. La femme fait l'objet de certains articles, dont la majorité reconnaissent l'importance de son rôle au sein de la famille et de la société et réclament son instruction. «A chaque siècle ses exigences. Nous vivons dans une période de mutation de la

---

[4] Magda Nammour, «Que recevait une Beyrouthine le jour de ses fiançailles?», *Annales d'Histoire et d'Archéologie de l'Université Saint-Joseph*, 7 (1996), 30-31.

[5] «al-Maʿārif al-ʿumūmiyya fī Sūriyā», *Ḥadīqat al-akhbār*, 440 (27/28 janvier 1867), 1.

civilisation, de l'industrie et du commerce. Si nous maintenons les habitudes et les idées de nos prédécesseurs qui ne donnaient pas de place à la femme dans le monde littéraire et civil, en la considérant uniquement comme un outil créé pour satisfaire des exigences techniques, et qui, par conséquent, négligeaient son éducation, nous ne suivons pas l'esprit du siècle...», écrivait Salīm al-Bustānī[6]. L'instruction des filles devient alors le principal sujet d'attention des Orientaux qui s'intéressent au statut de la femme en Occident. C'est d'elle que part toute une réflexion sur le rôle des femmes dans la société et dans la nation.

L'instruction de l'Occidentale

Comme dit Salīm al-Bustānī «une femme instruite vaut bien plus que l'argent et la gloire. Il n'est aucun doute que les mérites d'une femme instruite dépassent de loin ses défauts, de même que ses qualités sont supérieures à celles de l'homme... Les écrits des femmes d'Europe et des autres femmes civilisées»[7] en sont à ses yeux le meilleur exemple. De manière générale, la femme occidentale est présentée avant tout comme ayant de la culture. Mais deux attitudes distinctes sont perceptibles dans les périodiques libanais. Dans la «presse masculine», les rédacteurs ne s'intéresseront qu'aux méthodes d'enseignement, alors que la presse féministe voit les effets de cette instruction, en termes de droits à acquérir.

Méthodes d'enseignement

Percevant la culture occidentale comme le résultat d'un enseignement scolaire préétabli, ces messieurs présentent différents modèles d'instruction des filles dans les pays d'Europe, qui sont pour la plupart traduits des articles de la presse occidentale. Ils peuvent être regroupés en trois catégories. Leur choix dépend étroitement de la situation culturelle des auteurs, et de leur propre conception de l'instruction de la femme. En effet, les uns sont avant tout intéressés par une éducation pratique, répondant à leur conception orientale de la femme et de la famille. Ainsi, reconnaissant les mérites d'une femme instruite, la revue *al-Maḥabba*, dans son article «Taʿlīm al-nisāʾ», met l'accent sur les retombées bénéfiques de cette instruction sur la famille: «les peuples civilisés prirent conscience que le bonheur de la famille réside dans l'éducation de la femme et l'élévation de sa situation culturelle et matrimoniale». C'est pourquoi le texte réclame

---

[6] Salīm al-Bustanī, «al-Inṣāf», *al-Jinān*, 12 (1870), 369-370.

[7] *Ibid.*, 371.

une éducation adaptée aux différentes classes sociales et à leurs exigences respectives. A cet effet, l'instruction prévue par le gouvernement belge à l'intention des femmes est le meilleur modèle. Comme le dit *al-Maḥabba*: «dans le domaine de l'éducation de la femme et l'amélioration de sa situation culturelle et familiale, le gouvernement belge prit les devants et employa tous les moyens afin d'éduquer les filles. Il ouvrit de grandes écoles pour apprendre aux filles l'économie domestique, la gestion des affaires familiales, le rangement de la maison, la cuisine, le jardinage et l'art d'aménager un jardin, l'organisation des salles de réception, enfin tout ce qui a rapport à la maison. Si la fille est «riche», ces écoles lui apprendront l'art d'aménager sa demeure, le raffinement dans son service et l'art de la fréquentation: comment recevoir ses invités et entretenir une conversation avec eux. La fille de condition moyenne, quant à elle, apprendra, en plus de l'économie domestique, un métier manuel pouvant lui servir en cas de besoin, tandis que l'enseignement de la paysanne sera porté sur un apprentissage agricole tel que l'élevage, la culture des champs...»[8]

Cependant cette éducation est jugée insuffisante pour d'autres, qui lui préfèrent le «modèle d'instruction suédois». L'article intitulé «Tahdhīb al-fatayāt fī Asūj» du *Lisān al-ḥāl,* N: 2906, présente au public les dernières méthodes éducatives suédoises expérimentées à partir de 1887[9]. Il décrit comment, à travers le travail dans la cuisine des restaurants universitaires et dans certains restaurants précis de Stockholm, la jeune Suédoise apprend la botanique, l'agronomie, la chimie, la géographie économique, l'hygiène, la décoration, car le Ministère de l'éducation exigeait, comme le mentionne le *Lisān*, l'affichage dans ces restaurants de listes informant les jeunes filles en charge de la cuisine sur la nature des mets à préparer et leur composition. Ces affiches devaient les renseigner sur l'origine et la famille des plantes et légumes qu'elles étaient censées cuisiner, ainsi que sur les effets bénéfiques ou maléfiques de certaines plantes sur l'organisme humain. Ainsi, la jeune cuisinière apprend la nature de l'être humain, la chimie, l'hygiène. En étudiant la nature des sols et l'emplacement géographique des cultures agricoles, la jeune fille s'initie aussi à la géographie économique... Et l'article de conclure: «joindre l'instruction à l'art de gérer une maison, telle est la méthode qui permit à la femme suédoise d'arriver à une situation enviée par toutes les femmes de la terre. Il n'est pas nécessaire de rappeler que la majorité des femmes suédoises sont instruites: elles écrivent des livres et des articles de valeur et elles ont une très bonne

---

[8] *al-Maḥabba,* 387 (1906), 656-657.

[9] «Tahdhīb al-fatayāt fī Asūj», *Lisān al-ḥāl*, 2906 (3 septembre 1898), 4, col. 1; article tiré, comme écrit *Lisān al-ḥāl*, d'une revue suédoise.

renommée en ce qui concerne la perfection de l'aménagement de leur maison et le raffinement de l'art culinaire suédois».

Alors qu'une première catégorie d'auteurs portait toute son attention sur le côté pratique de l'éducation des filles, une seconde voulait leur donner un enseignement où l'académique et le pratique allaient de pair. Ainsi sont présentées, dans le *Lisān al-ḥāl* du 15 septembre 1890, les idées d'un «penseur» français[10] qui ne conçoit pas la femme sans instruction, et qui toutefois refuse l'idée qu'une fille ne connaisse pas les moindres détails relatifs à l'art ménager. Pour atteindre cet objectif, de joindre enseignement pratique et académique, le «penseur» prévoyait pour la jeune fille à partir de l'âge de 12 ans, un programme scolaire où les matières académiques telles que l'histoire, la géographie, les langues et le calcul avaient lieu l'après-midi, les matinées étant consacrées à l'apprentissage des arts ménager et culinaire, et de la couture. Si la fille est pensionnaire, notre «penseur» suggère de la retirer de son pensionnat à l'âge de 13 ans afin que sa mère puisse l'initier pendant deux ou trois ans à la gestion de la maison. Et de poursuivre: «Combien la fille serait-elle noble et belle si elle connaissait l'histoire de France et de ses rois et si elle savait encore cuisiner à son mari ce que celui-ci lui suggérerait, qu'elle lui cousût ce dont il aurait besoin et lui rangeât ses vêtements, qu'elle s'occupât des dépenses de la maison à sa place, qu'elle préparât elle-même les repas, ou qu'elle donnât des ordres à sa cuisinière. Sans cela, les mets seraient sans goût et immangeables, et le mari serait obligé de prendre ses repas à l'hôtel».

Une troisième catégorie d'articles met en relief l'intellect. Elle ne s'attache qu'à la culture de la femme occidentale. Les auteurs y font l'apologie de certains pays ou de certaines villes, en y insistant sur le nombre de femmes instruites qu'on y trouve. Ainsi, écrivait le *Lisān al-ḥāl* en 1882, «Paris est la capitale d'Europe qui procure les plus grands moyens de culture et d'accès aux connaissances. La France est le royaume qui compte le plus de femmes civilisées... La France compte 3000 femmes cultivées travaillant dans le domaine des belles-lettres. Parmi elles, 2200 écrivent des romans, 200 écrivent des livres et des essais scientifiques, 300 travaillent dans le domaine de la musique, et le reste s'occupe des autres branches de la science».[11]

---

[10] «Tarbiyat al-banāt», *Lisān al-ḥāl*, 1267 (15 septembre 1890), 1, col. 3-4. *Lisān al-ḥāl* ne mentionne pas le nom du «penseur». Il se contente d'indiquer qu'il s'agit de la «traduction d'une lettre d'un «penseur» de France».

[11] *Lisān al-ḥāl*, 456 (3 avril 1882) 1, col. 1. La France est alors une république, mais le texte arabe parle de «royaume»: *Akthar al-mamālīk*.

A la lecture des articles présentés ci-dessus, certaines remarques s'imposent. D'une part, le manque de précisions sur les sources d'où ils tirent leurs informations. Ils commencent ainsi: «Une nouvelle méthode mise en application pour instruire les filles et cultiver leur jugement a attiré notre attention dans une revue suédoise. Nous vous la soumettons.» Suit l'intitulé de «Taᶜlīm al-fatayāt fī Asūj»[12]. Ou encore «nous avons trouvé dans l'un des journaux français la rubrique suivante, que nous avons traduite»[13]. Or dans cette rubrique, il s'agit de statistiques concernant le nombre de Françaises qui s'intéressent aux belles-lettres et aux beaux arts. D'où sont-elles tirées? De statistiques officielles du Ministère de l'Instruction Publique de l'époque? Seraient-elles un commentaire au sujet d'un ouvrage de géographie descriptive ou de culture générale récemment paru? Le *Lisān* ne donne aucune indication supplémentaire. Quant aux idées du «penseur» français, qui voulait donner aux jeunes filles une instruction où l'enseignement pratique et académique allaient de pair, le journal précise uniquement qu'il s'agit de la traduction d'une lettre. Qui était l'auteur ? A qui était adressée cette lettre? Était-elle destinée à un journal français? Était-elle envoyée au *Lisān al-ḥāl* et à quel titre? Enfin, en ce qui concerne l'instruction des filles en Belgique, la revue *al-Maḥabba* ne donne aucun renseignement sur la source de ses informations. Sont-elles traduites? Ont-elles été observées lors d'un voyage?[14]

Le manque de précision touche aussi les programmes proposés. Décrits comme l'idéal, ils sont pour la plupart ambigus. Qu'est-ce que *al-Maḥabba* entend par l'art de la fréquentation? Le raffinement dans le service? Entretenir une conversation? Comment la jeune Suédoise est-elle arrivée à travers cette sorte d'enseignement, dans les restaurants universitaires, à apprendre la botanique, l'agronomie, la chimie, la géographie économique, l'hygiène, la décoration et à pouvoir écrire «des livres et des articles de valeur» comme dit le *Lisān* ? Il faut savoir qu'en Suède, il existe à cette époque des internats où la mixité, loin d'être considérée comme une «source d'immoralité», apparaît comme un moyen «d'améliorer les mœurs». En effet, dans certains milieux protestants, moralisme et féminisme vont de pair. C'est pourquoi, la lutte contre la débauche (Congrès de Genève, 1877) conduit à prôner la même morale pour les deux sexes afin de développer une «fraternité intersexuelle». Madame Pieczynska, une des partisanes les plus convaincues de cette «fraternité», réclame une instruction sexuelle «judicieuse» pour la jeu-

---

[12] *art. cit.*

[13] *Lisān al-ḥāl*, 456 (3 avril 1882), *art. cit.*

[14] *al-Maḥabba*, 387 (1906), *art. cit.*, 656-657.

nesse, la mixité scolaire, l'introduction de la gymnastique pour les jeunes filles, la substitution d'une «communauté de travail» à la division du travail entre sexes. Dans plusieurs établissements protestants de pays scandinaves et anglo-saxons, «l'école mixte» est déjà mise en pratique à la fin du XIXème siècle. C'est notamment le cas en Suède[15].

Nous sommes très loin de ce qu'en rapporte le *Lisān*. Ces observations conduisent à se demander si les modèles proposés dans les journaux ne sont pas simplement une manière d'exposer une conception orientale de l'instruction des filles, essentiellement fondée sur le rôle domestique de la femme. Le raffinement dans le service ne renvoie-t-il pas à ce rôle? L'organisation des salles de réception, dont parle *al-Maḥabba*, indépendamment du reste de la demeure, ne laisse-t-elle pas supposer une conception orientale de la maison, dans laquelle la pièce réservée aux invités est indépendante du reste du domicile ?

Si les modèles présentés par la presse libanaise sont une apologie de l'instruction de la femme en Occident, la femme orientale n'est cependant pas absente de ces articles, qui ne manquent pas une occasion pour mettre en évidence son ignorance. Ainsi, après avoir dénombré le nombre de femmes cultivées s'intéressant aux différents domaines des arts et des lettres en France, le *Lisān* du 3 avril 1882 conclut: «Si nous comptions le nombre de femmes instruites entre l'est de la Mer Méditerranée, c'est-à-dire de l'ouest de la Syrie jusqu'aux confins orientaux de la Chine, et de l'Inde à la Sibérie, il n'atteindrait pas la centaine, alors que la population qui habite ces régions s'élève à 700 millions».[16] Dans son article intitulé «Tarbiyat al-banāt», le *Lisān* du 15 septembre 1890 est aussi sévère dans le jugement porté à l'égard des filles, surtout les Beyrouthines, qui comme il le dit «ne savent des arts culinaires que le manger, et de l'instruction que le nom»[17]. Ces propos tenus par *Lisān al-ḥāl* laissent le lecteur perplexe, d'autant plus qu'à la seule lecture de ce périodique, il peut constater le nombre important de publicités annonçant la reprise des cours en automne, les fêtes de fin d'année, et la remise des diplômes au début de l'été dans les écoles de filles.[18]

En effet, Beyrouth connut un essor culturel important au cours du XIXème siècle. Durant la conquête égyptienne, de 1832 à 1840, la politique

---

[15] Jean Baubérot, «De la Femme protestante», in Geneviève Fraisse, Michelle Perrot (Dir.), *Histoire des femmes en Occident: le XIXème siècle* , vol. 4, Paris: Plon, 1991, 210-211.

[16] *Lisān al-ḥāl*, 456 (3 avril 1882*), art. cit.*

[17] *art. cit.*

[18] *Lisān al-ḥāl*, 893 (13 septembre 1886), 4, col. 2; 79 (12 août 1878), 2, col. 1.

d'Ibrahim Pacha encouragea l'instruction, avec l'implantation des missions qui entreprirent leur action d'évangélisation à travers l'enseignement[19]. A la fin du siècle, la ville de Beyrouth comprenait 94 écoles, dont 7 d'enseignement supérieur, 19 d'enseignement secondaire, et 68 écoles primaires et élémentaires, fréquentées par 10.898 élèves, dont 6.762 garçons et 4.136 filles. Selon les statistiques de Vital Cuinet, ces 4.136 filles étaient réparties sur 29 écoles, dont une école supérieure fréquentée par 245 élèves, 7 écoles secondaires fréquentées par 680 élèves, enfin 21 écoles primaires fréquentées par 3.211 élèves[20]. *The Evangelical Mission work in Beirut* donne des statistiques plus optimistes sur la situation scolaire. Selon celles-ci, 15.473 élèves dont 8.705 garçons et 6 768 filles fréquentent les 103 écoles de la ville[21]. Par conséquent, le nombre de Beyrouthines bénéficiant d'un enseignement était presque équivalent à celui des garçons.

Plus d'une trentaine d'années s'était écoulée depuis l'ouverture de la première école pour fille par les Biblistes en 1834, l'arrivée des Filles de la Charité à Beyrouth en 1847, et l'ouverture de leur école pour filles en février 1849.[22] Plusieurs promotions avaient, depuis, terminé au moins leurs études primaires. Pourtant les femmes continuaient à être taxées d'ignorantes. Les programmes d'enseignement étaient-ils insuffisants? Nous avons dépouillé les publicités des différents établissements scolaires annonçant la reprise des cours, parus dans *Lisān al-ḥāl* entre 1878 et 1909, ainsi que celles qui étaient publiées dans *Ḥadīqat al-akhbār* entre 1858 et 1869. Toutes affichent les matières enseignées. Nationales ou missionnaires, ces écoles apprenaient aux jeunes filles l'arabe, le français ou l'anglais. Parfois, une troisième langue s'ajoutait aux deux principales. Il s'agissait de l'italien, de l'allemand ou du grec. L'histoire, la géographie, l'arithmétique, les sciences naturelles, l'écriture, le dessin, faisaient aussi partie des programmes. L'instruction religieuse était enseignée à la demande des parents. A cela s'ajoutaient la couture, la coupe et la broderie.[23] Par conséquent, à travers cet enseignement,

---

19 Magda Nammour, *Evolution de la Pratique des Fiançailles chez les Grecs-Orthodoxes de Beyrouth à la fin du XIXème siècle*, mémoire de maîtrise en histoire, Université Saint-Joseph, faculté des Lettres et des Sciences Humaines, Section d'histoire, Beyrouth, 1989, 45-47.

20 Vital Cuinet, *Syrie, Liban, Palestine: Géographie Administrative Statistique descriptive et raisonnée*, Paris: Ernest Leroux éditeur, 1896, 60.

21 *Statistics of Evangelical Mission work in Beirut, 1895-96*, 12.

22 Pierre Corcket, «Les Lazaristes et les Filles de la Charité au Proche-Orient», Numéro spécial des *Annales Vincentiennes du Proche-Orient*, 1983, 100 et 248.

23 *Ḥadīqat al-akhbār*, 42 (11/23 octobre 1858), 2, col. 2 et *Lisān al-ḥāl*, 3221 (19 septembre 1899), 2, col. 2.

la jeune fille devait être capable de bien gérer sa maison et savoir entretenir une conversation. Depuis l'installation de la première école de filles à Beyrouth, plusieurs promotions avaient achevé leurs études. Les effets de cette instruction étaient perceptibles dans la société, et il devenait possible de dresser un bilan. Ces écoles, aussi bien nationales qu'étrangères jouèrent un rôle important, non seulement dans l'essor intellectuel de la ville, mais aussi dans la transformation des habitudes beyrouthines, car l'enseignement reçu, surtout dans les écoles étrangères, prônait des idées et des valeurs complètement différentes des conceptions beyrouthines. Alors que les Orientaux voulaient une éducation qui prêchait aux jeunes filles la docilité, l'obéissance, la soumission et le mépris des plaisirs terrestres[24], l'instruction dispensée dans les écoles étrangères chantait, au travers des poètes et des romanciers romantiques, la liberté et l'exaltation des sentiments et de l'imagination[25]. L'assimilation de ces nouveaux principes se traduisait par le refus des valeurs préexistantes. Jurjī Zaydān parle de la naissance d'une nouvelle classe sociale constituée par les élèves des écoles des missions. Cette catégorie complètement différente du reste de la population, se distinguait par son comportement, sa façon de penser, d'agir et de se vêtir[26]. Dans ce contexte, la nécessité de donner une instruction nationale et communautaire se fit sentir auprès de certains groupes confessionnels de Beyrouth. En 1880, deux associations de bienfaisance, la «Jamʿiyyat al-maqāṣid al-khayriyya» des Sunnites, et la «Jamʿiyyat zahrat al-iḥsān» des Grecs-Orthodoxes, fondèrent à quelques mois d'intervalle une école pour l'instruction des jeunes filles, dont l'objectif était «de faire face à la culture européenne» (*muqāwama al-ghazw al-thaqāfī al-urūbī*). Toutefois, la seconde embauchait pour l'enseignement de la langue française des institutrices de Marseille[27]. Un changement significatif dans ses programmes, à partir de 1899, mérite d'être relevé. Des cours d'hygiène sont alors introduits, et l'accent est mis davantage sur l'aspect technique, avec des leçons de travaux

---

24 ʿAfīfa Aẓan, «Ādāb al-fatāt», *Al-Firdaws*, 4 (1896), 53-55.

25 «Elevée comme presque toutes les jeunes filles de Beyrouth au couvent des sœurs de Nazareth, elle avait reçu l'éducation d'une parisienne. Elle jouait du piano, elle avait lu les poètes et les romanciers français. On lui avait fait entrevoir, à travers les barreaux de sa cage d'Orient, un monde nouveau rempli pour elle de l'attrait qui vient de l'inconnu ...» (Gabriel Charmes, *Voyage en Palestine: Impressions et Souvenirs*, Paris: Calmann Lévy éditeur, 1891, 13-14)

26 Ṣalāḥ al-Dīn al-Munajjid, *Mudhakkarāt Jurjī Zaydān*, Beyrouth: Dār al-kitāb al-jadīd, 1968, 27-28.

27 Jamīla Kūstā Kūstī, *Madrasat zahrat al-iḥsān. Khaṣāʾis al-nashʾa wa-l-taṭawwur min khilāl «ʿaqd al-jumān» 1881–1928*, Beyrouth: Evêché Grec Orthodoxe, 1996 , 66–67, 104.

manuels ou de diction. A partir de 1909, l'économie et la gestion domestique seront enseignées avec les langues vivantes[28].

On voit donc que le discours qui faisait l'apologie de l'enseignement dispensé aux jeunes Occidentales, censé joindre des cours pratiques aux études académiques, pouvait finalement n'être que l'expression d'une conception orientale de l'instruction des filles, présentée au public masquée derrière un modèle européen. Il est intéressant de connaître en parallèle la réaction des femmes qui se réclament féministes, face au droit à l'instruction de la femme occidentale.

Droit à l'instruction

Alors que l'instruction reçue par l'Occidentale est présentée par les hommes comme une simple méthode d'enseignement, la presse féministe ne la voit que par ses effets sur la société, à savoir comme un droit acquis et un devoir à accomplir: «Les femmes occidentales ont abandonné la paresse et le laisser-aller pour le travail assidu. Elle ont appris quels étaient leurs droits et quels étaient leurs devoirs. Elles ont partagé avec les hommes tous les bienfaits de ce siècle».[29] Le contraste avec les Orientales est évident: «nous sommes diamétralement à l'opposé des femmes occidentales, nous employons notre intelligence uniquement dans l'imitation des apparences occidentales comme la mode vestimentaire, l'ameublement, délaissant l'imitation de ce qui est l'essentiel: la recherche de l'instruction», écrit la revue féministe *al-Firdaws* dans son article «Istinhāḍ himam al-Sharqiyyāt». Prenant pour exemple les Occidentales, la femme orientale doit se fixer les objectifs à réaliser en fonction des acquis de l'Europe. Ainsi, poursuit le texte, «suivons le chemin tracé par les Occidentales: assiduité dans l'instruction, afin que nous arrivions nous aussi à leur degré de connaissance. Soyons actives et assidues dans notre travail, pour qu'en peu de temps le pays reprenne vie. Alors, on ne nous accusera plus d'être la raison de sa décadence»[30].

Dans leur revendication d'un droit à l'instruction, les féministes d'Orient présentent l'Occidentale comme l'agent principal pour la promotion de la civilisation. «Etant considérée comme l'élément le plus important dans la société humaine, l'instruction de la femme est une nécessité reconnue par la majorité des nations occidentales. Alors pourquoi la priver de ces droits? Pourquoi la priver d'instruction, d'autant plus que nombreu-

---

[28] *Ibid.*, 105, 109.

[29] «Istinhāḍ himam al-Sharqiyyāt», *al-Firdaws*, 3 (1896), 34.

[30] *Ibid.*, 34.

ses sont les femmes d'Amérique et d'Europe qui sont arrivées à un très haut degré de science?» écrit ʿAfīfa Aẓan dans son article «Taqaddum al-mar'a[31].

Ces contributions de la presse féministe témoignent de la situation culturelle en Occident. Elles reflètent une connaissance exacte, bien qu'idéalisée, des dernières réformes éducatives introduites notamment en France. Les prémices de l'instruction des filles, en Europe, remontent au XVIème siècle. Pendant longtemps, quelques rares jeunes filles de l'aristocratie bénéficiaient d'une éducation familiale libérale leur permettant d'avoir accès à un savoir profane. Devenues adultes, c'est elles qui tinrent salon, dès la moitié du XVIIème siècle, avec le mouvement des Précieuses (1650-1660).[32] Ainsi le salon littéraire devint un lieu pédagogique où s'instruisaient les femmes de l'aristocratie et de la bourgeoisie. Par ailleurs, avec la Réforme religieuse, l'enseignement perdait son aspect sacré pour se répandre dans tout le peuple. Pour Luther et Calvin, il était nécessaire de savoir lire pour pouvoir se référer aux écritures. Par conséquent, en Europe du Nord, cette Réforme a été synonyme d'alphabétisation des filles. En France, la Réforme catholique apporta elle aussi sa contribution à l'enseignement. Son contenu, rudimentaire, consistait en l'instruction religieuse, la lecture, parfois quelques éléments d'écriture, et des travaux de couture.[33] Cependant, il faut attendre le XIXème siècle pour voir se réaliser des progrès importants, notamment avec la politique du libéral Victor Duruy[34]. Il est vrai que la gratuité des écoles primaires restait alors facultative. La loi obligeait cependant les communes de 500 habitants à ouvrir une école publique de filles. Un enseignement «spécial», ébauche de l'enseignement secondaire public de jeunes filles, est créé en 1865[35]. Au cours de la seconde moitié du XIXème siècle, les universités d'Europe commencèrent à recevoir leurs premières candidates. Ainsi en 1868, Emma Chenu obtient sa licence ès sciences à la Sorbonne, Mademoiselle

---

31 ʿAfīfa Aẓan, «Taqaddum al-mar'a», *al-Firdaws*, 3 (1896), 38.

32 Thierry Blöss, *La femme dans la société française*, Paris: PUF (Que sais-je ?), 1994, 21.

33 *Ibid.*, 19-20.

34 Professeur et historien français (1811-1894), membre de l'Académie française (1884). Ministre de l'Instruction publique sous le second Empire de 1863 à 1869. Promut l'enseignement: ouvrit de nombreuses écoles primaires, créa la caisse des écoles, des cours d'adultes, des bibliothèques scolaires, et développa l'enseignement des jeunes filles. (P. Leguay, «Duruy Jean-Victor», in *Dictionnaire de Biographie Française*, tome 12, Paris: Librairie Letouzey et Ané, 1970, 832-834.

35 Jean Thoraval, *Les grandes étapes de la civilisation française*, Paris: Bordas, 1976, 296.

Souslov son doctorat en médecine à Zurich et Emichetta Girardi son diplôme de lettres à Naples en 1879.[36]

En Orient, la situation n'était pas la même. La nécessité de l'instruction des filles était encore dans une phase plus précaire, et des voix s'élevaient contre. Ainsi, une des idées qui préoccupaient les plus réfractaires, encore en 1905, était de savoir comment une femme instruite pouvait aimer[37]. L'argument était fondé sur le fait que «par l'instruction la femme perdait sa féminité et les attributs de l'amour qui lui sont propres», car «la femme attire les sentiments uniquement parce qu'elle ne discute pas et ne conteste pas. Étant donné que la femme est un merle qui chante, un enfant qui joue et un cœur aimant, comment l'amour peut-il lui arriver si elle est occupée par l'instruction?».[38] D'autre part l'instruction des filles restait l'apanage de certaines villes. Si le cas de Beyrouth, que nous avons évoqué plus haut, était encourageant, la situation était moins brillante sur l'ensemble de la *wilāya*, qui englobait les sandjaks de Acre, de Tripoli, de Lattaquié et de Naplouse. Selon les statistiques de Vital Cuinet, tout le territoire possédait 3.098 écoles dont 46 écoles supérieures, 61 secondaires et 2.991 primaires et élémentaires fréquentées par 56.702 élèves, dont 46.389 garçons et 10.313 filles. Si de celles-ci on retranchait les 4.136 qui habitaient la ville de Beyrouth, il n'en restait plus que 6.177, dispersées dans les autres villes ou villages de toute la *wilāya*[39]. Face à cette situation, l'élite intellectuelle féminine était consciente de la nécessité de généraliser l'instruction. C'est pourquoi elle ne manquait pas une occasion de rappeler qu'en Europe l'instruction de la fille était un droit acquis.

Alors que la presse féministe présente la question sous l'aspect de droits à acquérir, les adeptes masculins de l'instruction des filles montrent surtout l'importance du rôle de l'Occidentale dans la promotion de la civilisation. Selon Shihāda Shihāda, les raisons de cette promotion sont multiples. Elles résident d'après lui dans «la coopération de la femme avec l'homme pour le progrès de l'humanité, dans la bonne gestion du temps, des affaires familiales et sociales, et dans la recherche de la culture». Telles sont à ses yeux «les raisons qui poussèrent les Occidentaux dans la voie du progrès. Sans cela le monde rétrograde».[40]

---

36 Annie Goldmann, *Les combats des femmes: XXème siècle*, Paris: Casterman-Giunti, 1996, 18.

37 Salīm ʿAnḥūrī, «Ḥadīqat al-sawsan», *al-Ḍiyāʾ*, 11 (1905), 328.

38 *Ibid.*

39 Vital Cuinet, *op. cit.*, 20 et 60.

40 Shiḥāda Shiḥāda, «al-Marʾa al-fāḍila man yajiduhā», *al-Hasnāʾ*, 8 (1910), 233.

D'après *al-Ḥasnāʾ*, revue féministe dirigée par Jirjī Niqūlā Bāz, la femme en Occident participe à la propagation de la culture: «la savante française, la Marquise du Châtelet[41] fit connaître les idées du philosophe anglais Isaac Newton et ses «connaissances» sur les lois de l'attraction universelle. La savante philosophe Clémence Royer[42] propagea les idées de Charles Darwin concernant l'évolution des espèces. Elle publia à son sujet un livre de valeur. Les Anglaises aussi participèrent à la diffusion de la culture française chez elles. Ainsi la savante Mary Summerfill publia les idées du philosophe physicien français La Place. Elle les expliqua dans un livre de grande valeur scientifique, qui sera enseigné à l'université de Cambridge...»[43]

Le rôle des femmes ne se limite pas à la diffusion des connaissances. Elles participent aussi à la découverte scientifique, écrit *al-Ḥasnāʾ*: «Certaines personnes s'imaginent à tort, que la femme est incapable de faire des inventions scientifiques, mais la réalité est toute autre. Les expositions d'Europe et d'Amérique ont démontré la capacité de la femme dans ce domaine. Les découvertes des femmes ne sont pas limitées à l'habillement et à la nourriture, mais touchent à tous les domaines pouvant servir l'humanité, comme un appareil pouvant sauver de l'incendie ou de la noyade, un autre servant à produire de la vapeur, d'autres à trouer le fer, ou à fabriquer les roues des machines à vapeur. Elles font aussi des découvertes dans le domaine de l'art, comme le stuc (marbre artificiel) découvert en 1879 par Hariyat Hūsmir, ou la coloration des photos et autres». Et l'article de conclure «quelle que soit l'importance de l'invention, elle est preuve d'un jugement bon et solide».[44]

---

41 Gabrielle-Emilie Le Tonnelier de Breteuil, Marquise Du Châtelet, 1706-1749, née à Paris. Elle fut remarquable par sa culture. Elle eut une liaison avec Voltaire. Elle traduisit le grand ouvrage de Newton *Principia*. Elle laissa une importante correspondance. (Henri de Fermont, «Du Châtelet, Gabrielle-Emilie Le Tonnelier de Breteuil», in *Dictionnaire de Biographie Française*, tome 11, Paris: Librairie Letouzey et Ané, 1967, 1191-1197.

42 Royer Clémence (1830-1902) philosophe, femme de sciences, elle traduisit en 1862 *L'origine des espèces* de Charles Darwin. Anthropologue, elle forgea sa conception du féminisme sur une théorie évolutionniste, réclamant avant tout de supprimer l'inégalité entre hommes et femmes. Geneviève Fraisse, *Les Femmes et leur histoire*, Paris: Gallimard (Folio, Histoire), 1998, 294-295, 448.

43 «al-Marʾa wa-l-ʿilm», *al-Ḥasnāʾ*, 3 (20 août 1909), 68. Nous n'avons pas pu trouver d'éléments biographiques concernant Mary Summerfill.

44 «al-Marʾa wa-l-ikhtirāʿ», *al-Ḥasnāʾ*, 1 (Juillet 1910), 8. Nous n'avons pu trouver de précisions sur l'invention du stuc par Hariyat Hūsmir. Au demeurant, il s'agit de la version arabisée d'un nom que nous n'avons pu identifier.

Nous retrouvons les salons littéraires et philosophiques, de grande réputation en Europe, comme instruments de propagation de la culture. Jirjī Niqūlā Bāz y fait souvent allusion dans ses articles lorsqu'il parle, par exemple, du rôle de la marquise du Châtelet dans la propagation des idées d'Isaac Newton ou de Madame Necker, qui «transforma sa maison en un salon de philosophie et de littérature. Elle accueillait chez elle les hommes illustres de France. Elle collaborait avec son époux dans la plupart de ses travaux. Ainsi, il a pu arriver au sommet de la gloire».[45] En effet, dès le XVIIIème siècle, les salons connurent une activité intense dans la vie culturelle française. Celui de Madame Necker joua un rôle prépondérant dans la politique française de l'époque.[46]

En fait, à la fin du XIXe siècle, la mode des salons s'était répandue en Orient aussi, et nombreuses étaient les femmes qui tenaient le leur. Ils étaient fréquentés, comme en Occident, par des hommes illustres. C'est le cas, en Egypte, du salon de la princesse Naẓla (1868-1914), fille de Muṣṭafā Faḍl et épouse d'un ministre du gouvernement ottoman, ambassadeur de la Sublime Porte dans plusieurs capitales européennes. Muḥammad ʿAbduh et Qāsim Amīn étaient parmi ses habitués. C'est là qu'étaient discutées les affaires politiques et sociales concernant l'Egypte et la Sublime Porte.[47] Nous connaissons aussi le salon de Zainab Fawwāz[48], qui se déplaçait entre Alexandrie et la Syrie. A Damas, elle réunissait une fois par semaine les hommes de lettres. Les questions relatives à l'instruction de la femme et son émancipation y étaient soulevées.[49] Les salons de Mariyānā al-Marrāsh[50], Mayy Ziyāda[51], Yaqūt Barakāt Ṣarrūf[52] et autres, eurent également un rôle important dans l'essor socioculturel du Moyen Orient. Jirjī

---

45 «Madām dī Stāl», *al-Ḥasnā'*, 1 (1909), 4.

46 Georges Duby et Robert Mandrou, *Histoire de la civilisation française: XVIIème-XXème siècle*, tome 2, Paris: Librairie Armand Colin (Collection U), 1976, 119.

47 Jūrj Kallās, *al-Ḥaraka al-fikriyya al-nisawiyya fī ʿaṣr al-nahḍa*, Beyrouth: Dār al-jīl, 231.

48 Zaynab Fawwāz (1860-1914). Née à Tibnīn près de Saïda. Poétesse et écrivain, elle est l'auteur de trois romans et de plusieurs articles dans divers journaux et revues. ʿUmar Riḍā Kaḥḥāla, *Aʿlām al-nisā'*, Damas: al-Maṭbaʿa al-hāshimiyya, 1958, vol. 2, 82-91.

49 Kallās, *op. cit.*, 233.

50 Mariyānā al-Marrāsh (1848-1919), née à Alep. Auteur de plusieurs articles et poèmes. Elle prône l'instruction des filles. Kaḥḥāla, *op. cit.*, vol. 5, 35-36.

51 Mayy Ziyāda, écrivain (1886-1941), possède plusieurs langues autres que l'arabe, à savoir le français, l'anglais, l'italien et l'allemand. Elle est l'auteur de plusieurs romans et écrit des poèmes en français, Kaḥḥāla, *op. cit.*, vol. 5, 5-8.

52 Yaqūt Barakāt, épouse de Yaʿqūb Ṣarrūf. Elle a publié de nombreux articles dans *al-Muqtaṭaf*, Kaḥḥāla, *op. cit.*, vol. 5, 296.

Niqūlā Bāz fréquentait lui aussi les salons. Il comptait parmi les habitués de celui de Yaqut Barakāt Ṣarrūf. Comme en Occident, ils se réunissaient dans la maison conjugale, à l'exception de celui de Mayy Ziyāda qui se tenait dans un des étages de l'immeuble où se trouvait le journal *al-Ahrām*.[53]

Les hommes, et notamment à travers la revue féministe *al-Ḥasnāʾ*, ont voulu démontrer l'importance du rôle de la femme «dans la promotion de la civilisation». Cependant leurs idées ne sont pas toujours claires. Qu'entend Shiḥāda Shiḥāda par «coopération de la femme avec l'homme pour le progrès de l'humanité»?[54] Laisse-t-il entendre qu'il prônait la participation de la femme aux clubs et salons littéraires? Faisait-il allusion au rôle important que pouvaient jouer auprès de leur mari certaines femmes qui entretenaient des salons comme Yaqut Barakāt Ṣarrūf, épouse du docteur Yaʿqūb Ṣarrūf, ou celui de la princesse Naẓla épouse d'un ministre et ambassadeur? Parlant de la Marquise du Châtelet, Jirjī Niqūlā Bāz dit qu'elle fit «connaître les idées du philosophe Isaac Newton et ses connaissances dans les lois de l'attraction universelle», mais il ne précise pas de quelle façon elle les fit connaître, c'est-à-dire par la traduction en français de son grand ouvrage *Principes mathématiques*, avec un commentaire algébrique. D'autre part, la marquise du Châtelet eut un rôle considérable auprès de Voltaire, dont elle était l'inspiratrice. Bāz passe sous silence cette relation, pourtant aussi digne d'intérêt que la traduction du livre de Newton, et ne fait aucune allusion à la volumineuse correspondance qu'elle laissa[55].

D'ailleurs, avec sa bonne volonté pour prouver l'importance du rôle culturel de la femme, Bāz ne pèche-t-il pas par excès? Le salon se développe tout le long du XVIIIème siècle aussi bien en France qu'en Allemagne. Les femmes accèdent par son biais au monde des idées et aux discussions philosophiques. Cependant, il ne leur est permis que d'écrire des traités de dévotion ou des manuels concernant l'éducation des filles. Toute tentative d'écrire dans d'autres domaines était très mal vue, à tel point que celles qui s'y aventuraient publiaient leurs ouvrages sous des pseudonymes.[56] La situation culturelle des Anglaises de l'époque était encore moins florissante que celle de leurs consœurs françaises. En effet, sous l'influence des évangéliques, la femme en Angleterre avait, même dans les sociétés de bienfaisance, un rôle très effacé. La «Birmingham Philosophi-

---

[53] Kallās, *op. cit.*, 234-252.

[54] Shiḥāda Shiḥāda, «al-Marʾa al-fāḍila», *al-Ḥasnāʾ*, 8 (1910), 233.

[55] Fermont, «Du Châtelet, Gabrielle-Emilie Le Tonnelier de Breteuil», *art. cit.*

[56] Blöss, *op. cit.*, 22.

cal Institution», ainsi que beaucoup d'autres, n'autorisaient pas les femmes à fréquenter la salle de lecture. Il n'empêche que beaucoup bénéficiaient du privilège de leur parenté avec l'un des membres, père, époux ou frère.[57] Il fallut attendre 1918 pour que les filles fussent admises dans les universités de Grande-Bretagne[58].

Situation sociale

L'image de la femme cultivée et l'importance du droit à l'instruction dont jouissent les femmes en Occident ne sont pas les seuls thèmes traités par la presse beyrouthine. Car la femme instruite répondait aux attentes de la société et de la nation. Ces deux aspects sont également évoqués dans les articles de journaux.

Place de l'Occidentale dans la société

Dès 1870, la presse orientale s'est intéressée à la position sociale de la femme en Occident. Dans ces écrits, nous trouvons deux tendances. La première s'efforce d'expliquer, pour la justifier, la considération dont jouit l'Occidentale. La seconde attribue au mérite personnel de la femme la situation qu'elle a acquise en Occident, et met en relief l'importance de son instruction. Dans son article «Fī ḥuqūq al-nisāʾ»', Jibrāʾīl Ṣadaqa réfléchit sur la situation de l'Occidentale. Elle est présentée comme jouissant d'une «place d'honneur» dans la société. Cette considération est définie par Ṣadaqa comme un cadeau offert par l'homme à la femme, dans une civilisation donnée. Selon lui, «c'est la civilisation occidentale qui éclaira certaines vérités en fonction desquelles l'homme accorda au genre féminin les honneurs qui lui sont dus. Les femmes évoluèrent grâce à cela, devinrent égales à l'homme en toute chose jusqu'à accéder au trône». Il insiste sur le fait que la situation de la femme en Occident est le résultat d'une civilisation, d'un changement de mentalité, et non d'une «situation perverse», puisque l'on constate «que les femmes sont honorées dans tous ces royaumes sans exception, par les grands, les sages et les vertueux de ces pays indépendamment de toute idée sensuelle».[59] S'appuyant sur ces considérations, Ṣadaqa prône l'égalité entre l'homme et la femme et sur-

---

[57] Catherine Hall, «Sweet Home», in Michelle Perrot (dir.), *Histoire de la vie privée*, t. 4, *De la Révolution à la Grande Guerre*, Paris: Seuil (L'Univers historique), 1987, 54–87.

[58] Goldmann, *op. cit.*, 18.

[59] Jibrāʾīl Ṣadaqa, «Fī ḥuqūq al-nisāʾ», *al-Jinān*, 13 (1870), 402.

tout «le respect de l'homme envers la femme et de la femme envers l'homme, qu'ils soient mariés ou non; il faut surtout honorer celles qui ne sont pas mariées, et les honorer sans idées pernicieuses».[60]

Entre 1870 et 1896, nous remarquons un changement dans la façon de définir la place de la femme occidentale dans la société: «peuple et gouvernement lui réservent la place d'honneur», affirme la revue féministe *al-Firdaws* dans son article intitulé «al-Marʾa wa-l-rajul». En contrepartie, le texte déplore la situation de la femme en Orient, et met en relief le dénuement de cette dernière face à tout droit civil et à toute chance d'éducation. Cette considération des Occidentaux à l'égard de la femme est, d'après la revue, le résultat d'une prise de conscience de son rôle de «mère-éducatrice» et de l'influence de cette dernière dans l'essor d'un pays. Partant de cette hypothèse, *al-Firdaws* prône l'émancipation de la femme en Orient et réclame plus particulièrement le droit au respect et à l'instruction.[61] L'amélioration de la situation des filles devient dans cette optique un devoir concernant tous les membres de la nation puisque «le bonheur de la nation (*al-umma*) repose sur l'instruction de ses hommes aussi bien que de ses femmes, étant donné que la mère est le principal pilier, sur lequel est bâti la famille, et que la famille est une reproduction en miniature de la nation».[62]

Alors que pour certains la considération dont jouit le second sexe en Occident est regardée comme un don de l'homme à la femme, ou, du point de vue des Etats, une réponse à une prise de conscience de la nécessité de l'instruction féminine, pour d'autres elle est simplement le résultat du travail assidu des femmes elles-mêmes. Pour Hanā Kusbānī-Kūrānī, l'Occidentale occupe une place d'honneur dans la société parce qu'elle y assume pleinement sa responsabilité, comme mère, épouse, ou travailleuse. La conférencière ne veut pas distinguer entre ces différents rôles. Dans sa conférence intitulée «al-Tamaddun al-ḥadīth wa-taʾthīruhu fī l-sharq», elle déclare: «J'ai eu l'occasion de rencontrer la femme contemporaine dans toute sa gloire: auteur, orateur, légiste, médecin, inventeur, politicienne, présidente d'association nationale sociale et caritative. Dans tous ces aspects, elle a maintenu sa douceur et sa féminité. Sa maison est propre, ordonnée, elle remplit les conditions de repos et de joie, son mari est heureux. Il est fier de la beauté, de l'éducation et de la sagesse de sa

---

60 *Ibid.*, 401-402.

61 «al-Marʾa wa-l-rajul», *al-Firdaws*, 2 (1896), 17-18.

62 *Ibid.*, 17.

femme. Ses enfants ont des corps sains, ils sont polis et bien éduqués. Tout cela est dû à la bonne gestion de son temps».[63]

Aux yeux des Orientaux, la condition d'épouse, par la place que l'Occidentale tient auprès de son mari, la distingue aussi dans la société: «Auprès de son mari, elle lui donne force et courage. Par sa présence auprès de lui, elle l'aide à surmonter ses difficultés et à persévérer jusqu'au sommet de la gloire»[64] dit Jirjī Niqūlā Bāz. De même la revue *al-Maḥabba* chante le rôle de l'épouse, affirmant dans son article «Ārā᾽ al-ʿuẓamā᾽ fī l-nisā᾽»: «la femme vertueuse collabore avec l'homme. Appréciant ses difficultés pour lui donner du courage, elle le pousse à trouver des solutions à ses problèmes. Il n'est aucun doute qu'une épouse douce et intelligente est le meilleur secours pour l'homme».[65] Shiḥāda Shiḥāda partage le même point de vue. Si la femme occidentale, dit-il dans son article intitulé «al-Mar᾽a al-fāḍila man yajiduha», jouit de cette situation, c'est parce qu'elle partage les difficultés de son mari, qu'elle éduque bien ses enfants en cultivant la franchise et la vertu dans la famille, et qu'elle gère sa maison et la transforme en paradis ou règne la paix et l'amour. Elle apaise la tristesse de son époux par sa compassion, la délicatesse de sa conversation, son attention et sa sagesse.[66]

A travers ces articles, les rédacteurs nous livrent une image de la femme et de la famille dans la société occidentale, qui accordait beaucoup d'égards à la femme, même dans la société anglaise, très conservatrice. Les Anglaises avaient beaucoup d'influence auprès des hommes, qui les écoutaient, tenaient compte de leurs conseils, et appréciaient leurs discours. Dans le cadre protégé du foyer, elles occupaient une place dont la dignité et le statut dépendaient certes des hommes, mais où on leur reconnaissait des dons spéciaux et exclusifs.[67] Dans cette vision de la société, la mère est le centre de la famille, et la femme est entièrement définie par son rôle d'épouse et de mère. La famille est à la base de l'ordre social, et la femme en est le pivot.[68] Mais on sait que l'idée de famille a été profondément modifiée en Occident à partir de l'époque moderne. Les progrès réalisés en matière d'hygiène et de soins procurés aux touts petits sont une manifestation des changements dans les comportements parentaux, et de la place

---

63 Hanā Kusbānī-Kūrānī, *al-Tamaddun al-ḥadīth wa-ta᾽thīruhu fī l-sharq*, discours prononcé à Beyrouth le 26 mai 1896, Le Caire: Maṭbaʿat al-Maʿārif, 1896, 19.

64 Jirjī Niqūlā Bāz *Ta᾽thīr al-nisā᾽ fī l-irtiqā᾽*, 10-11.

65 «Ārā᾽ al-ʿuẓamā᾽ fī l-nisā᾽», *al-Maḥabba*, 383 (1906), 594.

66 Shiḥāda, «al-Mar᾽a al-fāḍila», *art. cit.*, 266-267.

67 Hall, «Sweet home», *art. cit.*, 60.

68 Blöss, *op. cit.,* 39.

grandissante que prend l'enfant dans la société française. Ce dernier, du moins dans les milieux favorisés, devient une personne à part entière. Il est caressé, on veille à sa propreté, le maillot ligotant le nourrisson se desserre. Toutes ces nouvelles pratiques concourent à tisser des liens entre le petit et la mère, qui est davantage considérée comme responsable de la santé physique et morale de ses enfants. La vie familiale se circonscrit de plus en plus à la relation parents - enfants et consolide d'autre part l'intimité du couple. Les solidarités de voisinage qui prévalaient jusqu'alors tendent à s'effacer devant les liens qui unissent les parents à leurs enfants et les époux entre eux. La cellule familiale prend ses distances, même à l'égard des autres parents. La société est ainsi progressivement écartée de la sphère de la vie familiale qui devient celle de la vie privée, de la «maison».[69] Cet idéal de la maison, du chez soi, est aussi chanté par les Anglais, qui trouvent que rien n'est plus touchant que l'image du «travailleur qui, à son retour de durs travaux, par une froide journée d'hiver, est assis avec sa femme et ses enfants autour d'un bon feu, alors que le vent siffle dans la cheminée et que la pluie crépite sur le toit».[70]

Famille bien différente de celle d'Orient, puisque cette dernière ne revêt toute son importance qu'en fonction de son appartenance au groupe d'origine. Elle est régie par tout un réseau de parenté ou de voisinage[71]. Nos articles reflètent, plus qu'une image de la femme occidentale, la mentalité de leurs auteurs. Ils renvoient en fait à la société orientale. Dans cette dernière, la famille a une place primordiale: elle est tout pour ses membres et ils sont tout pour elle. L'individu n'a de valeur qu'en tant que membre appartenant à un groupe bien défini qu'en tant que «fils d'un Tel»[72]. Par conséquent, c'est par le biais de la famille et plus spécialement par la personne du père, qu'un individu est intégré dans cette société. Il est le centre de toutes les décisions familiales: l'éducation et les projets d'avenir de ses enfants, le choix d'un métier, étaient réglés en fonction de ses aspirations[73]. Le chef de famille (le père) a un prestige tel qu'il est désigné par sa propre femme comme son «seigneur»[74], et comme dit le proverbe «l'homme ne serait-il pas plus qu'un morceau de charbon, sa

---

69 *Ibid.*, 16-18.

70 Hall, «Sweet home», *art. cit.*, 78.

71 Dominique Chevallier, *La Société du Mont-Liban à l'époque de la Révolution industrielle en Europe*, Paris: Geuthner, 1982 (1ère édition 1971), 73–74.

72 *Ibid.*, 73–74.

73 al-Munajjid, *op. cit.*, 17–19.

74 Henri Guys, *Beyrouth et le Liban, Relation d'un séjour de plusieurs années dans ce pays*, Paris: Au Comptoir des Imprimeurs, 1850, tome 2, 102.

présence à la maison serait encore une bénédiction»[75]. La femme, quant à elle, ne jouit d'aucune considération. Dans la perception des Orientaux, elle est mineure à vie puisqu'elle dépend doublement de l'homme, par sa situation d'épouse et de mère. Elle est, comme disent les journaux, sous la protection de l'homme, qui est son chef. Elle est la mère de ses enfants. Elle ne jouit pas d'une existence propre, et toute sa vie elle est dépendante.[76] Comme le fait remarquer Bechara Chémali en 1915, «on rencontre, même de nos jours, des personnes, qui, en parlant de la femme, disent toujours: *ajallak Allāh* (sauf respect), comme si la femme était une chose immonde».[77]

Cependant cette société connaît des transformations importantes au cours du XIXème siècle. L'instruction, le contact avec les Occidentaux par le biais du commerce, la fréquentation de certains d'entre eux installés à Beyrouth et les voyages en Europe entrepris par les plus nantis, ont transformé les us et coutumes. Les actes de fiançailles signés à l'évêché grec-orthodoxe de Beyrouth entre 1870 et 1900 attestent de ce changement. Certains d'entre eux sont explicites à ce sujet: «les fiançailles furent rompues en raison du refus de la fiancée». Les instances officielles, en l'occurrence l'évêché, aidaient la jeune fille à assumer son choix. «Le mariage n'aura pas lieu sans la présentation d'une attestation émise de la part de la fiancée certifiant qu'elle n'avait point d'objection à contracter une telle alliance» précisait bien une note inscrite à la fin d'un des actes de fiançailles. Ce changement de comportement ne se limitait pas à la possibilité d'approuver le choix de son futur conjoint, puisque les jeunes Beyrouthines avaient aussi la possibilité de recevoir le prétendant et de causer avec lui sous le regard de sa mère, et parfois même en tête à tête[78]. De nouvelles habitudes furent par ailleurs adoptées, notamment l'usage des visites et des soirées[79]. Les relations sociales se transformaient, et rendaient plus facile la fréquentation entre hommes et femmes. Ces dernières pouvaient se retrouver dans les rassemblements publics et assister à des fêtes de gala[80]. Cette situation n'était pas tolérée par les plus conservateurs, qui ne se contentaient pas de refuser le changement, mais le critiquaient et

---

75 Michel Féghali, *Proverbes et Dictons Syro-Libanais*, Paris: Institut d'Ethnologie, Musée de l'Homme, 1938, 164.

76 *Lisān al-ḥāl*, 846 (1er avril 1886), 3, col. 3-4.

77 Bechara Chémali, «Mariage et noce au Liban», *Anthropos*, 10/11 (1915-1916), 914.

78 Nammour, «Evolution de la pratique des fiançailles», *op. cit.*, 60-61.

79 Guys, *op. cit.*, tome 1, 120.

80 «al-Ḥawādith al-dākhiliyya», *Ḥadīqat al-akhbār*, 71 (2/24 mai 1859), 2, col 2.

le qualifiaient de dévergondage[81], de source de perversion et même d'atteinte à l'honneur. Dans le monde méditerranéen, l'honneur est au sommet des valeurs sociales. Il conditionne un ordre hiérarchique patrilinéaire dont la femme a l'entière responsabilité[82]. Tout regard qui pourrait être jugé comme suspect envers une femme et toute galanterie envers elle sont considérés comme un déshonneur, non seulement pour la femme, mais pour toute la famille[83]. Dans ce contexte, la considération dont jouit la femme en Occident parce qu'elle est mère, épouse ou célibataire, est la meilleure référence pour ceux qui veulent donner un rôle analogue à la femme d'Orient au sein de la famille et de la société. L'instruction des filles est le meilleur instrument pour parvenir à cette fin, car «par son instruction l'Occidentale devient une force positive qui collabore avec l'homme pour la prospérité de l'humanité».[84]

Le XIXe siècle est le grand siècle de la philanthropie en Europe, un courant libéral qui prétend déployer sa bienfaisance en direction des «classes inférieures» de la société, remédier au «paupérisme» et aux autres misères les plus criantes non par une charité aveugle, mais par une action pour relever l'humanité déchue[85]. Des femmes trouvaient dans cette forme de patronage des occasions de s'investir et de se distinguer. Shiḥāda Shiḥāda chante les mérites de l'Occidentale, et montre comment elle sait tirer profit de tout ce qu'elle apprend: «Que dire [déclare-t-il] du comportement de la femme occidentale cultivée? De l'importance de son influence dans la gestion des affaires sociales et politiques de son pays? Ils lui ont ouvert la porte des écoles. Elle s'instruit puis elle part vers les autres pour les enseigner, pour les soigner en tant que médecin, pour les secourir en tant qu'infirmières ou enfin pour éduquer les familles».[86] Il prend pour exemple des femmes américaines auteurs et compositeurs et chante leurs mérites: «Miss Julia Ward Howe[87] [écrit-il] auteur de recueils renommés,

---

81 «al-Nisā' fī l-aswāq», *al-Maḥabba*, 357 (1906), 161–162. «al-Ḥasnā' fī l-ʿīd», *al-Maḥabba*, 360 (1906), 209–210.

82 John G. Peristiany (éd.), *Honour and Shame: The Values of Mediterranean Society*, London:Weidenfeld and Nicolson, 1965, 10 et 86-89.

83 Farès Bichr, *L'Honneur chez les Arabes avant l'Islam, étude de sociologie*, Paris: Librairie d'Amérique et d'Orient, Adrien-Maisonneuve, 1932, 75-79.

84 Shiḥāda, *art. cit.*, 8 (1910), 230.

85 Robert Castel, *Les métamorphoses de la question sociale*, Paris: Fayard, 1995, 240–259.

86 Shiḥāda, *art. cit.*, 8 (1910), 231.

87 Julia Ward Howe (1819-1910) auteur et réformatrice américaine. Fille du banquier Samuel Ward, elle reçoit une excellente éducation à la maison et dans les écoles pri-

compositeur de l'hymne national américain, ayant à son actif plusieurs actions louables, est encore en train de composer et de faire des discours, bien qu'elle ait dépassé les quatre - vingt cinq ans[88]. Il cite aussi en exemple Harriet Beecher Stowe. «*Misses* Harriet Beecher Stowe [89] écrivit son livre célèbre *La case de l'Oncle Tom* pendant qu'elle éduquait ses quatre enfants. La plupart du temps elle rédigeait son livre à la cuisine pendant qu'elle surveillait le repas. Ce livre compte parmi les plus importants d'Amérique à cette époque. Il poussa les Etats du Nord à défendre les droits des Noirs et à combattre l'esclavage en Amérique»[90]. Le même auteur fait aussi l'apologie des philanthropes américaines comme *Misses* Russell Sage[91]. «Elle hérita [écrit-il] cent millions de *riyāl* de son mari et à présent son souci est de dépenser cette fortune considérable à diminuer la souffrance et à élever la condition de l'Homme[92]. *Miss* Helen Gould[93] aussi hérita de son père plusieurs millions et une richesse colossale qu'elle dépense dans les œuvres caritatives[94]. Que dire au sujet de *Miss* Clara Barton?[95] Les camps militaires des différents peuples témoignent que l'apparition de cet «ange pur» était un soulagement aux souffrances causées par les guerres sanglantes»[96]. Il conclut son article en affirmant: «telles sont les raisons qui poussèrent les Occidentaux dans la voie du

vées de New York. Elle épouse en 1843, le philanthrope Samuel Gridley Howe. *Encyclopedia Americana*, New York: American Corporation (1961), vol. 14, 456-457.

88 Shiḥāda, *art. cit.*, 8 (1910), 231.

89 Harriet Elizabeth Beecher Stowe (1811-1896), fille du révérend Lyman Beecher. En 1836, elle épousa le révérend Calvin E. Stowe. Elle s'intéressa au problème de l'esclavage et devint célèbre avec son livre *Uncle Tom's Cabin. Encyclopedia Americana*, vol. 25, 705-706.

90 Shiḥāda, *art. cit.*, 8 (1910), 231.

91 Margaret Olivia Slocum, Mrs Russell Sage (1828-1918), Philanthrope américaine. Institutrice de profession, elle s'intéressa aux affaires de son mari, épicier. Ils accumulèrent une fortune respectable. Après la mort de ce dernier, elle fit du bénévolat et s'occupa d'œuvres caritatives. *Encyclopedia Americana*, vol. 24, 107.

92 Shiḥāda, *art. cit.*, 8 (1910), 233.

93 Helen Miller Gould Shepard (1868-1938) est la fille du grand financier américain Jay Gould. Sa célébrité est due à ses actions caritatives. *Encyclopedia Americana*, vol. 24, 697.

94 Shiḥāda, *art. cit.*, 8 (1910), 233.

95 Clara Barton (in full, Clarissa Hary Lowe) (1821 -1912). Philanthrope, connue pour avoir fondé la Croix-Rouge américaine. *Encyclopedia Americana*, vol. 3, 296-297.

96 Shiḥāda, *art. cit.*, 8 (1910), 233.

progrès et le contraire de cela est la raison, non seulement de l'arrêt de notre développement, mais bien plus de notre régression».[97]

Certes le rôle de ces dames fut très important dans l'essor social des Etats-Unis et déborda même, dans certains cas, le cadre américain, puisque Helen Miller Gould Shepard fut membre de la «Russell Sage Foundation» et du «National Board Y.W.C.A.» Parmi les dons qu'elle fit, notons ceux qu'elle accorda à la «Library of New York University» et à la «Naval Branch of the Young Men's Christian Association of Brooklyn»...[98] De même, Madame Russell Sage joua un rôle considérable. En 1907, elle fonda la «Russell Sage Foundation», ayant pour but la promotion du développement social et l'amélioration des conditions de vie aux Etats-Unis. Parmi les activités de la fondation, le financement de l'instruction des adultes, du bien-être de l'enfant, du développement du pays, ainsi que des publications concernant le bien-être social, la pénalité et la prévention de la délinquance.[99] Clara Barton, quant à elle, atteindra une renommée mondiale. Lors de la guerre franco-prussienne, en 1870, elle aida la grande duchesse de Bade à préparer les hôpitaux militaires et donna un coup de main à la Croix-Rouge. Elle participa à la fondation de la Croix-Rouge américaine, en 1881 et en fut nommée présidente. En 1884, elle représenta les États-Unis à la conférence de la Croix-Rouge à Genève. Ses suggestions amendèrent les règles de la société pour lui permettre d'agir non seulement en temps de guerre, mais aussi durant les autres calamités, famines, inondations, tremblements de terre...[100]

Ecrivains ou philanthropes, les dames citées par Shiḥāda lui sont contemporaines. A l'exception de Harriet Beecher Stowe, décédée en 1896, toutes vivent encore au moment où il écrit son article. Comme elles étaient de renommée mondiale, il a dû faire leur connaissance à travers la presse de l'époque. Il les donne comme modèles de coopération entre hommes et femmes. «En Occident [dit-il] l'homme et la femme coopèrent ensemble dans le combat pour la vie».[101] Il vante les mérites de l'épouse occidentale: «elle partage les difficultés de son mari», «éduque bien ses enfants»...[102]. «Ils lui ont appris les règles pour bien gérer sa maison et donner une bonne éducation à ses enfants. En contrepartie, elle a accompli ses devoirs ménagers de façon méthodique, trouvant du temps afin de se

---

97 *Ibid.*, 233.

98 *Encyclopedia Americana*, vol. 24, 697.

99 "Russell Sage Foundation", *art. cit.*, 788.

100 "Barton Clara" (in full, Clarissa Hary Lowe), *art. cit.*, 296-297.

101 Shiḥāda, *art. cit.*, 8 (1910), 230.

102 Shihāda, *art. cit.*, 9 (1910), 266-267.

cultiver dans le domaine des beaux arts, de la musique et des lettres.[103] Or parmi les exemples qu'il cite, deux de ces dames ont joué auprès de leurs époux un rôle remarquable. Institutrice de profession, Margaret Olivia Slocum, Mrs Russell Sage (1828-1918), s'intéressa aux affaires de son mari, épicier. Ils accumulèrent une fortune respectable. Cinq ans avant sa mort, son mari lui légua toutes ses affaires, qu'elle mena à bien. Lorsqu'il eut disparu, elle fit du bénévolat et s'occupa d'œuvres caritatives. Elle fonda entre autres la «Russell Sage Foundation».[104] Julia Ward Howe a un rôle tout aussi remarquable. Fille du banquier Samuel Ward, elle épouse, en 1843, le philanthrope Samuel Gridley Howe. A Boston, leur maison prénommée «Green Peace» ne tarda pas à devenir un des centres intellectuels de la cité. Bien qu'ayant à s'occuper de six enfants, Mrs Howe collabore avec son mari dans la rédaction du *Commonwealth* un journal anti-esclavagiste qu'ils avaient fondé.[105] Mais Shiḥāda Shiḥāda ne fait aucune allusion à l'activité de ces deux dames auprès de leurs époux.

Par contre, il chante leurs mérites dans l'essor social du pays. A travers la «Russell Sage Foundation», Mrs Russell Sage participait pleinement à la politique sociale du pays, puisque cette fondation avait pour but de soutenir les organisations caritatives, les bibliothèques, et le travail social afin de remédier au problème ouvrier[106], toute une activité résumée par Shiḥāda dans l'expression [...] (*takhfīf waylāt al-bashar wa-rafʿ sha'n al-nās*)[107]. La célébrité d'Helen Miller Gould Shepard est dûe à ses actions caritatives. Au cours de la guerre avec l'Espagne, elle ne se contenta pas de faire un don considérable au gouvernement américain, mais participa aussi activement aux côtés du «Woman National War Relief Association», lui apportant une généreuse contribution[108]. Clara Barton, que Shiḥāda appelle [...] «*malāk al-ṭāhir*», est présentée comme toute dévouée à apaiser la souffrance humaine[109]. Par la tâche que lui a confiée le président Lincoln en 1865, de retrouver les soldats disparus des «Union armies», et dont elle s'acquitta avec beaucoup de dévouement, par ses suggestions au congrès international de la Croix Rouge à Genève qui amendèrent les règles de la société pour lui permettre d'agir en temps de paix, en cas de calamité civile, Clara Barton participait à la politique humanitaire de son pays et du

---

103 Shiḥāda, *art. cit.,* 8 (1910), 231.

104 "Margaret Olivia Slocum, Mrs Russell Sage", *art. cit.*, 107.

105 "Julia Ward Howe (1819 - 1910)", *art. cit.*, 456-457.

106 "Russell Sage Foundation", *art. cit.*, 788.

107 Shiḥāda, *art. cit.,* 8 (1910), 233.

108 "Helen Miller Gould Shepard", *art. cit.,* 697.

109 Shiḥāda, *art. cit.*, 8 (1910), 233.

monde entier. Cependant, Shiḥāda ne fait aucune allusion à ces activités concrètes[110].

Il n'est pas le seul auteur à louer le dévouement de la femme en Occident. Déjà en 1896, *al-Firdaws* déplorait le fait qu'en Orient il ne se trouvait pas une seule femme qui s'occupât d'œuvres philanthropiques, alors qu'en Europe et en Amérique elles étaient des milliers[111]. Si certaines associations de bienfaisance étaient encore dirigées par des hommes en 1900[112], des femmes en fondaient et en dirigeaient certaines dès 1881[113]. Du reste le *Lisān al-ḥāl* du 8 mars 1897 affirme qu'au cours des dernières années la plupart de ces associations étaient composées de femmes, et que dans le domaine caritatif «le sexe agréable» (*al-jins al-laṭīf*) était aussi, sinon plus actif que «le sexe actif» (*al-jins al-nashīṭ*)[114]. Il existait aussi en Orient des femmes tournées vers les autres, «enseignant et soignant». Journaux et panégyriques de l'époque exposent une activité féminine intense. Ils permettent entre autres de repérer les différentes publicités concernant les associations de bienfaisance. En 1858, Rafqa Karkūr a fondé une école pour l'enseignement des jeunes filles[115]. Vers la même époque, Jamīla al-Naqqāsh s'est tournée vers les plus déshérités. Elle leur rendait visite, leur distribuait des vêtements qu'elle cousait elle-même et leur donnait des subsides, surtout lors des événement de 1860. Elle rendait aussi visite aux malades et enseignait aux simples et aux plus démunies[116]. Maryam Jahshān a commencé sa carrière dans l'enseignement à l'Ecole des Trois Docteurs, une école supérieure de jeunes filles dépendant de l'association de bienfaisance orthodoxe. Après quatre ans d'enseignement, elle fut nommée directrice de l'établissement. Elle était non seulement chargée de l'enseignement mais aussi de l'administration, et tout cela bénévolement[117]. Son action caritative s'étendit aux familles déshéritées, à qui elle rendait visite, et à l'association de bienfaisance féminine ortho-

---

110 "Barton Clara (in full, Clarissa Harry Lowe)" , *art. cit.*, 296-297.

111 *al-Firdaws*, (1896), 21.

112 «Jamʿiyyat al-taʿlīm al-masīḥī al-urthūdhuksiyya», *Lisān al-ḥāl*, 3554 (29 octobre 1900), 1, col. 2.

113 *Lisān al-ḥāl*, 343 (3 mars 1881), 1, col. 1.

114 *Lisān al-ḥāl*, 2448 (8 mars 1897), 2, col. 2.

115 *Ḥadīqat al-akhbār*, 42 (11/23 octobre 1858), 2, col. 2.

116 *Mukhtaṣar sīrat ṣāliḥat al-dhikr Jamīla Ḥanah al Naqqāsh, al-Mārūniyya ṭaqsan wa-l-Bayrūtiyya waṭanan, al-mutawuffiya fī 23 Kanūn al-thānī 1863*, Beyrouth: Maṭbaʿat al-mursalīn al-yasūʿiyyīn, 1864, 5.

117 Jirjī Niqūlā Bāz, *Maryam Jahshān, raʾīsat madrasat wa-rahbanat Zahrat al-Iḥsān*, s.l., 1923, 3.

doxe «Zahrat al-iḥsān». Par ailleurs, elle eut un rôle actif auprès des orphelines. Elle participa à la création de l'école, de l'orphelinat «Zahrat al-iḥsān» et d'un ordre religieux qui porte le même nom[118]. Emilie Sursuq s'illustra dans la philanthropie. Comme présidente de l'association de bienfaisance féminine orthodoxe «Zahrat al-iḥsān», elle participa aux projets de Maryam Jahshān, dont elle était l'inspiratrice et auxquels elle apportait une contribution financière généreuse. Elle mit en place un ouvroir pour les membres de l'association, les dames de la ville et les élèves de l'école. Elle participa aussi à la construction de la première aile de l'hôpital Saint-Georges[119]. «Zahrat al-iḥsān» ne fut pas la seule association de bienfaisance. La fin du XIXème siècle en connut plusieurs, dont la «Bākūrat Sūriyā» fondée à Beyrouth en 1880. Elle avait pour but l'élévation de la condition de la femme. Parmi ses activités, elle imposait à ses membres la visite auprès des malades et des nécessiteux ou l'enseignement dans les écoles du dimanche.[120] «ʿAmal al-khayr», fondée à Muṣaiṭba en 1897, avait pour but d'aider les miséreux de toutes les confessions.[121] Certaines philanthropes orientales jouèrent un rôle si important qu'elles furent décorées. Ce fut le cas de Salmā Būlād, résidente d'Egypte. L'évêque latin de Jérusalem lui remit la médaille du Saint-Sépulcre au grade de commandeur, en remerciement de ses actions philanthropiques[122]. Le domaine médical attira également des femmes orientales. En 1899 arrivait à Beyrouth, via Istanbul, Hilāna al-Barūdī (auteur du livre *al-Ḥaqāʾiq wa-l-daqāʾiq* et directrice du dispensaire «al-Burj al-khayrī») avec un diplôme de sage-femme délivé par la Sublime Porte et d'autres certificats médicaux concernant les maladies des femmes et des yeux, délivrés par l'Université de Londres[123]. Après un stage de trois ans à l'hôpital anglais de Ṭabariyā, Mārī Khūrī s'installait à Beyrouth et offrait ses services en tant qu'infirmière[124]. En 1907, fut publié sous le titre de *Ṭabība*

118 *Ibid.*, 4-6. Il est à noter que Jirjī Niqūlā Bāz, dans son panégyrique de *Maryam Jahshān, raʾīsat madrasat wa-rahbanat zahrat al-iḥsān* date la fondation de ladite association du 27 mars 1881, alors que Jamīla Kustī, dans sa monographie concernant «Zahrat al-iḥsān», fait remonter cette fondation au 27 mars 1880: *Madrasat zahrat al-iḥsān*, 66. (Voir *supra*, note 27).

119 Jirjī Niqūla Bāz, *Imilī Sursuq, bi-munāsabat sittīn ʿāman muḥsina*, Beyrouth: al-Maṭbaʿa al-adabiyya, s.d., 5-7.

120 *Dustūr jamʿiyyat Bākūrat Sūriyā wa-khuṭab baʿḍ aʿḍāʾihā taʾassasat fī Bayrūt 1880*, Beyrouth, 1880, 1-2.

121 *Lisān al-ḥāl,* 2448 (8 mars 1897), 2, col. 2.

122 *al-Bashīr*, 1228 (4 mai 1896), 2, col. 3.

123 *Lisān al-ḥāl*, 3251 (25 octobre 1899), 2, col 1.

124 *Lisān al-ḥāl* 4386, (26 août 1903), 3, col 1.

waṭaniyya la première publicité concernant une femme libanaise à qui la presse donnait le titre de médecin (*ṭabība*). Nasṭās Barakāt, diplômée en médecine à New York, informait le public des horaires d'ouverture de sa clinique privée et de ses heures de permanence à l'hôpital Saint - Georges[125].

Faire l'apologie du rôle de la femme dans les activités sociales en Occident et déplorer qu'en Orient il ne s'en trouve pas une seule parmi les philanthropes, ne serait-ce pas une façon d'éclairer les Orientaux sur l'importance de la femme dans ce domaine, d'autant plus que les publicités ne citaient jamais le nom d'une d'entre elle?

Rôle de la femme dans la Nation

A partir de 1870, les auteurs qui se sont intéressés à la femme et à la famille font un rapprochement entre la famille et la nation: «l'organisation de la famille est la base du développement de la nation (*umma*) étant donné que la solidité des liens entre les membres de la famille se répercute sur l'union entre les différents membres de la nation», disait Salīm al-Bustānī[126]. Et pour appuyer son idée, il prenait pour exemple l'Angleterre: «La nation anglaise qui est la nation la plus unie au monde, s'est assurée que la base de son progrès est son système familial, car l'organisation de la famille est la base du développement de la nation (*umma*)»[127]. Il y a donc une identification de la famille à la nation, la première étant une reproduction en miniature de ce qu'est la seconde. Quand la femme est privée de ses droits (instruction, respect du mari et héritage) le peuple connaît un régime tyrannique[128]. Cependant en 1870, les différents auteurs ne font pas allusion au rôle de la femme occidentale au sein de la nation. Dans leur perception, c'est l'homme qui est le principal garant de la famille: «La présence de l'homme au foyer, avec sa femme et ses enfants est la raison primordiale de tout progrès» affirmait Salīm al-Bustānī[129].

En 1896, la situation change. Les articles font référence à la place de l'Occidentale au sein de la nation et au rôle qu'elle assume. Dans un premier temps, ce rôle est perçu comme éducatif. Bien que la femme d'Occident soit représentée comme une personne instruite et jouissant de tous ses droits, sa place au sein de la patrie sera assumée par le biais de

---

125 *Lisān al-ḥāl*, 5379 (12 avril 1907), 1, col. 1.

126 al-Bustānī, «al-Inṣāf», *al-Jinān*, 12 (1870), 370.

127 *Ibid.*

128 «al-Marʾa wa-l-rajul», *al-Firdaws*, 2 (1896), 17-18.

129 al-Bustānī, «al-Inṣāf», *art. cit.*, 370.

l'éducation qu'elle donne à ses enfants: «Les femmes occidentales ont appris quels étaient leurs droits et quels étaient leurs devoirs. Elles ont partagé avec les hommes tous les bienfaits de ce siècle. Ainsi, elles ont pu donner naissance à des générations d'enfants éduqués sur des bases solides, qui furent des hommes de science et firent la fierté de leur patrie (*awṭānahum*), car ils élevèrent leur pays (*bilādahum*) au sommet de la gloire» écrivait la revue féministe *al-Firdaws*.[130] En 1902, Jirjī Niqūlā Bāz va plus loin. Il lie le degré d'instruction et de culture de la femme à la situation du pays: «Chaque nation (*umma*) arrive à un haut degré de civilisation et de progrès lorsque la femme connaît le but de la vie. Elle s'instruit, s'éduque et se cultive, et par conséquent donne à ses enfants une bonne éducation et une instruction solide. Regardez les femmes anglaises, françaises, allemandes et américaines et comparez-les aux femmes orientales, vous connaîtrez l'état du pays. Rappelez-vous l'histoire de la civilisation des peuples anciens. Vous verrez que leurs femmes étaient adaptées à la civilisation de leur siècle, et quand elles commencèrent à régresser, le pays entier rétrograda»[131].

Avec le début du XXème siècle, apparaît l'image de la combattante, sous la plume de différents rédacteurs. «Si nous avons recours à l'histoire, écrivait Jirjī Niqūlā Bāz, nous remarquons que les hommes ne furent pas les seuls à réaliser des œuvres grandioses et à diriger des armées. La femme aussi eut au cours de l'histoire un rôle important. Tel est le cas de Jeanne d'Arc, qui dirigea les soldats français alors que les hommes étaient dans l'incapacité de le faire»[132]. Pour illustrer le rôle de la femme au sein de la nation, Shiḥāda Shiḥāda évoque aussi l'héroïne d'Orléans: «Jeanne d'Arc a ressenti sa responsabilité vis-à-vis de son peuple et de son pays. Elle dirigea les armées, vainquit les Anglais, et permit ainsi au roi de France d'être couronné, après que son pays avait ployé sous la domination étrangère»[133].

Le romantisme nationaliste du XIXème siècle (notamment Michelet) avait tiré la Pucelle de l'oubli. Après la guerre franco-prussienne de 1870, la défaite et l'annexion de l'Alsace-Lorraine par les Allemands ravivèrent l'intérêt porté à Jeanne d'Arc, «libératrice de la France». L'ébranlement politique et social qui avait suivi la débâcle fut ressenti à tous les niveaux comme une catastrophe et transforma le souvenir de l'héroïne qui avait sauvé la France en représentation émotionnelle de son image. Ainsi, le

---

130 «Istinhāḍ himam al-sharqiyyāt», *al-Firdaws*, 3 (1896), 34.

131 Bāz, *Ta'thīr al-nisā' fī l-irtiqā'*, *op. cit.*, 13-14.

132 *Ibid*, 16-17.

133 Shiḥāda, *art. cit.*, 8 (1910), 230.

culte de la «bonne Lorraine» connut après 1870 un succès auprès du public que nul n'aurait soupçonné encore un an auparavant[134] et cela grâce aux enjeux spirituels, politiques et nationaux dont elle était porteuse. «Jeanne est des nôtres, elle est à nous, et nous ne voulons pas qu'on y touche» écrivait en 1890 Lucien Herr, célèbre socialiste en français. «*Ioanna nostra est*, on ne laïcise pas les saints» lui répondait quatre ans plus tard l'archevêque d'Aix[135]. Nationale, révolutionnaire et chrétienne, Jeanne d'Arc occupait la scène idéologique française surtout à partir des années 1880, époque où les récits populaires de son histoire s'enrichirent de plusieurs nouveaux titres. Au moment où Jirjī Niqūlā Bāz et Shiḥāda Shiḥāda écrivaient leurs articles, Jeanne d'Arc était d'une actualité brûlante, puisqu'elle était béatifiée en 1909 par le pape Pie X[136].

L'image de Jeanne d'Arc présentée par la presse orientale suivrait-elle simplement une mode? Ou serait-elle un appel à une participation plus active des femmes dans la vie du pays? Jeanne d'Arc n'est pas la seule militante dont parle la presse orientale. Par ses écrits aussi, la femme occidentale assume le rôle de militante. Parlant des activités de Madame de Staël, Jirjī Niqūlā Bāz dit: «elle joua un rôle politique éminent, elle servit l'humanité en héros. Elle lutta courageusement pour la justice et la liberté. Sous la royauté, elle se souleva contre les oppresseurs, contre l'horreur des sanguinaires durant la Révolution. Elle se souleva contre les avanies de Napoléon au cours du consulat et de l'Empire. Dans ses écrits, au nombre de 18 volumes, elle avait trois objectifs: répandre la science du beau, réfuter les idées des philosophes matérialistes français, et inculquer l'amour de la liberté[137].

Quelle place devait avoir la femme au sein de la nation? Dans son apologie pour la femme vertueuse (*al-marʾa al-fāḍila*) Shiḥāda affirme que la femme vertueuse, celle que le sage apprécie et de qui la patrie attend de nombreux services, n'est pas seulement celle qui a un beau corps et de beaux yeux, mais c'est celle qui reconnaît qu'elle a aussi une intelligence à cultiver (*ʿaqlan yajib tathqīfahu*) afin qu'elle puisse distinguer le vrai du faux. La femme vertueuse est celle qui sait que son âme doit grandir dans l'amour de la vertu et sur les principes de sobriété et de piété (*ʿafāf wa-l-*

134 Gerd Krumeich, *Jeanne d'Arc à travers l'Histoire*, préface à l'édition française et traduction française Régine Pernoud, Paris: Bibliothèque Albin Michel, 1993, 179, (Edition originale allemande: *Jeanne d'Arc in der Geschichte*, Sigmaringen: Jan Thorbecke Verlag, 1989).

135 Benoît Chantre, «Les Trois Jeanne d'Arc», *Esprit* , 12 (1997), 13.

136 Jacques Dalarun, «Naissance d'une sainte», *L'Histoire*, 210 (1997), 54.

137 «Madām dī Stāl», *art. cit.*, 8-9.

taqwā), de devoir et de service d'autrui[138]. Ainsi, pour argumenter son postulat de base, Shiḥāda présente les images de Jeanne d'Arc et de Cléopâtre. La Jeanne d'Arc présentée par Shiḥāda Shiḥāda est avant tout une jeune chrétienne responsable: «elle a ressenti sa responsabilité vis-à -vis de son peuple et de son pays» (*ashʿarat bi-l-wājib ʿalayhā naḥwa shaʿbihā wa-waṭanihā*). Elle est opposée à Cléopâtre l'idolâtre, qui ne se soucia que de sa beauté physique et mena Antoine à sa perte[139]. Shiḥāda Shiḥāda prend en exemple ces deux figures féminines pour mieux montrer l'importance de la femme vertueuse, mise également en valeur par l'évocation d'Helen Gould, de Clara Barton, de Julia Ward Howe et d'Harriet Beecher Stowe, dont Shiḥāda Shiḥāda ne retient que les actions humanitaires, faisant l'éloge de leur dévouement et de leur assiduité au travail. Plus que la militante nationaliste, Shiḥāda chante, à travers l'image de Jeanne d'Arc, les mérites de la sainte.

Jirjī Niqūlā Bāz, pour vanter les mérites de la femme et l'importance de sa place au sein de la nation, se réfère à cinq épisodes différents de la Bible, dont trois d'entre eux citent l'exemple de femmes considérées comme libératrices du peuple juif: Déborah, Judith et Esther: Déborah[140] dirigea l'armée d'Israël alors que Kālib (Barac)[141] était dans l'incapacité de le faire. Judith sauva son peuple d'Holoferne le Philistin[142] et de son armée. Esther libéra les Israélites de la tyrannie d'Aman[143] qui avait ordonné de les exterminer et éleva leur considération auprès du roi Ahshursh qui leur fit beaucoup d'égard[144]. Dans les deux autres épisodes, les femmes ont un rôle humanitaire. La fille de Pharaon cacha Moïse, alors que personne n'osait protéger un enfant israélite en Egypte. Et lorsque Jésus-Christ fut abandonné par ses disciples, les femmes restèrent auprès de lui le pleurant, le réconfortant et pansant ses plaies[145]. Bāz s'efforce aussi de recourir à

---

138 Shiḥāda, *art. cit.,* 8 (1910), 229-230.

139 *Ibid.*, 230.

140 Débora, prophétesse, femme de Lapidoth, et probablement de la tribu d'Ephraïm (Jud., IV, 5), quoique quelques-uns supposent qu'elle appartenait à la tribu d'Issachar (Jud.,V,15). Elle vivait dans la période primitive de l'époque des juges.

141 Kālib équivaut à Barac dans le récit biblique. Bāz aurai-il confondu deux récits? Probablement.

142 Judith (Yahwadīt). Holoferne (Alīfānā), général en chef de l'armée assyrienne au temps de Nabuchodonosor. Il est assyrien, et non pas philistin comme le prétend Bāz.

143 Esther (Astīr). Aman l'Agagite (Hāmān), favori du roi Assuérus I (Xerxès 1er), et son premier ministre.

144 Jirjī Niqūlā Bāz, *Taʾthīr al-nisāʾ fī l-irtiqāʾ, op. cit.*, 17.

145 *Ibid.*

l'histoire de l'Orient ancien et contemporain, en citant en exemple cinq femmes illustres de différents pays d'Orient telle Kūharshād, Iskandrā Baykum, Nūr Jihān épouse de Jihān Kīr, Zénobie et Sémiramis. «Kūharshād[146], écrit–il, rénova les écoles et les mosquées alors que les Mongols les avaient détruites. Ainsi, par ses actions bénéfiques, elle compensa leurs méfaits. Iskandrā Baykum[147], régente de Bahawāl, arrêta la célèbre révolution hindoue. Sans son action, celle-ci aurait touché toute l'Inde. Nūr Jihān[148], épouse de Jihān Kīr, composa des œuvres dont un homme ne serait pas capable. Zénobie[149] réalisa d'innombrables bienfaits et Sémiramis[150] fit édifier un barrage sur l'Euphrate, qui protégeait les régions limitrophes des catastrophes[151].

C'est dans ce contexte, encadrée par cinq héroïnes de l'Ancien Testament et cinq de l'Orient plus récent, que Bāz évoque la Pucelle d'Orléans[152]. Dans son apologie des femmes d'Orient, il vante le rôle politique de Iskandrā Baykum, qui avait empêché sa principauté de se

---

146 Kūharshād Baykum Aga, philanthrope. Elle construit la mosquée connue sous le nom de mosquée Kūharshād. Elle construit aussi *dār al-ḥifāẓ, dār al-siyāda, dār al-tawḥīd* et *dār al-ḍiyāfa*. Elle fut tuée sur l'ordre du sultan Abī Saʿīd ibn Muḥammad ibn Mīrānshāh ibn Taymūr Lank, Kaḥḥāla, *op. cit.*, vol. 4, 268.

147 Iskandrā Baykum, gouvernante du Bahawāl en Inde. Elle accéda au trône à la mort de son mari le prince Jihān Kīr Muḥammad Khān en 1844. Kaḥḥāla, *op. cit.*, vol. 2, 200-202.

148 Poétesse persane. Kaḥḥāla, *op. cit.*, vol. 5, 198. Bāz aurait-il confondu Nūr Jihān, la poétesse persane, et Mahr al-nisāʾ, connue en Inde sous le nom de Nūr Jihān, qui fut une reine de grande culture ? Cette dernière avait des connaissances en littérature perse et arabe, ainsi que dans l'art musical. D'autre part, elle fit de grandes réalisations urbaines dans son pays et construisit des écoles et des hôpitaux. Elle fut à l'origine de plusieurs réformes. Elle empêcha entre autres les hindous d'enterrer les femmes vivantes en même temps que leur mari défunt.

149 A la mort d'Odainat, Wahballat, l'un des fils de Zénobie, prit les titres paternels de roi des rois et de correcteur. Comme il était trop jeune pour gouverner, ce fut sa mère qui exerça le pouvoir avec le titre d'«illustrissime reine». Jean Starcky, et Michel Gawlikowski, *Palmyre*, édition revue et augmentée des nouvelles découvertes, Paris: Librairie d'Amérique et d'Orient, 1985, 62.

150 Reine d'Assyrie, dont l'histoire est entièrement légendaire, et dont l'existence est à bon droit révoquée en doute. La légende de Sémiramis aurait été inspirée par la reine assyrienne Sammouramat qui fut régente de 810 à 805 av. J.-C. On attribue à Sémiramis la fondation de Babylone et les jardins suspendus. «Sémiramis» , *Dictionnaire général de biographie et d'histoire de mythologie, de géographie ancienne et moderne comparée*, Paris: Librairie Ch. Delagrave, (1895), tome 2, 2592. Michel Mourre, *Dictionnaire d'Histoire Universelle* tome 2, Paris: Edition Universitaire, (1968), 1963.

151 Jirjī Niqūlā Bāz, *Taʾthīr al-nisāʾ fī l-irtiqāʾ, op. cit.*, 17.

152 *Ibid.*

révolter contre les Anglais lors de la révolution de 1857, ce qui valut au Bahawāl de préserver tous ses privilèges, alors que d'autres Etats qui s'étaient soulevés perdirent leur indépendance[153]. L'image de l'*héroïne nationale* orientale revêtait donc une certaine ambiguïté.

On peut dire que l'idéologie nationale aboutit à mettre en avant deux images plutôt contrastées de la femme moderne: la mère formée aux valeurs nationales, qui donne à sa patrie des enfants bien éduqués, et la combattante, modèle de vertu et guide de son peuple, à la manière de Jeanne d'Arc.

Conclusion

En examinant l'image de la femme occidentale dans la presse libanaise de la fin du XIXème siècle, nous avons pu dégager certains traits caractéristiques aussi bien de la société européenne qu'orientale, et relever les interférences socio-culturelles entre les deux. A la fin du XIXème siècle la société libanaise se présente encore comme traditionnelle, bien ancrée dans son monde méditerranéen, comme la notion d'honneur pourrait le montrer. Cependant, l'ouverture vers l'Occident a mis les Libanais, et les Beyrouthins en particulier, en contact avec des peuples qui avaient des façons de penser et d'agir différentes des leurs. Ils découvraient des besoins nouveaux et des exigences nouvelles, qui se traduisaient par des changements dans les traditions et dans les mentalités, dans la manière de penser, d'agir, de se vêtir. Les écoles des missions apportaient aussi leur contribution. Elles avaient un rôle prépondérant dans la diffusion de la culture occidentale.

Les articles analysés reflètent une bonne connaissance des réformes éducatives appliquées notamment en France, des activités culturelles et des courants de pensée: Jeanne d'Arc en est un bon exemple. Les Libanais prônaient les idées discutées en Occident, notamment celles qui se rapportaient aux femmes. Ils vantaient les effets positifs d'une mère instruite sur ses enfants, et sa place primordiale aux côtés de son époux. Ils lui reconnaissaient le droit au respect et à l'instruction. En un mot, ces articles s'appropriaient les idées agitées par la presse bourgeoise de l'Occident de l'époque. Cependant, face à l'émancipation de la femme, les publicistes beyrouthins se partageaient en deux courants, les uns voulant qu'elle assume sa place dans la société à travers la maternité et son rôle d'épouse, la participation aux œuvres philanthropiques étant la seule activité qu'on

---

153 Kaḥḥāla, *op. cit*, vol. 2, 201.

lui accordait par ailleurs, tandis qu'un second courant réclamait pour elle un rôle au sein du pays au même titre que les hommes.

A travers l'image de la femme occidentale dans la presse libanaise, nous avons pu découvrir la perception que les Levantins avaient de la civilisation occidentale en général. Nos articles exaltent les mérites d'une civilisation bâtie sur l'égalité des sexes en ce qui concerne l'instruction et les droits du citoyen. Ils louent l'influence de la femme en Occident dans l'essor culturel et social de leur pays. En contrepartie, ils dénigrent la société orientale et accablent la femme de l'Orient. Ils la taxent d'ignorance, et la tiennent pour responsable du retard dans le développement. Cette vision des choses est certes due aux idées de la *Nahḍa* très en vogue à cette époque, qui se fixaient pour objectif la régénérescence de l'Orient à travers le modèle occidental. Cependant ce rêve s'étiolait avec la colonisation progressive des pays arabes, et la certitude de combler le retard par l'adoption des progrès techniques, scientifiques et culturels de l'Occident, fut remise en cause avant de se dissiper complètement au lendemain de la première guerre mondiale.

D'autre part, lors de l'ouverture du Liban sur le monde occidental, les Libanais se sont adaptés à la nouvelle conjoncture en changeant de costume et d'habitudes. La vie quotidienne s'occidentalisait. La situation de la femme en bénéficiait: elle s'instruisait et participait à la vie sociale. Mais cette évolution ne satisfaisait pas toute l'opinion, qui ressentait l'occidentalisation comme une perte des traditions et de l'identité locales. Plus de trente ans après l'ouverture de la première école pour filles à Beyrouth, il devenait possible à la classe intellectuelle de faire le bilan des acquisitions et de présenter un modèle qui répondît à ses aspirations. Le discours qui faisait l'apologie de l'enseignement dispensé aux jeunes Occidentales, censé joindre des cours pratiques aux études académiques, n'est pour l'essentiel que l'expression d'une conception orientale de l'instruction des filles présentée au public masquée derrière un modèle européen.

Le thème de la femme dans la presse beyrouthine manifestait tout compte fait une ambivalence à l'égard du modèle de la civilisation européenne, aussi bien qu'à l'égard du statut de la femme auquel on prétendait aspirer.

SHAYKH YŪSUF AL-NABAHĀNĪ AND THE WEST

Samir Seikaly

I

At the time of Yūsuf al-Nabahānī's birth in 1849, although not at his death in 1932, no independent national territorial entities existed in geographical Syria. The region constituted an integral part of the ageing Ottoman Empire and was divided into a number of administrative units with borders that tended to change whenever there was some overall structural adjustment to the Ottoman provincial system. In 1887, the newly-created province (*wilāya*) of Beirut came to include Ijzim, al-Nabahānī's small natal village, which lay just a few kilometres to the south-east of Haifa. His association with Beirut, however, was not merely formal, a consequence of the random permutations of Ottoman provincial arrangements. In fact, for a period of about twenty years, al-Nabahānī served as chief judge of Beirut's criminal court. It was in Beirut that his children were born and that most of his books were written and published. Indeed, to many of his contemporaries, he was simply known as Shaykh Yūsuf al-Nabahānī al-Bayrūtī.[1]

II

Before embarking upon a long career with the Ottoman judicial service and becoming one of his generation's most prolific writers, al-Nabahānī undertook an intellectual odyssey that, to all intents and purposes, moulded his subsequent life. Besides exposing him to all of the recognized cycles of Muslim education, from informal Qur'anic instruction at home to a prolonged period of study and *mujāwara* at al-Azhar, his odyssey laid the ideological and rhetorical foundations for his emergence as one of the most

---

[1] For this usage, see Maḥmūd al-Alūsī, *Kitāb ghāyat al-amānī fī al-radd ʿalā al-Nabahānī* (n.p., 1325/1907), I:34. For the same, but somewhat later, usage see "Shakwa al-manār ilā al-manār", al-Manār 30 (1348/1930), 142.

belligerent defenders of Islam as a religion, as a way of life and as a political order which was embodied, at that time, by the historic Ottoman Empire.[2] Paradoxically, he consistently continues to be overlooked or, at best, to receive only fleeting attention in the work of local and foreign specialists studying Islam and the evolution of Arabic thought in the late nineteenth century and in the opening decades of the twentieth.

It is probable that this relative neglect derives from causes that combine the logistic with the ideological. At present, there is no comprehensive or critical catalogue of al-Nabahānī's literary output and the researcher who consults biographical dictionaries and Arabic book indexes (or *maʿājim al-muʾallifīn*) will find little to remedy this situation. This lack of a definitive bibliographical accounting and the difficulty today in finding copies of al-Nabahānī's books – he was particularly prolific at around the turn of the century – provides us with one explanation for his virtual anonymity. To date, my own preliminary research suggests that his total output in poetry and prose probably exceeded sixty publications, all of them bearing, in one way or another, upon Islam, the subject which preoccupied him for most of his active life.

Ideological factors, broadly understood, probably also played a role, for it seems that his publications experienced a form of double ostracism: once during his lifetime, by many of his contemporaries, and again after his death, by later historians. Because he alienated almost all classes of Muslim thinkers, either on account of slanderous *ad hominem* onslaughts or because he spared neither *wahhābī*s, *salafī*s, nor reformers, his writings were ignored or traduced and he was dismissed as an inauthentic Muslim thinker who violated all the reorganized norms of Muslim scholarship and who, besides, had very little of real substance to say.[3] As a result, what he wrote had little currency except, perhaps, among those who thought along similar lines. In the decades that followed, historians, orientalists and even the latest generation of scholars have tended to overlook almost all tradi-

---

2 To the best of my knowledge, there are no recent – or even early – biographies of al-Nabahānī. He himself penned a partial account of his life that may be found at the end of his *Hādī al-murīd ilā ṭuruq al-asānīd* (n.p., n.d.), 49ff. It is also reproduced in his *Jamīʿ karamāt al-awliyāʾ*, 2 vols. (Cairo, 1911). Informative also are Yaʿqūb al-ʿAwdāt, Min *aʿlām al-fikr wa-l-adab fī Filasṭīn* (Amman, n.d.), and ʿĀdil Mannāʿ, *Aʿlām Filasṭīn fī awākhir al-ʿahd al-ʿuthmānī*, 1800-1918 (Beirut, 1995). There is a brief treatment of him in D. Commins, *Islamic Reform: Politics and Social Change in Late Ottoman Syria* (New York, 1990), 116-118.

3 For his opposition to the *wahhābī*s, see *ʿUlamāʾ al-Muslimīn wa-l-wahhābiyya* (Istanbul, 1980), which contains excerpts from al-Nabahānī's *Shawāhid al-ḥaqq fī al-istighātha bi-sayyid al-Khalq*. Also important in this context is his *Al-Rāʾiyya al-ṣughrā fī dhamm al-bidʿa wa-madḥ al-sunna al-ghurā* (n.p, n.d.).

tional Muslim thinkers who, like al-Nabahānī, insisted upon living in their inherited world of ideas, and focused instead upon those reformist Muslims who meant to reinterpret their intellectual heritage in order to align it with notions emanating from the West. In doing so, they effectively removed al-Nabahānī from the historical record. Nevertheless, al-Nabahānī was an influential writer and representative of a large, vocal and combative constituency that was resolved to maintain the foundations of its religion and culture as it understood them.

III

The attempt to reconstruct al-Nabahānī's view of the West and to trace its origins is somewhat problematic. For one thing, al-Nabahānī never visited Europe; indeed, the trajectory of his geographic odyssey was not towards the West, but the East, culminating in the years just preceding World War I with his residence as a *mujāwir* in the holy city of Mecca. He thus had no real first-hand knowledge of the West. In the second place, there are no indications whatsoever that he acquired any textual knowledge of the West in the course of his student apprenticeship. Moreover, he did not speak any foreign languages and it is unlikely that he met or befriended any Europeans. It is true that he served as chief judge in a secularized court of criminal justice. But, even there, he is unlikely to have gained exposure to Western legal thought inasmuch as he passed judgement on the basis of modified *ḥanafī* laws that had been incorporated into the great corpus of Ottoman law known as the *mecelle*. Consequently, it is clear that al-Nabahānī encountered the West almost exclusively as an idea which could be formulated, shaped, or manipulated without reference to objective reality. In fact, it seems that he merely projected forward in time the received medieval Muslim notion of the West as mortal religious adversary.

In the positioned writings of al-Nabahānī, the West represents both power and education yet, oddly enough, none of his works contain any real analysis – or even passing consideration – of the reasons that might account for the West's ascendancy. On the contrary, he appears not to have been particularly disturbed about Europe's advanced material civilization or by the prodigious power it had engendered. Its civilization, he argued, was derivative and had been set in motion, in the first instance, by borrowings from Islam. But what Islam had bestowed upon others it could, by the same token, confer upon itself; in time, it could regain the power which, as a civilization, it had temporarily relinquished. Before this could occur, it was necessary for Muslims to return to the fundamentals of their religion and to be ruled according to its precepts.[4] Al-Nabahānī believed that this inward transformation was not merely an ideal to be attained in some distant future, but that it was very much in the process of being achieved under Abdul Hamid II. Indeed, the very legitimacy of the sultan's rule, as well as his subjects' obligation to offer him unconditional allegiance, derived from the efforts of Abdul Hamid II to propagate the practice of an orthodox Islam and to build up the military might of the Ottoman Empire so as to contain Western expansion and preserve the empire's integrity.[5] For al-Nabahānī, therefore, the West as a material entity did not represent a model to be emulated; rather, it was a threat to be overcome through a rejuvenated Islam that contained within itself the elements of its own salvation. In the meantime, he reasoned, the West had little to boast about since the success of the infidels (*kuffār*) in this world entailed eternal damnation in the next.[6]

The West was waging a war against Islam, or so al-Nabahānī believed, and it was employing two stratagems to ensure that it emerged victorious. It was possible, he felt, to repulse the first stratagem, namely, the exercise of force. But education, the second stratagem, was much more dangerous, for it was more subtle, equivocal and pervasive. Basing his views upon what he observed in Beirut, he affirmed that missionary educational activity was neither altruistic nor a benevolent exercise in the spread of enlightenment. Rather, it constituted a concerted, though covert, operation intended to subvert Islam from within by weaning its young and impressionable adherents away from their faith. His many books and pamphlets warning against the dire consequences of sending Muslim children to missionary schools reveal a great deal of anxiety on his part, but do not suggest that he had any real understanding of the curricula on offer. Although he knew that foreign languages were being taught at the schools and that students were exposed to the natural sciences, his knowledge seems to have stopped there. Foreign languages, he acknowledged, were necessary for students who ultimately intended to pursue careers in commerce or the

---

4 For his apparent indifference to the material achievements of the West and his assertion that the restoration of Muslim strength required a return to the fundamentals of Islam, see *Al-Rāʾiyya al-ṣughrā,* as well as *Irshād al-ḥayarā fī taḥdhīr al-Muslimīn min madāris al-Naṣārā* (n.p., n.d.), 42-43.

5 Al-Nabahānī's warm endorsement of Abdul Hamid's rule and policies are all too evident in his *Al-Aḥādīth al-arbaʿīn fī wujūb ṭāʿat amīr al-muʾminīn* (Beirut, 1312/1894) and *Khulāṣat al-bayān fī baʿḍ maʾāthir mawlanā al-sulṭān ʿAbdul Ḥamīd al-thānī* (Beirut, 1312/1894).

6 The way in which he explained away the successes of the West is reflected in his *Tanbīh al-afkār ilā ḥikmat iqbāl al-dunyā ʿalā al-kuffār* (n.p., 1324/1906).

professions. But he was of the opinion that these could be learned just as effectively in the Muslim schools of the city. The natural sciences he condemned, arguing that their content was essentially anti-religious in character, thus serving to detach Muslim and non-Muslim students not only from their inherited faith, but from all religious belief whatsoever.

That al-Nabahānī did not choose to acquire detailed information about the operation of missionary schools and their educational programs is not, perhaps, surprising. He was, after all, opposed to them not because of any limitations in their programs, but as a matter of principle, since he believed that their real intention was the ruination of Islam itself. That being the case, it was the obligation of Muslim parents to avoid sending their children to missionary schools. In them, by insinuation or by indoctrination, by instruction or by emulation, in class or during recreation, Muslim students would be systematically alienated – first from their language, then from their values and cultural context and ultimately from their faith. In this way, Muslim parents would have sacrificed their children to the West and, more repugnant still, would have sinned against God by deliberately leading their children away from the true path of Islam. Due to their ignorance, indifference, or greed, they and their children would merit eternal damnation in hell.[7]

In pointing out the dangers inherent in missionary education, al-Nabahānī was thinking mainly in terms of its impact upon Muslim males of all ages. But he also had a few things to say about the even graver pitfalls in store for Muslim girls exposed to the same type of schooling. In an apparent reversal of patriarchal characterizations of the Muslim family, al-Nabahānī maintained that it was women who comprised the family's most important component inasmuch as the upbringing of children was entrusted to their care and insofar as they had a decisive role in influencing the choices made by their husbands. By studying in missionary schools, future mothers would lose their Muslim faith and identity to become, even if inadvertently, emissaries for Christianity in their own homes. Therefore, from al-Nabahānī's perspective as a Muslim polemicist, the education of Muslim girls in missionary schools did not represent any sort of progress. Rather, it constituted a creeping mortal danger that threatened in the long

---

[7] For the dangers inherent in foreign missionary education and its dire consequences for the beliefs and moral attitudes of Muslim students see, for example, his *Irshād al-ḥuyūrū*, as well as his shorter *Mukhtaṣar irshād al-ḥayārā* (n.p., n.d.). A second edition of this shorter work appeared in Aleppo in 1351/1922 carrying a somewhat modified title: *Taḥdhīr al-Muslimīn min madāris al-mubāshirīn*. The two following works also include relevant material: *Kitāb al-taḥdhīr min ittikhādh al-ṣuwar wa-l-taṣwīr* (Beirut, 1334/1915) and *Saʿādat al-anām fī ittibāʿ dīn al-Islām* (n.p., 1326/1908).

run to undermine the familial basis upon which rested Islam and Islamic society. For that reason, it was imperative that it not only be avoided, but rejected outright.[8]

Al-Nabahānī pretended that, in its endeavour to bring down Islam, the West received assistance from an unexpected quarter: namely, that group of reforming thinkers led by Jamāl al-Dīn al-Afghānī, his disciple, Muhammad ʿAbdu, and their acolyte, Rashīd Rida. In a bitter attack brimming with spite and sarcasm, he accused them of labouring to undercut Islam by spreading subversive doctrines (*bidaʿ*) related to questions of reform (*iṣlāḥ*) and reasoning (*ijtihād*). The source of their new ideas, which were in fundamental conflict with both the Qur'an and Sunna, was identified by al-Nabahānī as being the West. Indeed, it was his claim that their endorsement of reform and the purification of Islam resulted from a direct, but obviously misguided, application of doctrines borrowed from the Protestant reformation. Moreover, he regarded their call for the unrestricted use of reason as having been inspired by Western (*ifranj*) philosophers or philosophies. Thus, Muslim reformers and Western missionaries had become silent accomplices in the joint project of overthrowing Islam by means of missionary schools and Western thought.[9]

IV

At first sight, it appears as though al-Nabahānī's broad world-view and his mode of expression were not entirely original. Indeed, in his conception of the world, he seems to fit all too neatly into Lewis's paradigm as an adherent to the notion that "the really significant division of mankind is between Muslims and unbelievers."[10] Although his writings make no reference to the classic division of mankind into the house of Islam (*dār al-Islām*) and the house of war (*dār al-ḥarb*), he nevertheless believed that he was involved, as a Muslim, in a mortal struggle in defence of his religion against an encroaching Christianity. But, in his case, this struggle – which he never refers to as *jihād* – was not a kind of atavism, nor was it the product of an overly active historic imagination. It was rather the product of devel-

---

8 His comments upon the grave dangers which Muslim girls – and subsequently their families – faced in missionary schools are to be found in the third chapter of *Irshād al-ḥayārā*.

9 For his onslaught against reformers and reformist thought, see his all important *Al-Rāʾiyya al-ṣughrā*, as well as *Al-Sihām al-ṣāʾiba li-aṣḥāb al-daʿwā al-kādhiba fī l-radd ʿalā muddaʿī al-ijtihād* (n.p., n.d.). Of course, the opinions of al-Nabahānī provoked sharp controversy and many responses, but these are not within the scope of this study.

10 See Bernard Lewis, *The Muslim Discovery of Europe* (New York, 1982), 63.

opments that he was experiencing at first hand. In his time and from his perspective, the West was busy swallowing up one region of the Islamic world after another, including parts of the Ottoman Empire. Moreover, in the guise of the missionary schools that dotted the landscape of geographic Syria and Egypt, the West appeared to be resolved to roll back Islam and replace it with Christianity of one sort or another. It was this threat that al-Nabahānī meant to engage through a constant stream of books and pamphlets, all of which were written in a Muslim mode simply because they were addressed, in the first place, to other Muslims.

For a later reader, the writings of al-Nabahānī communicate his deep sense of anxiety regarding the dangers threatening Islam. But there is also in them an aspect of delusion, in that he genuinely believed that Islam, embodied in the *umma*, would ultimately be able to prevail in any direct confrontation. In arguing along these lines, he was probably adducing Islam's historic experience, while reproducing in modified form a *ḥadīth* attributed to the Prophet to the effect that God will always uphold his *umma – inna yada llāhi maʿa al-jamāʿa.* The real danger confronting the *umma* was not, therefore, collective. Rather, it manifested itself on the individual, private plane – not, to be sure, as military force or coercion, but also through an unrelenting attack that utilized mere missionary education as its weapon. Daily that education would work on the mind of the Muslim student to undermine his values, to belittle his convictions and, ultimately, to destroy his sense of belonging to his Muslim *umma*. This is what al-Nabahānī, as a Muslim, was determined to oppose. Whether he succeeded or not is, of course, a different matter.

LA VISION DE L'EUROPE DANS L'OEUVRE DE FARAḤ ANṬŪN

BARIA DAHER

«Voilà précisé le mal qu'il faut traiter d'urgence, et dont le seul remède consiste à élever nos enfants dans la connaissance de différents aspects de la civilisation occidentale. Une fois ce moment venu, le plus tôt possible comme je l'espère, la vérité se révélera à nos yeux comme un soleil éclatant, et nous saurons la valeur de la civilisation occidentale. Nous aurons alors la conviction que le seul moyen de réformer notre situation consiste à faire appel aux sciences modernes, car quelle que soit la condition humaine, elle restera soumise au pouvoir de la science».

Faraḥ Anṭūn, *Ibn Rushd wa-falsafatuhu*, Beyrouth: Dār al-ṭalīʿa, 1981 (repr. ed. Alexandrie 1903), 190.

«Une fois en France, après avoir traversé la Méditerranée, je me suis senti dans mon pays. Certains proverbes français imbus d'exagération prétendent que 'Chaque homme possède deux patries: la sienne et la France'. J'ai alors sillonné la France comme un vrai autochtone pour qui tout paraissait familier».

Faraḥ Anṭūn, «Dars fī l-madaniyya al-amīrkiyya», *al-Jāmiʿa*, 5 (1906), 208-212, ici 209.

Jusqu'au début du siècle, l'appellation «Occident» n'avait pas pris, pour les Arabes, tout son sens. L'«Occident» était tout simplement l'Europe, avec laquelle les relations s'étaient poursuivies tout au long des siècles à travers confrontation et ouverture. A partir de la fin du XVIIIe siècle, c'en était fini de l'époque où l'influence européenne ne n'exerçait que sur l'économie ottomane. Mais il a fallu attendre le XIXe siècle, la période de la modernisation à l'occidentale de l' Etat ottoman et du mouvement culturel arabe appelé *Nahḍa*, pour voir l'Europe dans son nouveau rôle de messager du progrès et de la civilisation, prête à porter secours à son voisin vieilli, l'Orient.

A partir de ce moment-là, l'image de l'Europe ne cessa de susciter crainte et méfiance chez certains, admiration et louange chez d'autres.

L'Europe qu'on connaissait alors était, aux yeux de toute une génération d'intellectuels, celle du rationalisme, du modernisme, de la liberté et de la tolérance. Mais la polémique, qui ne fut jamais apaisée, s'engagea quand il fut question de légitimer l'emprunt et les conditions de sa mise en pratique en Orient, entre ceux qui jugeaient que tout changement devait se fonder sur des prémisses religieuses, et ceux qui voyaient la voie du salut par excellence dans la civilisation occidentale.

Nous essaierons de présenter ici l'image d'une Europe foyer de civilisation pour l'humanité entière, tantôt confondue, tantôt distinguée de l'Occident. C'est celle de l'écrivain et journaliste libanais Faraḥ Anṭūn, pour qui l'Europe est le seul espoir des peuples orientaux affaiblis par des siècles d'ignorance et d'indifférence. Son œuvre rend compte d'une réalité qu'il préfère: l'Europe, pour juger une réalité qu'il veut dépasser: l'Orient.

Vie et œuvres de Faraḥ Anṭūn

L'impasse de la pensée réformiste arabe

Au moment où l'ensemble des aspects institutionnels et sociaux ottomans paraissait agoniser, comment pouvait-on ne pas se demander dans quels combats devaient être engagés l'esprit et la culture ?

L'époque de production littéraire et de traduction appelée *Nahḍa* fut accompagnée dans la deuxième moitié du XIXe siècle de la naissance de deux courants de pensée réformiste dans le monde arabe, qui se posèrent les questions suivantes: comment se fait-il que l'Orient soit devenu le monde de la décadence ? Quelle réponse les Arabes peuvent - ils apporter aux défis scientifiques et techniques lancés par l'Occident? Comment promouvoir une réforme? Leurs réponses furent contradictoires mais complémentaires, car issues d'un même sentiment de retard face à l'Europe.

Le courant réformiste conservateur, la *salafiyya*, débattait de la situation de l'Islam dans le monde moderne. Plus connu sous le nom de l'*iṣlāḥ*, il appelait à la rénovation religieuse et à la régénération morale de l'Islam, afin de le concilier avec le monde moderne et de donner à la «Communauté des Croyants», *al-umma al-islāmiyya* (la Nation islamique), le dynamisme social dont elle avait besoin, sous la bannière de l'unité religieuse et politique ottomane. Ce courant eut le soutien de certains esprits musulmans laïques, puisqu'il favorisait le recours à la raison, et appelait non seulement à la rénovation religieuse de l'Islam, mais également au développement de la science et de la technique modernes, dans le respect de la foi et la fidélité aux traditions religieuses et morales. Les figures les plus représentatives de ce courant sont celles de Jamāl al-Dīn al-Afghānī (1839-1897) de Muḥammad ʿAbduh (1849-1905) et de Rashīd Riḍā (1865-1935) le célèbre disciple de ʿAbduh. Cependant il est à noter que ce mouvement était contesté par les milieux d'al-Azhar, qui s'opposèrent à ces tentatives de réforme considérées comme des *bidaʿ* (innovations).

Le second courant, réformiste et libéral, suscita beaucoup d'intérêt auprès des penseurs de la deuxième moitié du XIXe siècle. Il appelait à la libération de l'homme arabe et revendiquait la réforme sociale, politique et culturelle, en dépassant le critère religieux. La référence de chacun des deux courants alla en direction opposée: si le premier ne regardait pas au - delà de l'horizon ottoman, avec ses traditions et ses idéaux musulmans, le second était tourné vers l'Europe, centre de la civilisation et de la science modernes.

La diffusion de l'*iṣlāḥ*, la réforme, fut assurée au moyen de publications et de périodiques qui eurent une influence considérable, comme al-Manār (1898- 1935) de Rashīd Riḍā, qui fut avec Muḥammad ʿAbduh la figure la plus représentative de la tendance conservatrice, ou *al-Jāmiʿa* de Faraḥ Anṭūn, l'auteur le plus réceptif au modernisme occidental, et un des plus influents du courant réformiste libéral. Son œuvre est une démonstration détaillée de la nécessité et de l'utilité d'adopter les principes et les valeurs européens. Il appela à l'exercice de la raison comme fondement essentiel pour assurer la libération et le développement de l'esprit arabe, et proclama l'excellence du savoir européen, seul capable de répondre aux besoins de l'homme arabe, à l'opposé des doctrines religieuses attachées à un sacral immuable. Comme la référence de cette pensée dépassait l' Empire ottoman, elle fut suspecte au regard du pouvoir et des milieux conservateurs.

Les idéaux de ces deux courants se posèrent en termes littéraires, religieux, philosophiques et politiques. A la fin du XIX e siècle, leurs promoteurs semblaient gagnés par le désarroi, préoccupés par la dégradation de leur propre société, méfiants à l'égard des nouvelles institutions ottomanes issues des *Tanzimat*, intimidés par le choc des nouvelles idées et valeurs sur l'Etat, la religion, la démocratie, la laïcité, l'émancipation et la justice. Ils sentaient bien aussi que la société ottomane arrivait à un point de bifurcation. Parmi les promoteurs du courant libéral, nombreux furent ceux qui, favorables aux idées européennes des Lumières et de la Révolution française, paraissaient accepter l'épuisement de la trajectoire historique de l'Empire ottoman et proposaient le modèle européen de civilisation comme unique avenir et ultime horizon. L'heure du choix sonnait, et les repères ne manquaient pas pour s'orienter en cet instant de déclin qui devait précéder l'avènement d'une ère nouvelle.

Le réformisme religieux et libéral représenta un moment fécond, notamment par l'ampleur de ses premières manifestations. A la fin du XIX e siècle, il prit les contours d'une croisade à laquelle s'attachèrent tous ceux, chrétiens et musulmans, qui militaient pour la rénovation sociale et culturelle et le relèvement moral et politique de leur peuple. Ils exprimaient les souffrances de l'époque, proposaient des solutions, bien mieux que ne savaient le faire les politiques et les réformateurs responsables. Mais les deux courants réformistes ne firent que se forger un idéal ou des illusions. Car le centre de décision ne se situait plus dans l' Empire ottoman, mais en Europe, qui dessinait la nouvelle carte de la civilisation .

La vie de Faraḥ Anṭūn

Dans un livre sur la pensée arabe, Yūsuf Asʿad Dāghir présente Faraḥ Anṭūn comme le père de la renaissance intellectuelle libérale et le prophète de la démocratie dans l' Orient arabe[1]. Pourtant, les ouvrages traitant de la pensée de Faraḥ Anṭūn, ce démocrate libéral, sont de la plus grande rareté.

Faraḥ Anṭūn naquit en 1874 à Tripoli, à al-Mīnāʾ, dans une famille grecque-orthodoxe qui confia l'éducation de son fils au collège du monastère de Kaftīn, dans le district de al-Kūra, au Liban - Nord. Ce collège, qui aurait été fondé par des personnalités grecques-orthodoxes de Tripoli, était réputé pour son ouverture confessionnelle. Son corps enseignant et administratif était composé de musulmans et de chrétiens, et accueillait des étudiants d'Egypte et de Syrie. Faraḥ Anṭūn y apprit les langues, les mathématiques, les sciences, la philosophie, la logique, et y fit connaissance avec la littérature européenne. En effet, le collège national grec-orthodoxe de Kaftīn se voulait un pionnier dans le rapprochement entre les différentes communautés religieuses ottomanes. Un document conservé au monastère al-Ḥarf, à Raʾs al-Matn[2] (dans le Kisruwān), publié sous la forme d'un

---

1 Yūsuf Asʿad Dāghir, *Maṣādir al-dirāsa al-adabiyya. Al-fikr al-ʿarabī fī siyar aʿlāmihi al-rāḥilīn 1800–1955*, tome 2, Beyrouth: Publications de l'Université Libanaise, 1983, 149-154.

2 *Tawzīʿ jawāʾiz*, Beyrouth, 1888. «Distribution des prix», à l'occasion du septième anniversaire du collège. Le fait que ce document soit à présent conservé dans un autre monastère (maronite) serait dû, d'après le Père Dawūd al-Ashqar, administrateur du monastère de Kaftīn, au vol des pièces et des documents de son monastère durant la

manifeste à l'occasion du septième anniversaire du collège de Kaftīn, expose les buts de ce collège. Ainsi, il doit être au service de l'État et de la patrie, œuvrer pour la solidarité et la concorde, l'abandon de l'intolérance religieuse, et il espère réunir ses étudiants dans une ligue nationale. Les élèves sont libres de pratiquer leur culte, et y sont même invités. Quant au programme scolaire, il forme à l'art oratoire, à l'art narratif, et aux recherches scientifiques. Dans ce but, le collège a fondé deux associations, l'une arabe, l'autre française, formées d'instituteurs spécialistes dans chaque langue. Le document mentionne que l'étude du droit, le *medjelle* ottoman, fera partie du programme du collège à partir de 1888. Il présente également la liste des diplômés de cette année-là. Le diplôme de Faraḥ Anṭūn porte le numéro 10. Un certificat de bonne conduite lui est également décerné. On devine donc l'apport de l'éducation dans ce collège dans l'orientation de Faraḥ Anṭūn vers l'activité intellectuelle et dans la formation de sa pensée humaniste. Mais les données sur sa vie, depuis sa sortie du collège, demeurent fragmentaires. Il écrivit des articles sous le pseudonyme de Salāma et aurait fondé une association littéraire à Tripoli.

Jusque-là, Anṭūn était demeuré presque inconnu. Le grand tournant dans sa vie intellectuelle se situa à son arrivée en Egypte en 1897. Il y fonda la revue *al-Jāmiʿa* [3] (L'Universelle), traduisit des œuvres de grands penseurs européens, et écrivit des romans, des pièces de théâtre et un livre sur la philosophie d'Ibn Rushd (Averroès, 1126-1198), dans lequel il exposa toutes ses propres conceptions sur la réforme, la philosophie, l'histoire, la société, la politique et la religion. Nombreux furent ceux qui apportèrent leur soutien à Anṭūn, en participant à la rédaction de la revue par des articles appuyant ses idées, ou par des témoignages allant dans sa direction. Son premier compagnon fut Niqūlā Ḥaddād (1872-1954), son beau-frère, pharmacien de formation. Ce dernier écrivit pendant des années dans *al-Jāmiʿa*, publia à Alexandrie avec sa femme, la journaliste Rose Anṭūn, la revue *al-Sayyidāt wa-l-rijāl* (1922), et fut pendant quelques an-

---

guerre récente. En effet, Kaftīn, dont la construction remonterait au VIIe siècle, a subi des pertes considérables pendant cette guerre.

[3] *Al-Jāmiʿa* fut publiée à Alexandrie jusqu'en 1904 puis aux Etats-Unis de 1906 à 1908. Elle retourna en Egypte, au Caire, en novembre 1909. Dès les premières années de sa parution, *al-Jāmiʿa* adopta en alternance deux slogans qui traduisaient bien sa vocation. Le premier: «Diffuse pour l'Orient la civilisation de l'Occident, et pour l'Occident la civilisation de l'Orient» (*tanshuru li-l-sharq ḥaḍārat al-gharb wa-li-l-gharb ḥaḍārat al-sharq*). Le deuxième: «Allah et la patrie / L'union et le progrès» (*Allāh wa-l-waṭan / al-ittiḥād wa-l-taqaddum*). A ses débuts, la revue paraissait sous le nom de *al-Jāmiʿa al-ʿuthmāniyya*.

nées, rédacteur en chef de la célèbre revue *al-Muqtaṭaf* (1949-1950). Rose Anṭūn (1880-1955) édita la revue *al-Sayyidāt wa-l-banāt* (1903), chargée de faire connaître aux femmes de l'Orient celles de l'Occident, avec l'aide de son frère, et accompagna ce dernier aux Etats-Unis.

Les orientations de Faraḥ Anṭūn

Faraḥ Anṭūn dirigeait sa revue, écrivait sur les grands problèmes arabes de son temps, et traduisait des œuvres de grands penseurs européens. *al-Jāmiʿa*, rédigée en arabe, ainsi que tous ses écrits et traductions, portaient le débat sur l'*iṣlāḥ*, la réforme, devant le public, et non plus seulement devant des spécialistes. En effet, Anṭūn avait compris que les peuples étaient aussi responsables de «la crise» de l'Orient, et qu'il fallait les éclairer sur les dangers de l'inertie, de l'indifférence et de l'ignorance, les appeler à s'organiser afin de donner la primauté aux valeurs humaines fondamentales du monde moderne, telles la tolérance, la liberté, l'unité nationale et le progrès. Il revendiquait l'*iṣlāḥ* de l'Orient, un *iṣlāḥ* conforme à l'esprit moderne, qui avait ses racines et évoluait librement en Europe. Il orientait toujours sa pensée vers l'Occident, en présentant aux Orientaux des solutions tirées de l'image qu'il en avait lui-même conçue, à travers ses lectures, ses traductions et ses commentaires. L'Europe le séduisait. C'était pour lui un guide intellectuel. Les solutions qu'il proposait aux problèmes arabes étaient toujours empruntées à cette image d'une Europe triomphante par son savoir, ses théories et ses méthodes.

Il mit en œuvre tout son génie pour faire connaître l'univers européen, et notamment la France, aux Orientaux. Pourtant Anṭūn ne séjourna que brièvement en Europe, à Paris[4], lors de son départ pour les États-Unis, puis à son retour en Egypte. D'ailleurs Anṭūn fut aussi un grand admirateur des États-Unis, où il résida et publia *al-Jāmiʿa* de juillet 1906 à octobre 1908. Plus tard, il porta plusieurs témoignages d'admiration et de reconnaissance à son pays d'accueil dans sa revue.

Le but de son œuvre se résume en un seul mot: la liberté, non seulement civile ou politique, mais individuelle et sociale, celle de l'esprit de l'homme arabe. Car, comme l'a dit Ernest Renan, l'un des inspirateurs de la pensée de Faraḥ Anṭūn, «Le but du monde est le développement de l'esprit, et la première condition du développement de l'esprit, c'est sa liberté». Et c'est à cette liberté de l'esprit qu'Anṭūn fit appel pour fonder la brûlante espérance de son œuvre, la réforme et le relèvement moral et politique des Arabes dans le monde moderne.

---

4 «Ḥubb Rūsū wa-madām Wārīn», *al-Jāmiʿa,* 5 (1906), 35-45.

La mission donc était difficile et immense. La revue *al-Jāmiʿa* fut un instrument d'information sur l'Europe, ses mœurs et ses valeurs, ses structures sociales, ses institutions politiques, son progrès technique, médical et scientifique. En même temps les écrits de Faraḥ Anṭūn tendaient à critiquer la société et les institutions ottomanes. En reconnaissant la supériorité de l'Occident et la faiblesse de l'Orient, ils soulignaient l'inefficacité d'un retour à l'ordre ottoman, fût-il réformé, et envisageaient de lui substituer un autre système.

Mais en dépit de son zèle pour la défense du progrès européen et son souci de susciter l'attention des Orientaux sur celui-ci, Anṭūn défendait aussi l'héritage culturel arabe. Aussi ne manquait - il pas de mettre en relief tout ce qui, dans la pensée arabe, semblait militer en faveur de la raison et de l'esprit humain. Tout en considérant (à tort, mais conformément à l'histoire officielle européenne de l'époque) que la bataille de Poitiers (732) marquait une ligne péremptoire entre la civilisation musulmane et la civilisation européenne, il s'attachait à réactualiser la philosophie arabe en interprétant notamment celle d'Ibn Rushd. Ce qui lui donnait l'occasion d'appeler ses compatriotes à ne reconnaître que la seule autorité de la raison et de la science, à se débarrasser de l'esprit étroit séculaire, et à réagir contre la résignation. Anṭūn n'ignorait pas le danger que représentait l'Occident pour l'Orient. Il livrait bataille contre cet Occident avide d'espaces conquis et de peuples soumis qui, en adoptant la politique «diviser pour régner», s'installait tantôt par la force, tantôt sous l'étendard de la religion, de la civilisation et de l'humanisme. Il appelait tous les Orientaux à lutter pour leur survie, car la conservation de soi n'est qu'une loi «innée» et naturelle à laquelle il faut se soumettre. Pour faire face à cette conquête de fait mais aussi morale, il fallait s'unir et se mobiliser, en s'élevant audessus des différences ethniques et religieuses, en accroissant les ressources économiques, mais surtout en créant des écoles capables d'inculquer la véritable signification de la patrie et de la nation, afin de concurrencer les écoles occidentales, qui apprenaient aux Orientaux à se détourner de leur Etat[5]. Anṭūn rejoignait ainsi les idées de Shiblī al-Shumayyil (1850-1917), théoricien de la pensée évolutionniste en Orient, qui occupait une place d'honneur dans les articles de la revue *al-Jāmiʿa*. Il encourageait les Ottomans à résister et à assumer la responsabilité des changements dus à la proclamation du Destour (de 1908), envers lequel beaucoup de religieux,

---

[5] «Al-sharq wa-l-gharb», *al-Jāmiʿa,* 1 (1899), 5-6. Lire aussi: «Fātiḥat al-aḥādīth fī l-masāʾil al-ʿuthmāniyya», *al-Jāmiʿa*, 7 (1910), 67-78; «Kitāb maftūḥ ilā ḥukkām al-sharq», *al-Jāmiʿa*, 1 (1899), 114-115; «Awwal taḥiyyāt li-arḍ al-ḥuriyya», *al-Jāmiʿa,* 5 (1906), 3-6.

musulmans et chrétiens, (fait remarquable à ses yeux), étaient loyaux. Il rappelait que le peuple (ottoman) devait tout assumer, même s'il n'était pas, comme le peuple français, un «familier de la liberté».

Anṭūn évoquait également, sous l'influence de la pensée de l'écrivain et politicien français Jules Simon (1814-1896), le rôle fondamental de l'éducation de la femme dans le relèvement social, moral et politique de la nation. Il comparait même quelques écrits de Kassem Amin, l'écrivain égyptien, qui s'adressait aux autorités religieuses pour réclamer une théologie vraie qui aiderait à la libération de la femme arabe, aux idées du philosophe et mathématicien français René Descartes (1596-1650), qui avait réclamé une théologie simplifiée et la diffusion de la science et de la philosophie dans les écoles. Anṭūn fit en même temps l'éloge de la législation familiale et conjugale européenne[6].

L'Europe dans les réflexions réformistes de Faraḥ Anṭūn

Faisait-il, dans son œuvre, l'apologie du progrès européen? Cultivait-il une sorte d'idéalisation de la civilisation européenne? Il est vrai qu'il vantait les valeurs sociales, politiques et culturelles européennes, mais il exaltait, dans le même temps, les valeurs propres à l'Orient, au besoin en se référant à des témoignages de penseurs européens sensibles à la civilisation arabe. *al-Jāmiʿa* appela ainsi les Orientaux à participer au congrès international des orientalistes, qui devait avoir lieu à Alger, afin approfondir les liens «avec les plus grands savants de l'Occident»[7].En fait Anṭūn semblait rêver d'effectuer une «révolution» de l'intérieur. Son œuvre fut la réponse d'un réformiste, acquis aux idées de progrès et de modernisme, désireux de rechercher un compromis entre l'éthique et les valeurs arabes d'une part, la nécessaire adaptation de celles-ci aux règles du monde moderne d'autre part.

Liberté, tolérance, égalité, justice, unité nationale, religion et pouvoir, philosophie, science et raison: termes qui reviennent souvent sous la plume de Faraḥ Anṭūn, pour rattacher la réforme qu'il réclamait à ce mouvement d'évolution qui avait cours en Europe. Il fut le premier à écrire et à présenter aux Orientaux des figures intellectuelles et politiques européennes:

---

6 «Al-iṣlāḥ al-ḥaqīqī», *al-Jāmiʿa*, 1 (1899), 4-5; «Iṣlāḥ ʿaẓīm fī l-sharq», *al-Jāmiʿa*, 2 (1901), 626-640. «Naṣāʾiḥ faylasūf li-ibna gharbiyya yajduru bi-ukhtihā al-sharqiyya an tataʾammal fīhā», *al-Jāmiʿa*, 2 (1900), 470–480. Anṭūn, *Ibn Rushd wa-falsafatuhu*, 188.

7 «Muʾtamar al-mustashriqīn al-duwalī», *al-Jāmiʿa*, 4 (1904) , 379.

Voltaire, Rousseau, Chateaubriand, Pascal, Ernest Renan, Karl Marx, Auguste Comte, Gustave Le Bon, Alexandre Dumas, Jules Simon, Spencer, Tolstoï, Gorki, Nietzsche (dont il traduisit des passages de *Ainsi parlait Zarathoustra*), Darwin... Dans son livre sur la philosophie d'Ibn Rushd, paru à Alexandrie en 1903, il résuma toute sa pensée. Il prit la défense du philosophe et Grand Cadi de Cordoue, qui avait voulu concilier le Coran avec la philosophie d'Aristote, cristallisant ainsi sur lui les plus vives oppositions dans l'affrontement entre la foi et la raison. Anṭūn alla encore plus loin, puisque son interprétation de la philosophie d'Averroès s'inspira de celle d'Ernest Renan (1823-1892), «le philosophe parfait»[8]. Celui-ci était l'auteur d'un *Averroès et l'averroïsme* et d'une *Histoire des origines du christianisme* (7 volumes), dont la fameuse *Vie de Jésus* est le premier volume. Ses doctrines avaient été anathématisées par l'Eglise. A son tour, le livre de Faraḥ Anṭūn provoqua de vives protestations et polémiques, notamment dans les milieux religieux musulmans. Une grande controverse s'engagea à ce sujet dans la presse entre Muḥammad ʿAbduh, figure représentative du courant réformiste religieux, et Faraḥ Anṭūn. Elle porta également sur un article subsidiaire, paru dans *al-Jāmiʿa*, traitant de «La persécution dans l'Islam et dans le Christianisme» (*al-idṭihād fī-l-islām wa-l-masīḥiyya)*. La réfutation des thèses de Faraḥ Anṭūn par Muḥammad ʿAbduh, donna l'occasion d'une série de réponses sur les pages de *al-Jāmiʿa*, qui furent réunies dans le livre de Faraḥ Anṭūn sur Ibn Rushd. Albert Hourani voit dans cet ouvrage «un manifeste politique», dont le but était d'établir un Etat laïc bâti sur le principe d'égalité entre chrétiens et musulmans; car dans toute religion il faut séparer ce qui est fondamental, c'est-à-dire les principes de la religion, de ce qui est accidentel, c'est-à-dire l'ensemble des lois, qui sont les mêmes dans toutes les religions[9].

Anṭūn, partisan du positivisme, traduisit les *Méditations, Objections et Réponses,* de Descartes, qui expose la pensée métaphysique du philosophe, et son *Discours de la méthode*, dans lequel il retraçait son itinéraire intellectuel et présentait la méthode «cartésienne».

A côté de quelques critiques reprochant à l'Occident sa poursuite excessive de la civilisation matérielle et son désir de domination[10], Anṭūn

---

8 «Khuṭbat Rinān ladā al-Akrūbūl», *al-Jāmiʿa*, 6 (1908), 265-272, à propos de «La Prière sur l'Acropole» de Renan. «Al-faylusūf Rinān. Mithāl al-faylusūf al-kamāl», *al-Jāmiʿa*, 4 (1903), 300 315.

9 Albīr Ḥūrānī, *Al-fikr al-ʿarabī fī ʿaṣr al-nahḍa 1798-1939*, Beyrouth: Nawfal édition, 1997, 261-265 (traduction arabe de *Arabic Thought in the Liberal Age 1798-1939*).

10 «Āfāt al-tamaddun al-ḥālī fī al-wilāyāt al-muttaḥida al-amirikiyya», *al-Jāmiʿa*, 2 (1901), 711–715; *al-Jāmiʿa*, 2 (1901), 479–494: Anṭūn poursuit l'histoire du Trans-

s'en prend aux penseurs et aux journaux musulmans qui continuent à croire au fanatisme et à l'intolérance de l'Europe en matière de religion, et exhorte les Orientaux à approfondir leurs connaissances sur l'Europe car «Les voix de la science, de la littérature et de la philosophie européenne, sont à peine perceptibles en Orient. Les habitants de ces contrées doivent savoir que face aux politiciens européens qui sacrifient tout à leurs visées et à leurs ambitions politiques, il existe en Europe une bonne partie de vertueux et de justes.»[11]

Le pouvoir ou la séparation entre le spirituel et le temporel

Faraḥ Anṭūn, examinant les causes de la crise qui régnait en Orient, observe l'enchevêtrement des liens qui unissent la religion à l'Etat. Il réclame la nécessité de distinguer l'ordre spirituel de l'ordre profane, le plan des rapports entre l'homme et Dieu de celui des activités humaines, une nécessité évoquée par les philosophes de l'Europe, «les soldats du pouvoir civil», tel Renan qui en a parlé dans *La Vie de Jésus*[12]. Il reconnaît la valeur respective des concepts de religion et de gouvernement, dont la confusion lui paraît une intolérable source de régression et d'injustice. C'est grâce à la séparation entre le pouvoir religieux et le pouvoir civil que le progrès put s'affermir en Europe. Cette évolution fut possible du fait de l'adhésion et du soutien des peuples européens à leurs gouvernements, qui imposèrent cette séparation en se référant à la parole du Christ: «Mon Royaume n'est pas de ce monde», et apportèrent leur appui à leurs philosophes et à leurs écrivains, notamment en France[13]. Il faut passer par les mêmes conditions en Orient pour construire l'édifice du progrès. Car il n'est pas du ressort du pouvoir religieux de se mêler de la politique et des affaires profanes: ainsi Napoléon n'hésita pas à soumettre le Pape de Rome au nom de l'intérêt de l'Etat. L'éclatement du pouvoir religieux en Europe enleva aux chefs religieux toutes les prérogatives d'ordre civil dont ils s'étaient dotés aux dépens du pouvoir politique[14]. Certes, dans un tel contexte, des discordances peuvent exister, les particularismes religieux et sociaux peuvent persister, car dans tout changement il faut tenir compte des éléments, positifs et négatifs, qui font la richesse et la variété de la réalité humaine. Chaque

---

vaal, province d'Afrique du Sud, en dénonçant la domination anglaise et en louant la lutte des Boers contre les Britanniques.

11 «Al-islām, al-madāris wa-l-jāmiʿa al-islāmiyya», *al-Jāmiʿa*, 1 (1899), 279–283.

12 Anṭūn, *Ibn Rushd wa-falsafatuhu*, 151.

13 *Ibid.*, 144–151. Lire aussi: «Al-faylasūf Irnist Rinān», *al-Jāmiʿa*, 3 (1901), 74-86.

14 Anṭūn, *Ibn Rushd wa-falsafatuhu*, 147.

groupe se réclame d'une idéologie propre à lui (protestant, catholique, anglican, musulman, royaliste, socialiste…). Quand la France, symbole de résistance et de lutte contre le pouvoir des religions et des religieux, envisagea la fermeture des écoles confessionnelles, des contestations, que publièrent des journaux français comme *Le Temps*, *Le Débat*, *Le Gaulois*, *Le Matin*, *Le Figaro*, *L'Aurore*, s'élevèrent du fait qu'une telle action allait à l'encontre des principes républicains, des droits de l'homme, de la liberté et de la tolérance, et que l'État devait se porter garant des droits de tout le peuple français en se situant au-dessus des partis, abstraction faite des tendances et des choix politico-sociaux de ses adversaires. Ce rôle incombe à l'État dans les limites prescrites par la constitution, qui garantit les mêmes droits à tous les membres de la nation, à la volonté de laquelle toute l'autorité est soumise par l'intermédiaire de ses représentants au Parlement[15]. Car les Parlements européens «sont établis sur le principe de la véritable tolérance et du vrai droit», et c'est ce qu'on appelle «un gouvernement constitutionnel et une monarchie constitutionnelle», adoptés aujourd'hui par l'Europe, excepté la Russie qui est plus à plaindre qu'à blâmer, car si «sa moitié est européenne, l'autre moitié est orientale aussi»[16]. L'efficacité du système constitutionnel permet même de parer au danger de dissension au sein de la nation, comme ce fut le cas en France où on put élire un nouveau président de la République, deux jours après la mort de Félix Faure, alors que la nation française était divisée au sujet de l'affaire Dreyfus. Pareille conception du pouvoir en Europe découle, en premier lieu, du nouvel humanisme qui réside dans la séparation entre le pouvoir religieux et le pouvoir civil[17]. L'unité religieuse n'est plus la base de l'unité politique, comme le fait remarquer Anṭūn. Aujourd'hui l'unité se fait en Europe sur la base du patriotisme et de la citoyenneté. Les divers groupes, comme en France, vivent ensemble liés par le lien national qui les rassemble[18]. Ces transformations furent rendues possibles dans toute l'Europe par la coopération des peuples, qui s'engagèrent sur la voie tracée par leurs États. Ces derniers sont aujourd'hui capables de contrecarrer tout projet à connotation religieuse grâce au soutien de leurs peuples et aux moyens matériels dont ils disposent [19].

A partir de ces observations, Anṭūn fait remarquer que la volonté de réaliser l'unité religieuse ne s'explique pas toujours par la foi. Les profession-

---

15 «Al-sulṭatān», *al-Jāmiʿa*, 5 (1907), 486–489.

16 Anṭūn, *Ibn Rushd wa-falsafatuhu*, 151-154.

17 *Ibid.*, 149–152.

18 *Ibid.*, 144–149.

19 *Ibid.*, 162.

nels de la politique utilisent souvent la religion à des fins démagogiques ou partisanes, et les erreurs de nature religieuse ne sont pas dues à la religion, mais aux chefs civils et ecclésiastiques qui, par la recherche de leurs intérêts et leurs antagonismes, attisent la lutte pour le pouvoir. Louis XIV chassa les protestants de son royaume par crainte de leurs affinités religieuses avec l'Angleterre. L'empereur Frédéric II de Hohenstaufen, roi de Sicile et empereur germanique de 1197 à 1250, un homme d'esprit et d'action, excommunié plus d'une fois, conduisit la sixième croisade et déclara la guerre à ceux qu'on qualifiait d'hérétiques (les Orientaux), non pas pour défendre la religion, mais pour complaire à l'Eglise, détentrice alors d'un grand pouvoir civil et temporel[20]. L'Eglise orthodoxe à son tour, excommunie l'écrivain Tolstoï à cause de son attitude déviante par rapport à la doctrine orthodoxe[21]. L'empereur d'Allemagne Guillaume II use aujourd'hui de la religion pour consolider sa position à l'intérieur, face à l'avancée des idées de démocratie et de socialisme[22]. Et les erreurs de l'Europe chrétienne en Orient ne sont ni la faute de la Divine Église ni celle de la religion chrétienne[23]. Et même, l'Europe d'aujourd'hui, après avoir réalisé chez elle ce qu'elle désirait, continue à utiliser la religion en Orient comme «un instrument politique»[24]. Anṭūn rappelle qu'il ne faut pas confondre les chrétiens de l'Orient avec ceux de l'Occident, et faire endosser les erreurs de ces derniers au christianisme oriental, car «la relation qui lie les chrétiens orientaux à l'Occident procède de la même essence que celle qui lie les musulmans à l'Occident»[25].

En somme, la séparation entre le spirituel et le temporel en Europe, comme en Italie ou en Allemagne, a engendré la paix, car chaque pouvoir a été placé dans sa propre sphère[26]. L'Etat ottoman devrait faire de même: séparer le religieux du temporel, établir la justice entre tous et élaborer un système d'éducation unifié afin d'éviter, à l'instar de la France, qu'il de-

---

20 *Ibid.*, 148, 194–195. «Al-dīn yuḥārib al-ʿilm», *al-Jāmiʿa,* 5 (1907), 479-482, et «Radd Rinān ʿalā ḥārimayhi wa-munāẓirayhi», *ibid.,* 3 (1902), 453-463.

21 «Al-faylasūf Tūlstūy», *al-Jāmiʿa,* 2 (1901), 648-652.

22 *al-Jāmiʿa*, 5 (1907), 509-510.

23 Anṭūn, *Ibn Rushd wa-falsafatuhu*, 169.

24 «Risāla maftūḥa ilā wālī Būrsa Rashīd Bey, wālī Bayrūt sābiqan», *al-Jāmiʿa,* 4 (1903), 332-338. Lire aussi «Al-islām, al-madāris wa-l-jāmiʿa al-islāmiyya», *art. cit.*, 279-282, et Anṭūn, *Ibn Rushd wa-falsafatuhu*, 197.

25 Anṭūn, *Ibn Rushd wa-falsafatuhu*, 183.

26 «Risāla maftūḥa ilā wālī Būrsa Rashīd Bey», *art. cit.,* 335, Anṭūn, *Ibn Rushd wa-falsafatuhu*, 196.

vrait prendre comme exemple, l'existence «de deux nations et de deux peuples au sein de la même nation.»[27]

La tolérance, la liberté et l'égalité

«Faites aux autres ce que vous voudriez qu'on vous fasse, car vous n'êtes pas meilleurs qu'eux...» Le jour où la société orientale sera fondée sur le principe de la liberté religieuse, ce sera alors une société sage et tolérante[28]. Les thèmes de la tolérance, de la liberté et de l'égalité tiennent une place de choix dans l'œuvre réformiste de Faraḥ Anṭūn, qui déplore que les Orientaux puissent être jugés sur leur comportement religieux et sur leur incapacité à s'unir autour d'autres valeurs, telles la patrie et la nation. Les religions ramenées à leur véritable expression appellent toutes à Dieu[29]. Anṭūn donne la primauté au devoir de tolérance sur la spécificité religieuse, au lien national et politique sur les liens religieux. La tolérance et la liberté, tels sont les meilleurs moyens de contribuer à la formation d'une nation unie[30]. Et c'est l'exemple de la France et de ses communautés religieuses qui l'inspire. Les Français sont divisés entre catholiques, protestants et israélites, une division qui ressemble à celle des Orientaux. Leurs luttes théologiques sont vives en ce moment, et pourtant ils ont une grande patrie et forment une nation fort connue. En Orient, «nos frères» les musulmans ont eux aussi une patrie, mais cela ne les a pas empêchés d'être divisés et de donner la primauté au lien religieux sur le lien national. C'est là un bon argument qu'utilise Anṭūn, pour réfuter la thèse qui ramène la ferveur religieuse en Orient à l'incapacité des Orientaux de se soucier d'autres valeurs unitaires. A l'image de l'unité indivisible de la France et des Français, Anṭūn oppose celle de la division de l'Orient et des Orientaux qui est due, non à la religion, mais à l'absence de tolérance, qui fait obstacle à la recherche de l'Autre. La France est présentée comme un modèle de tolérance et d'unité nationale, car l'une favorise l'autre. Un modèle allant à l'encontre de certaines thèses qui veulent tout expliquer par le seul pouvoir de la religion.

Toutefois, afin de parvenir à créer l'unité de la communauté nationale, il ne faut pas s'en tenir uniquement à la tolérance car celle-ci demande un effort continuel d'ouverture à l'Autre et une garantie qui en assure la force. Anṭūn en vient alors à traduire la Déclaration des droits de l'homme et du

---

27 «Risāla maftūḥa ilā wālī Būrsa Rashīd Bey», *art. cit.*, 337.

28 «Al-tasāhul al-dīnī», *al-Jāmiʿa*, 2 (1901), 733–734.

29 *Ibid.*

30 «Ṣawtun min baʿīd», *al-Jāmiʿa*, 5 (1906), 183–191.

citoyen votée par l'Assemblée Nationale française du 17 au 26 août 1789[31]. Il se réfère volontiers aux principes de ce texte comme devant présider aux relations humaines, au respect des devoirs et des droits des peuples arabes. Emu par le progrès qui a fait avancer la France vers la perfection[32], Anṭūn relate brièvement le contexte historique d'avant la Révolution française, qui a abouti à la Déclaration des droits de l'homme: un gouvernement arbitraire, un régime injuste, un peuple opprimé et ignorant. Grâce à la Révolution, la justice fut retrouvée, car la Déclaration rétablit les droits naturels de l'homme que l'Etre suprême a voulus, mais auxquels la société a dérogé pour tenir les peuples dans l'esclavage. Anṭūn recourt à Jean-Jacques Rousseau, célèbre par son *Discours sur l'origine et les fondements de l'inégalité parmi les hommes* (1755) et son *Du contrat social* (1762), pour poser le principe de la bonté et de la liberté naturelles de l'homme et appeler à la liberté civile, à l'égalité et à la justice sociale[33]. L'œuvre la plus noble que puissent faire les légistes, c'est de ramener la société humaine au système divin tel qu'il fut établi depuis la création du monde. Et le meilleur des royaumes, c'est celui qui se rapproche de ce système qui, heureusement, est en voie de devenir l'élément moteur du monde.

C'est ainsi qu'est chantée la France, une école de liberté, symbole de tolérance, d'égalité, respectueuse des valeurs humaines, auteur de la déclaration des droits de l'homme, qui laissait la totale liberté à des écrivains comme Voltaire, Diderot, Rousseau, Renan ... de juger et de critiquer sans limites une matière sacrée telle que la religion. Toutefois, Voltaire, qui livra bataille contre le pouvoir royal et l'Eglise, trouva protection auprès du roi de Prusse Frédéric le Grand et de la tsarine de Russie Catherine II[34]. Anṭūn est persuadé qu'en adoptant ces valeurs, la France s'était montrée sage, car elle a su dépasser et éliminer toute discrimination religieuse, sociale et politique au profit d'une société égalitaire, d'une nation unifiée. Il fait la promotion de ces valeurs, dans l'espoir, implicitement formulé, que les Orientaux puissent s'inspirer de ce modèle afin de créer la cohésion du peuple et l'unité de la nation[35]. Ainsi Anṭūn dédie son livre sur la philosophie d'Averroès aux sages orientaux, chrétiens et musulmans, et à une

---

31 «Ḥuqūq al-insān», *al-Jāmiʿa*, 3 (1901), 250–255.

32 *Ibid.*, 251.

33 *Ibid.* et «Al-iḍṭihād fī-l-islām wa-l-masīḥiyya», dans Anṭūn, *Ibn Rushd wa-falsafatuhu*, 215.

34 Anṭūn, *Ibn Rushd wa-falsafatuhu*, 193.

35 «Al-ikhāʾ wa-l-ḥurriyya», *al-Jāmiʿa*, 1 (1899), 33–35, et «Ḥājatunā al-siyāsiyya al-kubrā», *al-Jāmiʿa*, 1 (1899), 53–55.

nouvelle génération issue des diverses communautés et religions, partisane de l'humanisme et du progrès européens[36]. Il traduit la *Vie de Jésus* (1863) de Renan, ainsi que les attaques que ce dernier a eu à soutenir, dans le but de transmettre aux Orientaux l'impulsion de la raison et de la tolérance car «Le vrai civisme consiste à ne pas établir de différence entre les hommes en fonction de leur appartenance religieuse, mais plutôt en fonction de leurs compétences et de leurs facultés.»[37]

Et dans la mesure où la liberté, la tolérance et la justice sont considérées comme les valeurs suprêmes, Anṭūn plaide alors pour la cause des masses ouvrières, qu'elles soient orientales ou occidentales, contre le monopole de l'Etat et des patrons[38]. Il évoque des principes d'inspiration socialiste bien qu'il n'adhère pas à proprement parler au socialisme[39]. Il a indirectement aidé à la diffusion de celui-ci en véhiculant ses thèmes moraux et sociaux, sans pour autant apporter des réponses satisfaisantes pour toutes les couches sociales. Il préconise une politique de type socialiste notamment dans les secteurs économiques, comme moteur de la prospérité et de l'ouverture à la modernité.

Il cherche en effet à intégrer à la pensée arabe les concepts de la culture européenne fussent - ils idéologiques. Il s'insurge contre l'avidité de l'Occident riche et la passivité de l'Orient pauvre qui ne fait que consommer le progrès de cet Occident: «Nous avons visité les Occidentaux dans leurs pays en adoptant leurs mœurs sans grand regret, car le bon côté dépasse de loin le mauvais côté pour ceux qui savent bien l'intégrer. Nous avons lu leurs romans, qui renforcent dans notre corps social les tendances à la perversion et au gaspillage. Nous avons placé nos enfants dans leurs écoles, leur inculquant leurs coutumes. Ils les éduquèrent au moment où nous ne possédions pas d'écoles, même si cette éducation est incomplète et s'avère non adaptée à leurs besoins Ils (les Occidentaux) nous apportèrent leurs marchandises avec leurs coutumes, nous les adoptâmes... Pendant ce

---

36 «Ḥājatunā al-siyāsiyya al-kubrā», *art. cit.*, 31.

37 Anṭūn, *Ibn Rushd wa-falsafatuhu*, 185.

38 Cela apparaît même dans le roman à épisodes de Faraḥ Anṭūn *Al-dīn, al-ʿilm wa-l-māl*, paru par épisodes dans *al-Jāmiʿa* en 1903, dans lequel les idées de Karl Marx sont implicitement introduites.

39 «Al-qarn al-ʿishrūn», *al-Jāmiʿa*, 1 (1900), 457–462. Lire aussi Niqūlā Ḥaddād, «Ḥuqūq al-ʿummāl wa-aṣḥāb al-māl», *al-Jāmiʿa*, 5 (1907), 410–415 et «Khuṭba wa-qaṣīdat Faraḥ Anṭūn ladā shallālāt Niyaghara wa-ʿalā l-jabal», *al-Jāmiʿa*, 6–7 (1908), 201–218. Dans le sermon, Anṭūn raconte son émigration et demande aux chutes du Niagara de se rappeler dans l'avenir cet homme venu de l'Orient dont l'âme est faite d'un mélange étrange de l'esprit de l'Orient et de l'Occident. Lire aussi «Āfāt al-tamaddun al-ḥālī fī l-wilāyāt al-muttaḥida al-amirikiyya», *art. cit.*, 711–715.

temps, que faisaient nos écoles? Elles formaient des étudiants experts dans la consommation de ces marchandises et peu connaisseurs des moyens leur permettant de les payer. Et quels furent leurs enseignements? De la grammaire, de la rhétorique, de la poésie ... Si nous sommes satisfaits de cette situation et nous voulons demeurer d'éternels commis travaillant pour le bien-être de l'Europe, nous n'avons qu'à rester tels que nous sommes sans accorder le moindre intérêt aux lycées techniques et agricoles.»[40]

Le progrès

Le thème du progrès est omniprésent dans l'œuvre de Faraḥ Anṭūn. Il définit cette notion exclusivement par référence à la raison et à la science[41], et par opposition à la foi, ce qui lui a valu d'être taxé d'athéisme, soit par les adversaires de l'époque, soit par les rares réflexions contemporaines portées sur son œuvre[42]. Pour Anṭūn, la civilisation de l'Europe se ramène au triomphe de la science et de la philosophie et à la séparation entre le spirituel et le temporel. Tandis que les véritables causes du retard dont souffre l'Orient trouvent leurs origines dans la soumission et la dépendance irréfléchie des Orientaux aux théories et aux cadres religieux traditionnels. Anṭūn pose le principe que la raison et la science inaugurent un ordre nouveau dans l'histoire humaine, et qu'aujourd'hui cet ordre-là est devenu une réalité concrète en Europe. Il n'oublie pas non plus la philosophie qui est une «source de lumière» et une garantie de l'entente entre les différents éléments orientaux[43]. Il fait porter ses critiques sur les théories de réforme d'inspiration religieuse en cours à son époque. Il leur oppose les principes

---

40 «Khawf al-gharb min al-sharq», *al-Jāmiʿa*, 2 (1901), 719–724; «Sūriyya al-qadīma wa-l-ḥadītha», *al-Jāmiʿa*, 92–103.

41 «Rinān wa-inkārihi al-ʿajāʾib», *al-Jāmiʿa*, 3 (1902), 620–624.

42 Ainsi, le patriarche grec-orthodoxe Ighnātiyūs Hazīm le qualifie d'«athée, amateur d'attaques contre l'Eglise, à l'image de ses maîtres: Voltaire, Diderot, Rousseau, Renan et Jules Simon. Mais à la différence de ces derniers, qui furent savants et possédaient une connaissance pratique sur les religions qu'ils attaquaient au nom de la science, Anṭūn n'est qu'un homme cultivé qui attaque la religion dans un but politique, ou pour complaire aux mouvements de libération alors en vogue dans le monde arabe», dan: «Shawāghil al-fikr al-ʿarabī al-masīḥī mundhu 1866», *Al-fikr al-ʿarabī fī miʾat sana,* Colloque de l'Université Américaine de Beyrouth, 1967, 364–365. Voir aussi Samīr Abū Ḥamdān, *Faraḥ Anṭūn wa-ṣuʿūd al-khiṭāb al-ʿalmānī*, Beyrouth: Dār al-kitāb al-ʿālamī, 95–96. L'auteur ramène toutes les conceptions réformistes de Faraḥ Anṭūn au simple fait qu'il fut chrétien, autrement dit qu'il appartenait à une minorité religieuse qui, d'après l'auteur, voyait dans les valeurs et les théories occidentales un moyen de s'échapper de sa condition socio-politique.

43 «Iʿādat al-falsafa ilā l-sharq», *al-Jāmiʿa*, 4 (1903), 281–284.

européens, qui font de l'évacuation de la religion hors du cercle de la vie civile une nécessité pour l'évolution de l'humanisme, qui élèvent la raison au-dessus de la foi et en font le seul critère des faits de la connaissance, du progrès et même de la foi. Comme les propagandistes de la théorie de la réforme religieuse, mais à l'inverse, Anṭūn cherche à persuader les Orientaux que l'évolution socio-politique, morale et matérielle de l'Orient doit s'effectuer par l'ouverture aux idées de progrès et de modernisme «... en conformité avec la civilisation européenne ...»[44] dans l'ordre de l'esprit et dans le domaine de la pratique.

Dans son apologie de la raison, l'essentiel consiste à prouver que toute conciliation entre la religion et la raison est trompeuse. Car toutes les religions sont des assemblages de superstitions et de miracles, et si elles ne l'étaient pas, la raison les aurait détruites depuis longtemps[45]. Le progrès de l'Europe, pour Anṭūn, plonge ses racines aux sources du principe de la séparation entre la foi et la raison. Les Orientaux devraient adopter ce principe pour atteindre à leur tour le progrès intellectuel et scientifique. L'Europe, qui apparaît à Faraḥ Anṭūn comme l'image de la civilisation authentique, fonde la nouvelle religion de la science, fruit de la séparation entre la foi et la vie civile[46], dont la base réside toujours dans la tolérance[47]. Ce furent les écrits des hommes comme Voltaire et Rousseau qui détrônèrent la religion et firent éclater la Révolution française. La réforme ne peut s'accomplir que par deux moyens: le soutien du roi lui-même et l'intelligence des grands esprits capables de dire la vérité et de réveiller les gens[48]. Anṭūn, influencé par ses lectures, commentant la traduction arabe du *Royaume de Dieu est en nous* (1893) de Léon Tolstoï (1828-1910), reproche à l'écrivain russe son appel à la réforme humaine sur la base de la religion chrétienne, l'authentique, débarrassée des dogmes et des miracles[49]. En même temps, il traduit son roman *La Résurrection* (1899), qui valut à Tolstoï d'être excommunié en 1901, et fut l'occasion pour lui d'une rupture brutale et complète avec l'Eglise.

Anṭūn admire chez les nations européennes leur capacité à assimiler en l'espace de deux cents ans tout l'héritage des Grecs, des Romains et des Arabes, à l'enrichir de nouvelles découvertes de l'esprit et de la science,

---

44 Anṭūn, *Ibn Rushd wa-falsafatuhu*, 31.

45 *Ibid.,* 169 et 172.

46 *Ibid.,*192.

47 *Ibid.*, 185.

48 *Ibid.,*193.

49 *al-Jāmiʿa*, 2 (1900), 370–380.

grâce auxquelles la religion fut vaincue [50]. Il s'ensuit que les Occidentaux assument la tâche du progrès humain depuis des siècles, depuis qu'ils se sont chargés de doter leurs citoyens d'une éducation scientifique. L'Oriental , privé de cette éducation, se trouve toujours sous l'emprise de la passion et non de la raison. Et il n'est possible de prévoir un avenir oriental prometteur d'élan, de cohésion et d'efficacité que par l'ouverture, comme en Europe, des portes de la raison et de la science. L'énergie latente de l'homme oriental pourra alors se libérer et transcender le passé afin de former un homme nouveau, émancipé des contraintes de l'héritage, et assurer le progrès dans le monde arabe futur[51].

Conclusion

Nul doute que Faraḥ Anṭūn est occupé par l'Europe, et séduit par son évolution continue. Il ne se contente pas de lire celle-ci, il la décrit, l'explique, la justifie, et cherche à en saisir les structures et les lois. Pourtant, l'image de l'Europe est contradictoire dans son œuvre: d'un côté, le modèle de l'ordre, de la culture, du progrès et des valeurs humaines, de l'autre (timidement révélée, il est vrai) celui de la domination, de l'arrogance et de la perfidie. Cette image subissait donc des retouches et des corrections, mais ne fut jamais remise en cause, car, aux yeux de Faraḥ Anṭūn, toute évolution ne se fait pas sans peine, sans conflits, et n'échappe pas non plus aux abus. L'image qui prévaut est la première: celle de l'Europe comme un pont sur lequel devrait passer l'humanité afin de retrouver le salut. Une image réaliste, dans la mesure où elle reconnaissait la victoire européenne et le retard oriental. Car ce qui préoccupait Anṭūn, c'était avant tout l'avenir de l'Orient. Mais cette image qui nourrissait son œuvre l'empêchait de se construire un système de pensée propre. Elle lui interdisait tout approfondissement des données historico-sociologiques, non seulement de la civilisation européenne, mais aussi des problèmes arabes ou orientaux. Peut-être était-il bloqué par le souci de fidélité à la pensée des philosophes et des écrivains dont il transmettait et traduisait les idées et les œuvres ? Le résultat fut la domination totale de cette image de l'Europe, par laquelle Anṭūn communiait dans l'amour et la vénération de la raison, de la science, de la tolérance et du progrès. Il se contentait d'affirmations massives, appuyées sur des données tirées des œuvres lues et traduites, qui constituaient les matériaux de base de sa pensée, mais qui étaient de son

[50] Anṭūn, *Ibn Rushd wa-falsafatuhu*, 187.

[51] *Ibid.*, 189–190.

point de vue les arguments décisifs par excellence. Et s'il faut reconnaître à Faraḥ Anṭūn le mérite de s'être donné la peine de faire connaître l'Europe aux Orientaux, il convient toutefois de regretter qu'il n'ait pu faire connaître, comme le déclarait *al-Jāmiʿa* dès sa préface, l'Orient aux Européens. Si ses tendances intellectuelles et philosophiques l'ont porté à présenter et à défendre la philosophie d'Ibn Rushd, c'est avant tout pour opposer la raison à la foi et offrir une habile défense, celle de ses *Réponses* à Muḥammad ʿAbduh, de la réussite et du progrès européens.

WESTERNIZATION OF LEVANTINE MALE CLOTHING

SALEH M. BARAKAT

As an art dealer in Beirut during the 1990s, I used to buy and sell different types of paintings both by Lebanese artists and by foreigners who depicted Lebanese subjects in their work. One of the most prevalent genres available on the market was, and still is, classic human portraiture. During the first part of the twentieth century, portraits were very fashionable and served as symbols of high social status; in fact, they were virtually the only category of artwork widely collected and displayed up until the time of the French Mandate.[1] Thus, while other genres, such as still lives and landscapes, came into greater prominence with the second generation of Levantine artists, it was religious paintings and portraits that largely preoccupied the pioneers.

Although these portraits possess sentimental value for the descendants of the individuals they depict, they are not particularly interesting artistically. A few were executed by talented pioneers, but most are mainly characterized by their mediocrity and their adherence to the classic style of the Academy. Over the years, however, I realized that these portraits, while practically identical in their creative composition (whether full portrait, two-thirds, half-portrait, or on the side of an armchair), did have one principal variation: the costumes worn by the subjects. Some of them were very Oriental; others very European. It was only after reading the abstract of a proposed seminar on the Westernization of the Levant that I realized that these dull, second-rate portraits were potentially a rich source of primary information regarding the evolution of local styles of dress at the turn of the century – from typical Levantine attire to a more Western style of fashion. In their majority, these portraits have the advantage of being dated and identified; hence, for two consecutive years, I collected data related to this neglected school of art, trying to trace the gradual transition in fashion and dress code.

---

1 Saleh Barakat, "The Beginning of the Image in Levantine Interiors," in Bernard Heyberger and Sylvia Naef, eds., *De l'estampe à la télévision: la multiplication des images en pays d'Islam (17ème - 20ème siècles)*, Istanbul (forthcoming).

One of my main concerns at the beginning of my research was to understand the disparity in dress between people living in the same place at around the same time. It was quite curious to see two portraits from 1898, one showing the sitter in European dress and another depicting him – for my study focused upon male attire – in Oriental garments. No comparison may be made to the similar case of the two portraits of Sultan Maḥmūd II, both by the same artist, which were painted before and after the reform of military dress in the 1830s. Rather, what puzzled me was the coexistence of both types of garb and the clear message being conveyed about those who wore them. In this part of the world, clothing has a special importance; it serves not only to protect the wearer from the elements or to preserve decorum, but also to affirm origins, to indicate identity and to send signals to other members of a collectivity (which may be based upon ethnicity, religion, sect, or region). The Middle East has always been characterized by the pluralistic groups forming its mosaic, each having its own distinctive mode of dress.[2]

It is a well-known fact that the first serious attempts to westernize dress in the Ottoman Empire started during the reign of Sultan Maḥmūd II (1808-1839). The sultan himself adopted a European-style uniform and imposed Western-style garb upon his court at Topkapi Palace. The officials of the Sublime Porte began wearing frock-coats and trousers and, through slow diffusion during the second half of the nineteenth century, this new trend gradually spread among civil servants across the empire.[3] However, this evolution only affected the dress of the average man – whether urban or rural – at a much later date and apparently took still longer to become accepted within certain strata of society. This paper will try to investigate this issue by thoroughly examining a sample of portraits of dignitaries and others executed by local artists between 1879 and 1930. The sample consists of 40 paintings and photographs carefully chosen to represent a wide array of groups covering most of the areas of the Levant during the aforesaid period.

The earliest known non-religious portrait in the Levant is a painting executed by Dāwud al-Qurm (1852-1930) in 1879. Hanging in the National Museum of Damascus, it depicts a rich trader from that city by the name of Zanānīrī.[4] Because only religious paintings or portraits of religious leaders were produced before his time, Dāwud al-Qurm is com-

---

[2] Bernard Lewis, *The Middle East. A Brief History of the last 2,000 years*, New York: Simon & Schuster 1997, 4.

[3] *Ibid.*, 5.

[4] Nadīn Muḥāsib, *Dāwud al-Qurm*, Beirut, 1998, 189.

monly accepted to have been the first professional portrait painter born in the Levant. Although other works by al-Qurm have been assigned earlier dates – especially since his career as a painter began with his move to Rome in 1870 – the oldest dated painting remains the Zanānīrī portrait. In this painting, Zananiri is wearing traditional attire consisting of the following: *shirwāl* (local trousers measuring up to 2.80 metres in width and allowing maximum flexibility); a *shamla* (a long strip used as a wrap belt); a *mintiyān* (from French "maintiene", knee-length traditional jacket or robe with a velvet or fur collar); a *ṣadriyya* (brocade waistcoat); an Arabic shirt; a *ṭarbūsh* (typical headgear of Moroccan or Austrian origins); *madās* (locally-designed shoes); and a long pendant holding a watch or a seal.

Buṭrus al-Bustānī (1819-1893), also painted by al-Qurm[5] in the same period (the painting is not dated, but Bustānī looks to be in his sixties), is shown wearing nearly identical attire. A photo of Salīm Labbān,[6] dated 1889, falls into the same category.

Ḥājj Ḥusayn Bayhum (1833-1881) is dressed differently in his portrait,[7] and in much the same manner as Sheikh Yūsuf al-Asīr[8] and Ḥabīb Naqqāsh.[9] All three men wear a *kumbāz* (robe, usually striped vertically); a cashmere (in winter) and muslin (in summer) belt; a jacket; and a *laffa* or *ʿimāma* (headgear).

The influence of the uniform of the Ottoman Imperial Court became widespread in the 1880s, about fifty years after this style of dress first appeared in Istanbul. The most obvious example may be seen in the 1888 portrait of Nakhla Pasha Muṭrān, also by al-Qurm.[10] In it, the sitter is wearing the typical official Ottoman ensemble composed of a collarless shirt; a long jacket buttoning up to the neck; trousers; a *ṭarbūsh*; and decorations.

Salīm Tābit, as painted by Salīm Ḥaddād in the same year,[11] is wearing a similar outfit but without the brocade ornamentation on the front and the sleeves of the jacket. Salīm Bey Tābit, born in Beirut in 1858, studied in

5 *Ibid.*, 165.

6 Mukhtār ʿĪtānī and ʿAbdallaṭīf Fakhūrī, *Bayrūtunā*, Beirut, 1995, 19.

7 Muḥāsib, *Dāwud al-Qurm*, 178.

8 *Ibid.*, 197.

9 *Ibid.*, 199.

10 *Ibid.*, 185.

11 *The Artist's View: 200 Years of Lebanese Painting*, London, 1989, 25; this is the catalogue of an exhibition at the Barbican Centre.

Istanbul, where he became friendly with many high-ranking officials of the Ottoman government. Sultan ʿAbdul Ḥamīd II requested that he accompany Kaiser Wilhelm II and the empress during their visit to Baalbeck and Damascus and he further received the imperial couple at his estate in Zubdul, Bekaa. Although the costume that he is wearing is largely Western-inspired – with some adaptations – it was most probably imitative of the garb of the Ottoman Imperial Court rather than European fashion.[12]

The most interesting discovery made during my investigation is that the typical European costume was surprisingly absent up until this time. In fact, by the 1880s, Levantine dress, as depicted in portraits, was much less Europeanized than one might imagine. The rare exceptions are portraits of people who actually lived in Europe, such as Count Rashīd Daḥdāḥ (1819-?) who had spent his time between Paris and Marseilles since 1845.[13]

Moreover, a comparison with photographic portraiture from the same period (c. 1880) by men such as G. Ṣābūnǧī and Kūvā (Kova) corroborates this assessment without exception when it comes to local people.[14]

During the last decade of the nineteenth century, the European mode of dress becomes more apparent, especially in the urban context. Consuls for the Western Powers were gaining greater political influence in a weakening Ottoman Empire and encouraging local calls for an end to Ottoman rule. The Sublime Porte was the final obstacle to the unconditional opening of the Levantine market to European goods and products, and European industry desperately needed new outlets. Meanwhile, the thinkers of the Arab renaissance were preaching modernization, then seen as the assimilation of everything European[15] – including clothing. Europe had become the Levant's new mentor, while identification with Ottoman civilization had come to represent stagnation and even backwardness. Indeed, the local population had never been known for xenophobic nationalism and had been relatively open to European influence since the seventeenth-century rule of the Druze emir, Fakhr al-Dīn. Thus, they tended to favour contact and exchange with the West in all fields – such as commerce, tourism, industry, agriculture and education – a tendency particularly prevalent among minorities. By the end of the nineteenth century, there was an increasing awareness of how much the country had suffered through isolation under Ottoman rule. Despite their awareness of Europe's imperialistic

12 *Ibid.*, 127.

13 Muḥāsib, *Dāwud al-Qurm*, 173.

14 Archives of the *Fondation arabe pour l'image*, Beirut, 1999.

15 ʿAbdallāh al-Nadīm, *al-Ustādh*, comp. ʿAbd al-Munʿim al-Jumayʿī, vol. 1, Cairo, 1994, 203.

intentions, they nonetheless acknowledged the benefits of interaction (*al-mukhālaṭa al-mubāraka*) to both parties: Europe gained wealth and the East acquired knowledge.[16] Unfortunately, however, the blind imitation of Europe was seldom accompanied by any weighing of the obvious benefits against the hidden liabilities, which sometimes had a devastating effect on regional culture and identity. One might argue that the profound admiration for Europe was accompanied by an inferiority complex toward it. What is certain is that, with the commencement of the 1890s, some people began to adopt the European style of dress in its entirety – with the sole exception of headgear, for the *ṭarbūsh* still held precedence over the hat. One of the earliest portraits in this category dates back to 1896 and depicts Yūsuf Salīm Naʿmān, again painted by Dāwud al-Qurm.[17] Earlier, in 1895, Khalīl Ṣalībī painted a self-portrait in Western costume, but without a *ṭarbūsh*.[18]

Between 1890 and 1910, the sample shows that both modes of dress coexisted. Generally city-dwellers, those who opted for the European costume were rich bourgeois cosmopolitans who were making their fortunes in business dealings with Europe. For the most part, they belonged to the Christian minorities, which had suffered certain disadvantages under an Ottoman hegemony that had tended to favour Muslims, especially Sunnis like themselves. The conservative Sunnis showed greater resistance to this trend toward the Westernization of dress, along with the rural population, which was less directly confronted by the societal changes taking place in the urban environment. They continued to wear the traditional costume until the late 1920s, by which time France's mandatory regime was well-established and the inhabitants of urban centre had, for the most part, adopted European dress: essentially a three-piece suit with a white shirt and a tie – the only difference that remained was the *ṭarbūsh*. Until the late 1940s, most Muslim men – Sunni and Shiʿi alike – continued to wear the *ṭarbūsh*; portraits of Riyāḍ al-Ṣulḥ and Aḥmad al-Asʿad provide typical examples. By contrast, the generations of Muslims born after 1920 seldom wore headgear and adopted full European attire with absolutely no distinctive variations.

Thus, a sampling of portraits from 1920 shows that a minority of local men still favoured the traditional dress code, but such portraits are rare by 1930. Today, the *shirwāl* and *ṣadriyya* may only be seen in remote areas of

---

16 Mūḥammad Rīḥān, *ʿAbdallāh al-Nadīm*, unpublished MA thesis, American University of Beirut, 1998.

17 Muḥāsib, *Dāwud al-Qurm*, 207

18 Samīr Ṣalībī, *Khalīl Ṣalībī*, Beirut, 1986, 5.

the Druze Mountain, for most Lebanese people fail even to don them for folkloric celebrations. Still more telling, when I interviewed a Druze sheikh in Mount Lebanon about his clothing, he was almost unable to tell me the original and specific names for the different garments he was then wearing. Traditional attire has become an artefact of a distant and forgotten past.

L'IMAGE DE L'OCCIDENT CHEZ JURJĪ ZAYDĀN, A TRAVERS SON VOYAGE EN EUROPE (1912)

SOUAD SLIM

Introduction

L'étude de l'image de l'Occident chez Jurjī Zaydān, telle qu'elle s'exprime dans son Voyage en Europe, nécessite à notre avis quelques précisions.

Bien qu'étant né à Beyrouth («le jour du décès du prince Albert en 1861»)[1], qu'ayant reçu son éducation et ayant débuté ses premières expériences professionnelles dans cette ville, Jurjī Zaydān ne se reconnaît dans cet ouvrage que comme exclusivement égyptien. Dans son autobiographie publiée par Thomas Philipp, il précise qu'il a quitté Beyrouth pour Alexandrie à bord du bateau d'un commerçant anglais en octobre 1883, un an après les événements de ʿUrābī. Son but était de poursuivre ses études de médecine en Egypte. Donc, sur les 53 années de sa vie, Zaydān en aurait vécu seulement 22 ans au Liban [2]. Son engagement et ses références, tout au long de sa relation de voyage en Europe, se rapportent à l'Egypte. C'est avec celle-ci qu'il compare les différents pays d'Europe, et c'est pour elle qu'il écrit ses observations et ses remarques. Dans les cent cinquante pages consacrées à l'Angleterre et à la France, aucune référence n'est faite à son pays d'origine ou à ses souvenirs de jeunesse.

Quant à son appartenance à l'orthodoxie antiochienne, il est notoire que Zaydān n'était pas pratiquant, mais appartenait à une loge de la franc-maçonnerie, qui joua un rôle essentiel dans le déroulement des événements ayant précédé la chute de l'Empire Ottoman. Cette organisation, bien que comptant dans ses rangs plusieurs membres du haut clergé grec orthodoxe,

---

1 Thomas Philipp, *Ǧurǧī Zaydān. His life and thought*, Beyrouth: Orient-Institut der Deutschen Morgenländischen Gesellschaft, 1979, 131.

2 *Ibid.*, 205–206.

avait choisi le parti de la sécularisation et de la séparation du spirituel et du temporel.[3]

Pourtant, dans son *Voyage en Europe*, Zaydān fait l'éloge de la piété et du sentiment religieux. Il note avec beaucoup de regrets la régression de la religion en France et ses résultats néfastes sur la société de ce pays. Cette religiosité sociologique que l'auteur cherche à favoriser serait essentielle pour résoudre beaucoup de problèmes au niveau des mœurs, de l'économie et de la société en général.

Dans son regard sur l'Europe, Jurjī Zaydān semble être - ou semble souhaiter être - un Occidental. Oriental occidentalisé par son engagement dans la franc-maçonnerie et son métier de journaliste et d'écrivain – historien, pouvait-il porter sur l'Europe du début du XX siècle un regard autre qu'admiratif? La position politique de Zaydān, personnalité centrale du mouvement de la *nahḍa* arabe, est orientée vers la promotion du sentiment national. L'ensemble de son œuvre littéraire et historique a essentiellement cherché à arabiser le patrimoine historique de l'Islam et à le présenter comme le passé national glorieux de tous les Arabes, sans distinction de religion ou d'origine. Ses romans historiques ont largement œuvré pour la popularisation de ce patrimoine et de cette histoire, dans différentes catégories de la société, non seulement de son temps, mais pendant tout le XXe siècle. Ce courant du nationalisme arabe d'inspiration occidentale était considéré comme essentiel dans l'affirmation d'une identité qui aurait pu, tout en adoptant le parti du progrès, résister à son propre effacement devant l'impact de l'Occident[4]. Ce nouveau mouvement d'opinion a été délibérément soutenu et encouragé par les groupes de la franc-maçonnerie répandus à travers la Syrie et l'Egypte[5]. Pour Zaydān, l'Europe ne pouvait qu'être le modèle de la civilisation. Et pourtant, il en a une approche souvent critique. C'est d'un point de vue de nationaliste arabe qu'il l'aborde et qu'il la décrit. Dans l' image de l'Europe, il recherche en fait son propre patrimoine. C'est donc d'une image- miroir qu'il s'agit. C'est l'occasion pour lui de disserter sur les civilisations et de présenter leurs différentes spécificités, afin qu'il soit loisible de choisir entre elles. Cette présentation ne se fait pas en fonction des pays européens qu'il nous décrit, mais en fonction des besoins de l'Egypte. Néanmoins, la comparaison ne s'établit

---

3 Zayn Nūr al-Dīn Zayn, *Nushūʾ al-qawmiyyāt al-ʿarabiyyāt*, Beyrouth: Dār al-Nahār, 1986, 61, 196 (notes 16 et 17).

4 Thomas Philipp, «Language, History and Arab National Consciousness in the Thought of Jurjî Zaidân 1861-1914», *International Journal of Middle Eastern Studies* 4 (1973), 3-22.

5 Zayn, *op. cit.*, 196 (notes 16 et 17).

pas seulement par rapport à celle-ci, car il confronte aussi entre eux les deux pays européens concernés par ce voyage, la France et l'Angleterre. C'est l'auteur qui marque ses préférences et qui choisit ce qui, selon le cas, lui paraît le mieux.

C'est le voyageur juge, le voyageur consommateur, qui repère des modèles et nous les propose à imiter, à consommer, à adopter selon le cas. Ce processus de mimétisme qui s'est généralisé à l'époque de Zaydān (1861–1914), aussi bien dans le Bilād al-Shām qu'en Egypte, devient critique et sélectif dans ses souvenirs de voyage. Cette attitude, pratiquée à l'échelle des civilisations, menait les différentes sociétés à deux situations nettement différentes et opposées. C'était soit une acculturation conduisant à l'assimilation et à l'intégration, donc à une occidentalisation et une modernisation de la société, soit une identification au modèle qui aboutissait tôt ou tard à une situation de conflit, le processus de mimétisme menant à une comparaison et même à une concurrence avec le modèle suivi.

La relation de voyage de Zaydān apparaît très inégale quant à son contenu. L'auteur consacre les 94 premières pages à la France, puis 56 à l'Angleterre et 2 seulement à la Suisse. Il commence par préciser que ce n'est pas un annuaire ou un guide pour les visiteurs éventuels[6]. Les renseignements qu'il donne au gré de ses observations sont pris de journaux, de publications ou d'études dont il ne précise pas la source. Les thèmes abordés sont le régime politique, l'économie, la démographie, la société, les femmes, le patrimoine historique, les musées et l'éducation. Ils ne sont pas traités selon une même analyse ou un même objectif, mais selon ce que l'auteur trouve dans les publications de ces pays. La statistique, méthode essentielle de la géographie moderne, est largement mise à contribution dans cet ouvrage, sans pour autant être systématique. Ainsi, en parlant de l'éducation comme élément essentiel de la modernisation et de l'évolution en France et en Angleterre, Zaydān indique pour la première le nombre d'étudiants dans chaque spécialisation ou discipline,[7] et pour la seconde le nom des universités, leur emplacement et la date de leur fondation[8]. Il fournit en plus, pour l'Angleterre, un relevé du nombre des nouvelles publications selon leur thème. Ainsi nous apprenons que sur 3027 ouvrages récemment publiés, 570 titres sont des romans et des histoires humoristiques.

Lorsqu'il aborde la démographie, l'auteur donne le détail de la superficie, de la population, du revenu et de la richesse de toutes les colonies et

---

[6] Jurjī Zaydān, *Riḥla ilā Awrūbā*, Le Caire: Dār al-Hilāl, 1923, 3.

[7] *Ibid.*, 13.

[8] *Ibid.*, 100.

provinces britanniques[9], alors que pour la France, le sujet des colonies est totalement occulté. Dans l'optique de l'auteur, cette attitude est logique, car, dans tout son récit, il considère la France comme le modèle de la liberté et du renouveau, avec tout ce que cela suppose comme avantages et inconvénients. Parler des colonies de la France aurait peut-être infirmé ses propres affirmations à ce propos.

I- Une image de l'Europe pour l'Egypte

L'Egypte apparaît dès l'introduction, dans laquelle l'auteur exprime le but de son voyage et de son récit. Aussi, cette relation s'adresse-t-elle directement au lecteur qui ressent le besoin de défier la civilisation occidentale. Il s'agit de distinguer ce qui convient ou ce qui est défavorable dans cette civilisation[10].

Dans son rapport, et à plusieurs reprises, l'auteur compare la civilisation française ou anglaise à celle de l'Egypte, tantôt pour valoriser cette dernière, tantôt pour en noter les faiblesses. Le premier sujet abordé pour ces comparaisons, c'est l'éducation. Après avoir donné des détails sur les différentes universités et leurs spécialisations, le nombre d'étudiants dans chaque discipline et le nombre d'étudiants étrangers et français, ainsi que le nombre d'étudiantes (dont les deux tiers sont françaises)[11], Zaydān inclut dans cette partie deux pages sur l'éducation en Egypte. Il note l'absence d'écoles supérieures et l'insuffisance du système scolaire, pour ce qui est de ses effectifs et de son niveau. La raison serait le désintérêt du gouvernement et des riches en Egypte. La comparaison essentielle dans ces deux domaines porte sur les budgets octroyés à l'enseignement par la France et par l'Egypte. Cette comparaison subit une extrapolation pour inclure la part de la défense et de la dette de l'administration dans les budgets des deux pays[12].

Une autre comparaison est aussi introduite par l'auteur, mais cette fois plus positive à l'égard de l'Egypte. C'est dans cette dernière qu'on trouverait le luxe, l'art et la beauté. La civilisation de l'Egypte moderne serait une miniature de la civilisation de Paris. Ainsi, le Khédive Ismāʿīl Pacha, grand admirateur des Français et de leur civilisation, aurait le mérite d'avoir été le promoteur de l'urbanisation moderne de la ville du Caire et de son aménagement urbanistique. Et c'est pour imiter Paris qu'il aurait

9 *Ibid.*, 98-99.

10 *Ibid.*, 3.

11 *Ibid.*, 13.

12 *Ibid.*, 17-18.

construit les grandes artères, les grands bâtiments et les monuments grandioses de cette ville[13]. Là, le mimétisme n'est plus sous-jacent au texte. Il n'intervient plus de manière indirecte, mais se présente franchement, sans aucun souci de réserve.

Ces comparaisons s'attaquent aussi aux vices et aux tares de la société moderne. En abordant le problème de l'alcoolisme répandu en France dans la classe ouvrière, Zaydān fait allusion à l'utilisation du haschich, herbe très répandue en Egypte, malgré son interdiction officielle[14]. Et l'auteur note un domaine où l'Egypte s'est malencontreusement inspirée de la France : c'est celui de la prostitution, autorisée par le gouvernement français. Cette prostitution déprave les missions égyptiennes. Les étudiants égyptiens non initiés se perdent dans les dédales du quartier latin, où ce vice est très répandu, et où ces jeunes sont censés terminer leurs hautes études. L'auteur met ici en jeu la responsabilité des parents qui devraient, selon lui, envoyer plutôt leurs enfants étudier en Angleterre, où le gouvernement prohibe la prostitution[15]. Et toujours sous le titre des missions égyptiennes, Zaydān poursuit ses propos sur la prostitution dont il énumère les causes: le travail des femmes, la tentation de l'argent dans les petits métiers (vendeuses et serveuses), la tiédeur du sentiment religieux et de la piété dans le cœur des femmes. Le journaliste semble s'être aussi renseigné sur les nationalités des prostituées, parmi lesquelles un grand nombre vient de Russie, d'Allemagne et des campagnes françaises précédemment considérées comme conservatrices et vertueuses.

L'auteur note aussi les conséquences négatives de cette tare dans la société, où les hommes et les femmes ne se marient plus et ne veulent plus avoir d'enfants. Ce qui entraîne une baisse de la croissance démographique en France, dont la population est restée stagnante durant les quarante dernières années, alors que celle d'autres pays européens a doublé durant la même période[16].

Ces observations sont menées dans le cadre de sa description de la situation de la femme en Europe, et spécialement en France. Zaydān commence ce chapitre par des citations d'un poète arabe comparant les femmes aux démons. Mais avec la civilisation moderne, la femme évolue et devient partenaire et associée de l'homme. Elle est son égale dans l'éducation, le travail et la découverte[17]. Là encore, l'occasion se présente pour passer à

---

13 *Ibid.*, 19.

14 *Ibid.*, 35.

15 *Ibid.*, 42.

16 *Ibid.*, 43-46.

17 *Ibid.*, 40.

l'Egypte, où les filles d'une élite sociale s'instruisent, mais finissent par attendre un mari chez leurs parents. Rares sont celles qui travaillent, et uniquement dans les deux métiers qui leur sont permis: l'enseignement et la couture. L'auteur note qu'en Europe, dans certains milieux professionnels, les femmes ont une mauvaise réputation, surtout à Paris et dans les grandes villes, et il s'empresse d'assurer que cette situation lui fait préférer le statut de la femme orientale dont le lot est l'ignorance et la privation de liberté. Pour lui, la femme a été créée pour s'occuper de sa famille et éduquer les enfants, et non pas pour se charger du travail des hommes[18]. Et si elle le fait, qui s'occupera des enfants? Faire appel à des nourrices et à des servantes (pratique très en vogue dans la société égyptienne), n'est pas une solution appréciée par l'auteur.

C'est essentiellement en abordant le sujet du caractère des Anglais et de leur éthique que Zaydān cerne la différence essentielle entre la civilisation moderne et celle des Arabes. C'est au niveau de la superstructure que l'écart est décisif. Les qualités des Arabes de l'époque classique (la tolérance, la générosité, le pardon, le courage, l'hospitalité, l'action fondée sur l'élan du cœur) n'ont pas leur place dans la civilisation moderne, essentiellement fondée sur la réciprocité des droits et des devoirs. Toute cette éthique de la tradition arabe est exclue des civilisations européennes, qui ne sont mues que par l'intérêt de la nation, le maintien de la justice et les nécessités de la politique[19]. L'anachronisme qui consiste à comparer l'époque classique arabe à la civilisation moderne ne dérange pas l'auteur, qui semble ici avoir perdu son acuité d'observation en tant que journaliste et son sens chronologique en tant qu'historien. Serait-ce pour mieux prouver la contradiction entre les deux sociétés, et donc pour assurer la supériorité de l'Occident et l'intérêt qu'ont les Orientaux à choisir ce modèle, que Zaydān a volontairement effectué cette comparaison anachronique? Toujours est-il qu'à chaque observation ou description, il s'arroge le droit de distinguer le bon du mauvais, le bien du mal, et de décider ce qui serait meilleur pour l'Egypte.

II Quel choix de civilisation ? La France et/ou l'Angleterre

Le but de cet ouvrage ne se limite pas à décrire les pays qu'il a visités, mais à en déduire le meilleur pour la civilisation moderne en Egypte. L'auteur privilégie certains thèmes et en occulte d'autres. Il est en admiration devant les accomplissements du modernisme, de la technologie, de

---

18 *Ibid.*, 41.

19 *Ibid.*, 122-123.

l'industrie, devant les moyens de transports ou la richesse de l'économie, dans les deux pays. Il privilégie pour l'Angleterre le conservatisme, l'économie, l'éthique[20]. Pour la France, c'est la civilisation, l'art, l'esthétique, les principes de la liberté...[21] Les données de l'économie française sont exprimées en guinées. L'auteur parle de la Banque d'Angleterre et des colonies britanniques[22], mais ne fait aucune allusion à la Banque de France et aux colonies françaises ou aux ressources économiques de la France.

Dans sa présentation des deux pays, Jurjī Zaydān montre une préférence prononcée pour la France. Son admiration ne se manifeste pas seulement par le nombre de pages qu'il lui consacre, mais aussi par le ton des descriptions et l'enthousiasme qu'il y exprime. Il la considère comme une référence et un idéal de la civilisation moderne. C'est le pays de la liberté, de l'égalité et de la fraternité. Les Français sont tout aussi appréciés : ils sont travailleurs, robustes, forts, intelligents, éveillés, vifs d'esprit, éloquents, et ils ont beaucoup de goût pour l'art et l'industrie. L'auteur apprécie l'honnêteté des gens et leur sens du devoir. Tout le monde accomplit ce qui lui est assigné, et paie ce qu'il doit, même sans être surveillé. Ce que Zaydān admire le plus chez les Français, c'est leur goût de l'esthétique. Ils constituent un exemple pour les autres pays pour ce qui est des soins portés au langage, aux apparences et à la beauté.[23] Mais cet intérêt pour la décoration et l'allure risque de coûter cher au consommateur, car ce qu'on achète pour 10 francs n'en vaut effectivement que 2, le reste étant dépensé sur les frais de la présentation et de la publicité[24]. Là aussi, le consommateur oriental est dépassé par la profusion de pancartes et les dépenses occasionnées par l'étalage publicitaire[25]. Ceci donne une occasion supplémentaire à Zaydān de comparer avec l'Angleterre, où c'est la qualité et la solidité de la production qui priment. La mode y est simple et stricte, et si des femmes cherchent à y introduire quelque fantaisie, c'est qu'elles le font pour imiter les Françaises[26].

Deux problèmes autrement plus sérieux que la mode constituent un sujet de comparaison entre les deux pays: il s'agit de l'état de la religion d'une part, et celui de la classe populaire d'autre part. En France, la reli-

---

[20] *Ibid.*, 114.

[21] *Ibid.*, 29-30.

[22] *Ibid.*, 98-99.

[23] *Ibid.*, 18-39.

[24] *Ibid.*, 24.

[25] *Ibid.*, 22-23.

[26] *Ibid.*, 120.

gion est totalement dévalorisée, la piété n'y est plus de mise. Mais la classe populaire y a acquis des droits. Par les syndicats, le peuple a causé beaucoup de tort aux capitalistes, qui, pour récupérer leurs pertes, ont augmenté les prix, ce qui s'est répercuté négativement sur la population. Cette liberté acquise par le peuple français a garanti ses droits, mais a porté tort aux intérêts de la nation[27].

L'Angleterre semble l'emporter aux yeux de Zaydān sur cette question. Les Anglais bénéficient de la fraternité et de la liberté, mais pas de l'égalité. Comme en France, le peuple s'est syndiqué et a fait des grèves. Mais Zaydān estime que l'intérêt porté par la société anglaise au peuple trouve son origine dans les lois de l'Ancien Régime, qui voulaient que le Lord fût responsable de ses employés et de ses gens. Il fait l'éloge des taxes et de l'impôt sur le revenu (5%), qui sont réutilisés dans l'intérêt de la nation et surtout des pauvres[28]. L'auteur exprime son admiration pour les associations de bienfaisance dont la devise est «Pour Dieu, pour la patrie», et qui entretiennent 14 institutions en Angleterre, chargées d'éduquer 9049 orphelins et de leur enseigner un métier. Une fois adultes, ces jeunes sont envoyés aux colonies pour travailler et vivre. Pour ce qui est de la religion, les Anglais sont pratiquants, et ont conservé une piété qui est répandue dans toutes les classes de la société[29].

Ces deux sujets de la classe populaire et de la religion donnent à l'auteur l'occasion d'aborder sur un mode comparatif le thème du congé hebdomadaire. Cette mesure, qui en Angleterre est le résultat de la pratique religieuse, et qui permet aux gens d'aller se promener le dimanche, a été bénéfique à la vie sociale du pays[30]. En France, le congé hebdomadaire obligatoire est le résultat des soulèvements populaires, qui ont réussi à imposer cette mesure comme un droit des travailleurs au repos. Mais selon Zaydān, ce congé est néfaste aux employés, car il occasionne une perte de leurs ressources et une augmentation dans leurs dépenses[31].

Ainsi une même mesure, une même situation, auraient dans ces deux pays européens proches, des causes et des résultats diamétralement contradictoires.

Zaydān opère lui-même une comparaison rapide et structurée entre les deux villes, Paris et Londres, villes jumelles par leur grandeur et leur faste. Londres est plus étendue et plus sombre. Les bâtiments y sont plus vastes,

---

27 *Ibid.*, 36.

28 *Ibid.*, 110.

29 *Ibid.*, 118.

30 *Ibid.*, 111.

31 *Ibid.*, 38.

et la circulation s'y fait à gauche. Mais Paris est plus éclairée et plus belle, et la circulation s'y fait à droite. A Londres, il y a peu de bars et de cafés, les lieux de loisir sont loin des routes principales. Il s'ensuit que le pourboire y est moins fréquent qu'en France. La religiosité est plus forte en Angleterre qu'en France, et il n'y a pas de prostitution à Londres, car le gouvernement l'interdit[32].

L'auteur décide lui-même de ce qui a été bénéfique et de ce qui pourrait l'être dans les deux civilisations. Pour la France, il semble que l'impact de sa civilisation sur l'Orient ait commencé avec la campagne de Napoléon en Egypte. Si elle fut un échec militaire, elle fut largement compensée par l'influence civilisatrice qu'elle initia. La mission scientifique qui a accompagné l'armée française est largement décrite. L'Egypte lui doit son premier journal, sa première imprimerie, son musée... Muḥammad ʿAlī s'est essentiellement inspiré de la France pour ses réformes. Les missions de traduction du français en arabe ont facilité l'adoption des méthodes françaises dans l'agriculture, l'industrie, l'armée et l'enseignement[33].

Les Syriens ont aussi imité la France dans sa civilisation. Marūn Naqqāsh a pris pour modèle le théâtre des Italiens. De même, les Turcs, dans leur nouvelle littérature, se sont inspirés de Montesquieu, Hugo, Rousseau, et d'autres auteurs. Les Perses ont fait comme Muḥammad ʿAlī: en 1854, Nāṣir al-Dīn Shāh a envoyé en France 40 étudiants et 20 officiers qui, à leur retour, ont organisé l'armée et les écoles[34].

Malgré cet éloge enflammé de la France et de son influence en Orient, Jurjī Zaydān émet quelques réserves sur cette civilisation qu'il admire. Il s'agit pour les Orientaux d'éviter l'athéisme, l'excès de liberté mal employée, et ce qui choque la pudeur orientale. Il s'agit «de prendre de leur culture et de leur science ce qui correspond à nos habitudes et à nos traditions». Des qualités bien précises de cette civilisation seraient à adopter, telles que la connaissance du devoir, l'exactitude et le respect des horaires, le polissage des mœurs par la formation du peuple, l'éducation de la femme, l'évolution de la culture et de l'enseignement, le travail et le sérieux[35].

Pour l'Angleterre, il semble que l'auteur ait eu une attitude tout à fait différente. Admirateur de la puissance et du conservatisme britanniques, il estime que la grandeur de cette civilisation n'est pas due à l'intelligence de ses citoyens, mais à l'échelle de valeurs des Anglais, et à leur éthique, qu'il

---

32 *Ibid.*, 106.

33 *Ibid.*, 48–50.

34 *Ibid.*, 51.

35 *Ibid.*, 47.

expose d'une manière très structurée, avec des titres numérotés pour chaque paragraphe. C'est essentiellement la franchise, la persévérance, la fidélité, la piété, l'ordre, le sens du devoir. Leur éducation leur inculque le respect des notables et de la constitution. La déférence envers l'élite et la soumission aux meilleurs n'entraînent pas en retour le dédain ou le mépris comme chez les autres peuples. L'orgueil et l'égoïsme qui caractérisent les Britanniques sont selon l'auteur le propre des peuples forts à l'apogée de leur gloire. Cet égoïsme leur interdit de se montrer secourables et humanitaires, ces deux qualités étant plutôt propres aux Arabes et aux Français, qui s'en montrent fiers[36].

Le respect qu'ils ont pour leurs traditions et leurs coutumes est le même qu'ils expriment pour les traditions et coutumes des peuples qu'ils ont colonisés. Ce qui les intéresse, c'est le profit direct et les ressources économiques et financières de leurs colonies. Celles-ci bénéficient d'une autonomie administrative (Australie, Canada, Transvaal), à condition que les intérêts de la métropole soient garantis. Ils ne cherchent pas à communiquer leur civilisation aux peuples colonisés. C'est ce qui permet à 40 millions de Britanniques de gouverner 350 millions de personnes de différentes races, civilisations et religions. C'est moins, l'intelligence qui manque à ces peuples, que l'éthique, dont font preuve les colonisateurs[37].

Bien qu'occultant totalement la politique de colonisation de la France, Zaydān exprime l'idée formulée plus tard par des ethnologues, que la politique de l'Angleterre à l'égard des peuples colonisés provenait de son indifférence et de son sentiment de supériorité à leur égard[38]. Ainsi, à première vue, cette politique anglaise qui consistait à ne pas s'immiscer dans le système institutionnel des pays colonisés et à lui juxtaposer celui de la métropole, semble avoir été plus respectueuse des différences culturelles que l'attitude assimilatrice de la France, soucieuse de recréer en terre étrangère l'exacte réplique de la structure politique nationale[39]. D'ailleurs dans le dernier paragraphe de ce chapitre, comme nous l'avons vu, Zaydān exclut toute influence de la civilisation anglaise sur les Arabes. L'échelle des valeurs et les qualités de ces derniers sont inadéquates, par rapport aux exigences de la civilisation moderne[40]. Cette réserve n'a pas été précédemment formulée pour l'impact de la civilisation française sur l'Orient.

---

[36] *Ibid.*, 114–120.

[37] *Ibid.*, 121-122.

[38] Sélim Abou, *Cultures et droits de l'homme*, Paris: Hachette, 1992, 121.

[39] Robert Cresswell, *Eléments d'ethnologie*, tome I, Paris: Armand Colin, 1983, 43.

[40] Zaydān, *op. cit.*, 122-123.

III- L'image de l'occident: Image - miroir

Jurjī Zaydān, en réfléchissant sur l'image de l'Occident, cherche à retrouver sa propre civilisation, dans une réflexion qui tend à valoriser l'image initiale de l'Orient. C'est surtout en visitant les musées européens qu'il se cherche. La partie du livre qui y est consacrée commence par une ruse de l'auteur, qui refuse de reconnaître l'absence de musées en Orient. Il estime que les musées de l'Europe correspondent à ce qu'on pourrait appeler «les musées Fatimides» au Caire, et qui sont des collections d'armes, d'objets ou d'outils conservées dans des maisons privées. La différence, précise t-il, c'est qu'en Occident, ils sont ouverts au public, alors qu'en Egypte ce n'est pas le cas[41].

Phénomène paradoxal, les musées français et anglais, destinés à la mise en évidence de l'identité nationale par la valorisation du patrimoine, se voient détournés de leur but essentiel. Dans cet ouvrage, le Louvre, Versailles, le British Museum, servent à découvrir les œuvres et les antiquités du patrimoine oriental. Mis à part le tombeau de Napoléon et la chapelle qui lui est assignée aux Invalides[42], Zaydān ne trouve guère d'œuvres d'art à admirer. Toutes celles qu'il cite ou décrit, qu'il s'agisse de tapisseries gobelins, de peintures ou d'autres objets, concernent de près ou de loin le passé des pays de l'Orient.

Cette notion couvre un éventail assez large de peuples et de périodes. De l'Andalousie à l'Empire ottoman, tous les événements de l'histoire arabe et musulmane sont bons à être repérés dans le patrimoine occidental. Zaydān va jusqu'à y inclure des scènes ou des statues inspirées de la Bible. Ainsi, au musée du Luxembourg, les statues d'Ismaël et de Hagar, et des peintures montrant Caïn et ses parents quittant leur pays[43]. Les représentations des guerres, des croisades, des batailles de l'Empire ottoman ou de l'histoire de Byzance, tout y est cité[44].

Zaydān commence par mentionner deux objets essentiels du patrimoine arabe exposés à la Bibliothèque Nationale: l'épée du gouverneur de l'Andalousie Abū ʿAbdallāh Muḥammad ibn ʿAlī et l'horloge offerte par Harūn al-Rashīd à Charlemagne[45]. Pour le lecteur, pas de doute possible, ces deux objets sont les témoins d'une époque de gloire où les Arabes étaient supérieurs aux Occidentaux. Quant au patrimoine de la peinture

41 *Ibid.*, 59-61.

42 *Ibid.*, 56.

43 *Ibid.*, 76-77.

44 *Ibid.*, 85.

45 *Ibid.*, 74.

orientaliste, il nous est donné avec les dates des événements qu'il représente, sans aucune allusion au peintre, à son style ou à d'autres données relatives à cet art. Ces peintures offrent l'occasion à l'auteur de s'étendre parfois longuement sur des faits historiques suggérés par ces toiles. Ainsi, nous avons droit dans la description des peintures du château de Versailles, à un récit des batailles pour l'occupation de l'Algérie et des prouesses des troupes de ʿAbd al-Qādir dont la libération, par Napoléon III en 1852, est également commémorée par une toile visible à Amboise[46].

De même, la visite du château de Malmaison et des salles de Versailles consacrées à Napoléon nous donne de nouveau l'occasion de revivre, à partir des toiles, la campagne d'Egypte, et de voir les notables égyptiens venus apporter leur soutien à Bonaparte. En fait, ces peintures offrent surtout l'opportunité à l'auteur de tirer des leçons de l'histoire, de formuler des enseignements de la sagesse populaire sur la vanité des richesses, la gloire éphémère, l'importance des hommes par leur action[47].

Les toiles orientalistes nous livrent une vision de l'Orient à travers le regard des Occidentaux, leur imaginaire et leurs aspirations. Et c'est à travers cette vision que Jurjī Zaydān a choisi de regarder son propre Orient et sa propre civilisation. La plupart de ces tableaux rapportent les défaites des Arabes, celles des Ottomans ou des Algériens. Etait-ce pour Zaydān un moyen de plus pour convaincre les Orientaux d'adopter la civilisation moderne des Occidentaux vainqueurs? Tout phénomène de mimétisme ne peut réussir qu'avec le modèle du vainqueur. Une tentative de l'auteur doit également être soulignée: celle de valoriser l'Orient à travers l'intérêt que l'Occident lui porte. Si Français et Anglais nous accordent tant d'attention dans leurs musées et leurs châteaux, c'est que nous leur avons donné quelques soucis, et que nous en valons bien la peine.

Dans son regard sur l'Europe, Jurjī Zaydān appuie son approche sur toute une panoplie de références puisées dans sa culture populaire et dans ses connaissances académiques. Le texte de ce récit de voyage est truffé de proverbes arabes, que Zaydān formule pour expliquer certaines situations occidentales. Ainsi, en parlant des mœurs des Anglais et pour illustrer leur calme et leur sens pratique, qui ne s'encombre pas de sentiments, le principal étant pour eux l'atteinte de l'objectif fixé, il cite le proverbe: «Peu lui importent les cris du muletier, pourvu que sa monture arrive à destination»[48].

---

46 *Ibid.*, 87.

47 *Ibid.*, 92-93.

48 *Ibid.*, 114.

De même Zaydān utilise les proverbes pour introduire son chapitre sur l'élite et le peuple *al-khāṣṣa wa-l-ʿāmma*. Il commence par des citations très péjoratives de l'imam ʿAlī: «Racaille sans scrupules qui applaudit quiconque se met à jacasser» et de Muʿāwiya : «Espèces de bêtes qui se remplissent la panse, et une fois repus plongent dans un sommeil béat»[49].

Mais il s'empresse de préciser qu'en France la situation du peuple est différente, car les gens savent lire et écrire : Ils lisent les journaux. Le peuple a formé des partis et s'occupe de politique.

Cependant, la société est en train de changer. Zaydān décrit le processus de l'industrialisation qui a enrichi les capitalistes, les révoltes populaires dues à la hausse des prix, et les pertes ainsi causées à la nation. La réalité c'est que le peuple suit les chefs qui, par leur éloquence, arrivent à lui plaire. Ce passage nous remet dans l'ambiance des joutes oratoires de l'Athènes du cinquième siècle. C'est l'élite qui régente le peuple et qui détient le pouvoir réel. Zaydān nous semble reprendre la description du peuple donnée par Aristote dans *L'éthique à Nicomaque*.

Nous ne savons si le philosophe grec était au programme scolaire de Zaydān, mais il est sûr que ce dernier baignait dans la littérature de Ibn Khaldūn. Toujours en parlant du peuple, Zaydān utilise les mots *iʿtiṣāb* (solidarité) , *iʿtaṣṣabū* (ils se sont solidarisés). Il vrai que c'est ce concept qui servira, par exemple, à désigner la Société des Nations (SDN), *ʿaṣbat al-umam*. Mais c'est aussi de Ibn Khaldūn que Zaydān semble s'inspirer pour sa conception du mimétisme. C'est bien Ibn Khaldūn qui, en élaborant sa thèse des civilisations, suggère le mimétisme des bédouins vis-à-vis des sédentaires, des vaincus à l'égard des vainqueurs. En parlant de la démographie des pays européens, Zaydān utilise le mot *ʿumrān* (civilisation) qui nous semble également inspiré d'Ibn Khaldūn, chez qui c'est un mot clef[50].

C'est aussi en fonction de la réalité orientale que Zaydān observe l'Europe. En Egypte et dans l'Orient en général se répandent depuis peu les moyens de transport modernes, les écoles, les nouveaux courants politiques, et l'industrie mécanisée... L'Europe n'attend plus d'être découverte par l'explorateur oriental, mais vient envahir les territoires de ce dernier. Le processus de découverte est largement accéléré par l'ouverture de nouvelles voies de communication et surtout par la création de journaux et de revues[51].

---

49 *Ibid.*, 36.

50 Ibn Khaldoun, *Discours sur l'histoire universelle (al-Muqadimma)*, Trad. de Vincent Monteil, tome 1, Beyrouth: Commission internationale pour la traduction des chefs-d'œuvre, 1967, 245.

51 Bernard Lewis, *Comment l'Islam a découvert a découvert l'Europe*, Paris: La Découverte, 1984, 290.

De là l'intérêt de Zaydān pour les tramways, pour l'éducation, pour la politique des pays européens. Dans son soutien au sentiment religieux, tel qu'il lui paraît souhaitable, il cherche peut-être à contrecarrer les avis de certains intellectuels et journalistes partisans chevronnés de la sécularisation, comme Faraḥ Anṭūn ou Adīb Isḥāq. Il ne trouve rien de mieux pour les convaincre que les deux pages de la fin de son livre consacrées à la Suisse. C'est en effet à Ferney que le grand philosophe de l'époque des Lumières, Voltaire, s'était retiré. Et c'est là que ce fervent ennemi de l'Eglise avait choisi de faire construire une église, parce que cela convenait aux habitants du village[52].

Conclusion

Ainsi le regard de Jurjī Zaydān sur l'Europe ne semble pas un regard innocent de touriste. «Le phénomène fondateur de civilisation», «la force qui domine les hommes en groupe»[53], qu'est le mimétisme, ne mettra pas beaucoup de temps pour s'avérer agressif et conflictuel. Zaydān était déjà mort en 1914. Les guerres et conflits opposant l'Orient à l'Occident lui ont été épargnés par le destin. Mais il connaissait déjà la révolte de ʿUrābī Pacha de 1881, et les tentatives de Saʿd Zaghlūl et du parti *wafd*. Dans son «voyage en Europe», l'attitude de défi envers l'Occident est manifeste dès le début du livre. Mais ce mimétisme n'est pas inconditionnel, et le modernisme européen qu'il propose comme modèle de civilisation est sélectif.

Ce texte apparemment désuet, anachronique, tantôt rétrograde et tantôt progressiste, nous semble essentiel pour l'étude des mentalités de l'époque, dans une conjoncture charnière et dans un monde bouleversé. Un franc-maçon qui encourage la religiosité ne semble pas être en contradiction avec lui-même. La franc-maçonnerie anglaise ou écossaise n'était pas aussi extrémiste que sa version française. Nous pourrions aisément citer des évêques et patriarches orientaux connus pour leur sympathie ou leur franche appartenance à la franc-maçonnerie en Orient.

Un journaliste émigré, issu des classes laborieuses et défavorisées, ne se gène pas pour faire l'éloge de la noblesse anglaise et pour critiquer l'insoumission du peuple français. Il avoue préférer les associations de bienfaisance aux syndicats et aux partis politiques. Son parti pris de la femme au foyer ne l'empêche pas d'encourager l'éducation de celle-ci, et son instruction dans les écoles modernes.

---

52 Zaydān, *op. cit.*, 151–152.

53 René Girard, *Le bouc émissaire*, Paris: Grasset, 1982, 95.

Pour convaincre ses lecteurs, Jurjī Zaydān n'hésite pas à recourir aux comparaisons anachroniques, aux références injustifiées, aux déductions contradictoires. Son regard porté sur l'Occident dans le but de promouvoir le progrès de l'Orient nous livre une réflexion qui se réfléchit de part et d'autre .

Mais dans son témoignage révélateur d'une persistance des valeurs dans la relation de l'Orient avec l'Occident, nous continuons d'admirer ce qu'il admirait, de réprouver ce qu'il réprouvait. Ce que les Arabes appréciaient chez les Croisés, c'était leur honnêteté, leur franchise et leur force. Ce qui les surprenait, c'était déjà la liberté de leurs mœurs. Ce rapport de voyage met fin à une vieille attitude de mépris, d'indifférence et d'ignorance de l'Orient par rapport à l'Occident. Il marque le début d'une époque de découverte pour une certaine élite orientale, pendant laquelle on se tourne vers l'Europe avec admiration ou même avec respect et crainte. Cette élite offre à l'Occident le suprême hommage de l'imiter. Une nouvelle phase de cette découverte commence. Elle se poursuivra jusqu'à notre époque[54]. Ce texte ne peut que nous inciter à une meilleure connaissance des uns et des autres pour découvrir «une vie commune» et «une mémoire partagée» autour de la Méditerranée. Ce que ce colloque se proposait de tenter.

---

[54] Lewis, *op. cit.*, 295.

EUROPE WITH A DIFFERENCE?

Mīkhā'īl Nuʿaymah (1889-1988) and Russia

ANDREAS PFLITSCH

Introduction

Since Napoleon's Egyptian campaign in 1798, the (Middle) 'East' has been confronted by the 'West,' if not in reality, then at least in discourse. At that time, or so the common interpretation goes, the Arabs were brought face to face with the economic, military and cultural success of the European Powers; this success represented both a challenge and a threat, and the Arabs felt that they had to change their own societies in response to it.[1] Hence, East-West dichotomies and the opposition between tradition and modernity were developed as discursive constructions that reduced cultures to mere stereotypes. This observation not only applies to the 'East' (or the 'Orient'),[2] but also to the 'West' (or the 'Occident,' or 'Europe'). The idealized image of 'East versus West' is obviously too simple a concept to fit the complexity of reality. As a 'discursive reality,' however, it has proven to be powerful and effective, even today.

---

1 A recent example of this 'classic' view appears in M. M. Badawi, "The Background," in *The Cambridge History of Arabic Literature: Modern Arabic Literature*, ed. M. M. Badawi (Cambridge: Cambridge University Press, 1992), 1-23. According to Badawi, the encounter with European superiority in the nineteenth century "had such a profound and traumatic effect upon the Arab imagination, even though it was sometimes latent and slow to reveal itself, that to this day the East/West opposition has remained one of the leading motifs in Arabic literature. In their search for identity, Arab writers have for many generations often tried to define themselves in relation to the other, the other being in most cases the European." *Ibid.*, 5.

2 The European construction of the 'Orient' as the 'other' has been recurrently studied and criticized since the publication of Edward Said's book, *Orientalism* (New York: Pantheon Books, 1978). In addition to *Orientalism,* reference may also be made to Edward Said, *Culture and Imperialism* (New York: Knopf, 1993) and Urs Bitterli, *Die 'Wilden' und die 'Zivilisierten': Grundzüge einer Geistes- und Kulturgeschichte der europäisch-überseeischen Begegnung* (Munich: C.H. Beck, 1991; 1st ed. 1976). Bitterli's study is the most comprehensive account to date of the cultural history of Europe's encounter with the rest of the world.

The 'West,' from this perspective, appears to be a monolithic bloc that is associated with such attributes as 'modern,' 'enlightened,' 'rationalistic' and 'materialistic,' while the 'East,' in the same essentialist way, is seen as 'traditional,' 'medieval' and 'spiritual.' This simplistic view, which reduces the 'other' to an ideal type, determined the cultural debate of the nineteenth and twentieth centuries in both 'East' *and* 'West.'[3] The adoption in the 'West' and 'East,' respectively, of the 'Western' concept of Orientalism and the 'Eastern' concepts of the 'West' complicated matters still further.[4] The different representations of individual European nations existing in the Arab world were hardly ever studied.[5]

This paper is intended to shed some light on the encounter between Mīkhāʾīl Nuʿaymah (1889-1988), one of the most influential representatives of *Mahjar* literature, and Russian culture and literature, as well as the impact of the latter upon Nuʿaymah's work in his formative years. Whereas the influence of French and English literature upon the genesis of modern Arabic literature has been widely acknowledged, the role played by Russian literature has been largely neglected,[6] irrespective of the fact

---

3 For the 'Western' perspective see: Anita Damiani, *Enlightened Observers: British Travellers to the Near East, 1715-1850* (Beirut: American University of Beirut, 1979); Ludwig Ammann, *Östliche Spiegel. Ansichten vom Orient im Zeitalter seiner Entdekkung durch den deutschen Leser 1800-1850* (Hildesheim: Olms, 1989); and Hans Christoph Buch, *Die Nähe und die Ferne: Bausteine zu einer Poetik des kolonialen Blicks* (Frankfurt/M.: Suhrkamp, 1991). These works deal with the imagined Orient in English and German literature respectively. For the 'Eastern' perspective, see Albert Hourani, *Arabic Thought in the Liberal Age, 1798-1939* (Cambridge: Cambridge University Press, 1993; 1st ed. Oxford, 1962); Bernard Lewis, *The Muslim Discovery of Europe* (New York and London: Norton, 1982); and Nazik Saba Yared, *Arab Travellers and Western Civilization* (London: Saqi Books, 1996).

4 See Irmela Hijiya-Kirschnereit, *Das Ende der Exotik: Zur japanischen Kultur und Gesellschaft der Gegenwart* (Frankfurt/M.: Suhrkamp, 1988), 173-92. The author shows how the adoption of Orientalistic concepts in Japan led to a 'self-Orientalisation,' that is, the perception of the self through the eyes of the 'other'. See also Andreas Pflitsch, *Gegenwelten: Zur Literaturtheorie Idwār al-Ḫarrāṭs* (Wiesbaden: Reichert, 2000), 87-89.

5 In her study, *Das Bild der Europäer in der modernen arabischen Erzähl- und Theaterliteratur* (Beirut: Orient-Institut der DMG, 1980), Rotraut Wielandt differentiates between the representations of individual European nations in early modern Arabic literature (564-579). After World War II, however, she detects a tendency toward simplification and a concurrent lack of differentiation. The West comes to be portrayed "as a closed cultural or political bloc" (566) due to the influence of the anti-colonial movement.

6 This may be due to the relatively short-lived commitment of Russia to the Middle East, which came abruptly to an end with the commencement of World War I and the October Revolution of 1917.

that many writers, journalists and intellectuals in late Ottoman times were educated in schools established by the Russian Imperial Palestine Society in Palestine, Syria and Lebanon. Nuʿaymah is but one example of the many writers, critics and translators who opened the world of Russian literature to the Middle East[7] and often adopted it successfully as a model for their own literary endeavours.[8]

A short sketch of Nuʿaymah's life will be followed by a discussion of two questions:. What sort of Russian influences may be traced in his works and how did his encounter with Russian culture shape his thought and writings?

A Lebanese-Russian education

Mīkhāʾīl Nuʿaymah was born on 17 October 1889 in Baskintā, a village then containing about 2,000 souls and situated in Mount Lebanon. About one-third of the inhabitants of Baskintā were Greek Orthodox, as was Nuʿaymah, while two-thirds were Maronite.[9] Like many Lebanese men at the time, his father left Lebanon for economic reasons, immigrating to California in 1890, a few months after Mīkhāʾīl Nuʿaymah was born.[10]

Nuʿaymah's earliest education was obtained at a school established by the Greek Orthodox dignitaries of Baskintā. Originally dependent upon the services of a half-literate teacher alternating between two parishes, the

---

7 For example, ʿAbd al-Masīḥ Ḥaddād, editor of *Al-Sāyiḥ* (New York), Nasīb ʿArīḍah, editor of *Al-Funūn* (New York), Khalīl Baydas (1875-1949), translator and editor of *Al-Nafāʾis* (Jaffa and Jerusalem) and Mīkhāʾīl Iskandar, translator into Arabic of the works of Lermontov, Dostoevskij, Gogol and Chekhov. See S. L. Tikhvinskij, "90-letije rossijskogo palestinskogo obshchestva," *Palestinskij Sbornik* 25 [88] (1974): 3-9, 5. In Egypt, most of the members of the literary circle, *Al-Madrasah al-ḥadīthah* (*The New School*), as well as Ibrāhīm ʿAbd al-Qādir al-Māzinī (1890-1949), were influenced by Russian literature.

8 See Sabry Hafez, *The Genesis of Arabic Narrative Discourse: A Study in the Sociology of Modern Arabic Literature* (London: Saqi Books, 1993), 95: "It is worth noting in this context that although some of the translators of French and other European works tried their hand at writing original Arabic narrative, the percentage and the degree of success is much higher, more than double, among those who translated Russian literature."

9 See May Davie, *Atlas historique des orthodoxes de Beyrouth et du Mont Liban, 1800-1940* (Balamand, Lebanon: Université de Balamand, 1999).

10 See Nadeem N. Naimy, *Mikhail Naimy: An Introduction* (Beirut: American University of Beirut, 1967), 70-71. His father returned to Lebanon six years later. In 1900, Mīkhāʾīl Nuʿaymah's eldest brother, Adīb, immigrated to Washington. He was followed in 1906 by his other brother, Haykal; *ibid.*, 79.

local elders eventually succeeded in setting up a new school that featured two classrooms and two teachers.[11]

Still, the situation improved considerably when, in 1899, the Russian Imperial Orthodox Palestine Society opened a school in Baskintā. The Society was founded in 1882 for "the helping of Orthodox pilgrims, the founding of schools, hospitals, and hostels, and the granting of material aid to the local inhabitants, churches, monasteries, and clergy."[12] The Society's two-storey building with eight classrooms and eight teachers must have impressed the pupils of the village:

> For the first time in its history, Baskintā knew what might be called an exemplary school... The school included five male and three female teachers. At the head was a director who was a graduate of the Russian Teachers' College in Nazareth, Palestine, and had studied education, teaching and school administration. For the first time we felt that we were in a school which had a program and a system.[13]

After Nuʿaymah had spent three years at the school, his teachers decided to further his education by sending him to the Russian Teacher's College in Nazareth. The College had been founded by the Russian Imperial Orthodox Palestine Society in 1886 to train the most promising pupils of the Society's schools to become teachers themselves.[14] In December of 1902, the 13-year-old boy left his hometown of Baskintā for the first time in his life and embarked upon his journey to Nazareth. After riding a mule

---

11 *Ibid.*, 72.

12 Derek Hopwood, *The Russian Presence in Syria and Palestine 1843-1914: Church and Politics in the Near East* (Oxford: Clarendon Press, 1969), 104. For the history of the Society, see also: L. I. Nadiradze, "Iz istorii palestinskogo obshchestva," *Palestinskij Sbornik* 25 [88] (1974): 162-166; and Ḥabīb Maḥmūd Ṣāliḥ, "Al-Baʿthāt al-tabshīriyyah al-urthūdhuksiyyah al-rūsiyyah fī Bilād al-Shām (Sūriyah wa-Filasṭīn), 1840-1914," *Dirāsāt tārīkhiyyah* (Damascus) 18, nos. 65-66 (Sept.-Dec. 1998): 153-205.

13 Mīkhāʾīl Nuʿaymah, *Sabʿūn: Ḥikāyat ʿumr, 1889-1959* (Beirut: Muʾassasat Nawfal, 1997; 1st ed. 1959), 1:75. A photograph of the building in Baskintā may be found in Nadīm Nuʿaymah, *Mīkhāʾīl Nuʿaymah: Ṭarīq al-dhāt ilā l-dhāt* (Beirut: n.p., 1978), 9. George Ḥannā (1893-1969), who also attended a Russian school in Lebanon, wrote in his memoirs: "These schools established a love for Russia in the hearts of the population as they were completely free and as they accepted pupils from all sects without preference… The teaching was free, school books were given free. The teaching of the Arabic language was on a higher level than in the other foreign schools." George Ḥannā, *Qabl al-maghīb: Tajārib wa-dhikrāyāt min ḥayātī* (Beirut: Dār al-Thaqāfah, 1960), 86, quoted in Hopwood, *The Russian Presence*, 152.

14 See Nadiradze, "Iz istorii palestinskogo obshchestva," *passim*.

through the mountains to Beirut, he sailed to Haifa and then completed his journey to Nazareth by donkey.

The College's curriculum combined an intensive study of Russian language, literature and history with mathematics, geography and classical Arabic language[15] and literature.[16] In Nazareth (a place which deeply impressed him since Jesus had lived there)[17] Nuʿaymah took his first steps into the realm of Russian literature:

> The more my knowledge of the Russian language increased, the greater became my enthusiasm to read in it. While still in Nazareth, I read some of the novels of Jules Verne translated into Russian. I also read some stories by Chekhov and Tolstoi, and through Dostoevskij's *Crime and Punishment,* despite the fact that I did not understand even half of what I read.[18]

Nuʿaymah was supposed to stay in Nazareth for six years but, in 1906, it was decided to send him to study in Russia.[19] After travelling two weeks by boat from Haifa to Odessa and two days by train from Odessa, he arrived in Poltova (Ukraine) in September.

It was here, in Poltova, that Nuʿaymah became wholly familiar with the Russian language and its literary tradition. He acquainted himself with Russian folk songs and dances, and began an extensive study of the literature of Russia and of other European nations in Russian translation:

---

15 See N. Naimy, *Mikhail Naimy*, 76. For the teaching of French and English at Russian schools in Palestine, Syria and Lebanon, see Suʿād Slīm, "Mushkilat al-lughah fī l-madāris al-rūsiyyah fī l-sharq fī awākhir al-qarn al-tāsiʿ ʿashr wa-badʾ al-qarn al-ʿishrīn," in *Rūsiyā wa-Urthūdhuks al-Sharq* (Balamand, Lebanon: Manshūrāt Jāmiʿah al-Balamand, 1998), 115-32.

16 The history of Arabic literature was taught by means of a book written in Russian by a Russian Orientalist and translated into Arabic; see N. Naimy, *Mikhail Naimy*, 77.

17 See M. Nuʿaymah, *Sabʿūn*, 1:127: "The deep religious feeling that I bore within me from the foot of Mount Sannīn began in Nazareth to go even deeper. How often had I found myself on a short promenade or a long excursion, suddenly cut off from myself and from my companions as I considered Christ and His disciples walking on the same road we had taken, or as I imagined Him sitting all by Himself in a state of spiritual elevation under this tree or that rock..."

18 M. Nuʿaymah, *Sabʿūn*, 1:141-42.

19 Every two years, the Nazareth Teacher's College used to send its best student for a ten-year stay in Russia. The Palestine Society paid for travel expenses, accommodation, clothing and food, and granted an allowance of six rubles a month. The students were expected to study for six years at a theological seminar and for another four years at a theological academy; see N. Naimy, *Mikhail Naimy*, 84; see also, M. Nuʿaymah, *Sabʿūn*, 1:171.

> In the Seminary, I soon plunged into Russian literature. It was like discovering a new world full of wonders. I read voraciously. There was hardly a Russian writer, poet or philosopher that I did not read.[20]

But his preoccupation with Russian literature was not merely passive. On 23 March 1908, he wrote his first poem[21] and between May 1908 and May 1909 he kept a diary in Russian that came to total some 750 pages.[22] In the study of Russian literature, Nuʿaymah had found a new world of thinking and feeling that suited his *Weltbild*:

> What in his mind had hitherto been the making of his nature and the nature of his environment and upbringing both in Lebanon and Palestine, had now come to find in this literature its artistic, intellectual and cultural justification, enhancement and ultimate fulfillment.[23]

After four years in Poltava, Mīkhāʾīl Nuʿaymah decided he had had "enough of dogma"[24] and returned to Lebanon in March 1911; he had been absent from his country of birth for nearly nine years. In November of the same year, however, he again left Lebanon, this time for America,[25] where his brother lived. In 1912, he began the study of law at Washington State

---

20 Nuʿaymah quoted in Ignaz Krachkovskij, "Miḫāʾīl Naʿīmah's [*sic*] Autobiographie," *Die Welt des Islams* 13 (1932): 104-10, 107. The Russian Arabist Krachkovskij travelled in Lebanon and Palestine between 1908 and 1910, visiting some Russian schools. See his memoir, *Nad arabskimi rukopisjami* (Moscow and Leningrad: Akademija Nauk, 1946; rev. ed.), chap. 2. See also, V.A. Kračkovskaja, "I.Ju. Kračkovskij na Livanje i v Palestinje (1908-1910gg)," *Palestinskij Sbornik* 1 [63] (1954): 105-24; K.W. Ode-Vasiljeva, "Moi vospominanija ob akademike I.Ju. Kračkovskom," *Palestinskij Sbornik* 2 [64-65] (1956): 127-36; and M. Nuʿaymah, "Krātshkūfskī" [1946], in *Fī l-ghirbāl al-jadīd. Maqālāt wa-rasāʾil naqdiyyah* (Beirut: Muʾassasat Nawfal, 1988; 1st ed. 1971), 162-69.

21 For a facsimile of the Russian manuscript of the poem, see N. Nuʿaymah, *Mīkhāʾīl Nuʿaymah*, 16-17. Mīkhāʾīl Nuʿaymah later translated some of his early poems into Arabic; see M. Nuʿaymah, *Aḥādīth maʿa al-ṣiḥāfah,* 2nd ed. (Beirut: Muʾassasat Naufal, 1989), 213. Some of them were published in M. Nuʿaymah, *Hamas al-jufūn* (Maṭābiʿ Ṣādir-Rayḥānī, 1943).

22 Parts of it are translated by Nuʿaymah and quoted in the first volume of his autobiography, *Sabʿūn*.

23 Nadeem Naimy, *The Lebanese Prophets of New York* (Beirut: American University of Beirut, 1985), 61.

24 N. Naimy, *Mikhail Naimy*, 104.

25 Nuʿaymah initially planned to go to Paris to study law at the Sorbonne, but later changed his plans; see N. Naimy, *Mikhail Naimy*, 107-8.

University in Seattle. He stayed in America for two decades before returning to Lebanon for good in 1932.

Despite his lengthy sojourn in America, nine years of Russian education had left its mark upon him. In the following, I would like to trace how this influence shaped his works, which were written during a later period of his life.

Lermontov, Tolstoi and Belinskij

Some of the Russian writers whose works he read in Nazareth and in Poltova exercised a lasting effect upon Nuʿaymah. However, it is not my intention to trace specific influences here[26] or to give a complete overview of the writers who left their mark upon his works and thought.[27] Instead, what I intend to do is to show how the influence of Russian culture as a whole is crucial for the understanding of Nuʿaymah's concept of literature.

One of the writers whose works Nuʿaymah read extensively in his early Poltova days and who influenced his understanding of literature was the poet Mikhail Lermontov (1814-41). Nuʿaymah was especially attracted by Lermontov's romanticism, his love of nature and his platonic concept of the soul, together with his fierce rejection of social injustice – a concern shared by the young Lebanese, who had seen its effects in his native environment. Indeed, it was the interest that nineteenth-century Russian literature took in the lives of poor, common and simple folk that most fascinated

---

26 Nuʿaymah's short story, *Hadiyyat al-ḥayzabūn,* owes its subject to Nicolaj Gogol's *Eve of St. John*; see C. Nijand, *Mīkhāʾīl Nuʿaymah: Promoter of the Arabic Literary Revival* (Istanbul: Nederlands historisch-archeologisch Instituut te Istanbul, 1975), 55. For the similarities and differences between Nuʿyamah's play, *Al-Ābāʾ wa-l-banūn* and Ivan Turgenev's novel, *Fathers and Sons* (1862-63), see Hartmut Fähndrich, "Gesellschaft als (veränderbares) Schicksal in Mīḫāʾīl Nuʿaimas Drama Väter und Söhne (al-Ābāʾ wa-l-banūn)," in *Die Vorstellung vom Schicksal und die Darstellung der Wirklichkeit in der zeitgenössischen Literatur islamischer Länder*, eds. J.C. Bürgel, H. Fähndrich (Bern et al.: Lang, 1983), 117-39, 129-31. For the Orthodox element in Nuʿaymah's later writings, see Nabil I. Mattar, "Adam and the Serpent: Notes on the Theology of Mikhail Naimy," *Journal of Arabic Literature* 11 (1980): 56-61, *passim*. Unfortunately, I was unable to obtain a copy of A.N. Imangulijeva, *Assotsiatsija pjera i Mikhail Nuaime* (Moscow: Akademija Nauk, 1975). According to Jacob M. Landau's review article ("Recent Soviet Books on Modern Arabic Literature," *Journal of Arabic Literature* 9 (1978): 152-56), the author "does probe more deeply than others have into the impact of Russian culture on his writings."

27 See his critical essays and biographical sketches on Aleksandr Pushkin ("Būshkīn," in *Fī l-ghirbāl al-jadīd*, 70-74), Maksim Gorkij ("Ghūrkī" [1958], in *Ibid.*, 80-92) and Fedor Dostoevskij ("Dīmītrī Karamāzūf," in *Ibid.*, 111-17).

and impressed him. The evils of feudalism and the corrupt bureaucracy of state and Church depicted by the Russian intelligentsia opened his mind to the similar injustices suffered by his own people.[28] As Nadeem Naimy points out:

> The many evils of Russian society at the time, including class distinction, feudalism, enormous prosperity for a corrupt, idle aristocracy and biting poverty for a labour-crushed working class and peasantry, a religious despotism that allied itself with the ruling authorities to crush in the name of God any liberal movement and to silence any voice calling for social justice – all these and similar evils intensified Mikhail's disgust, already encouraged in him by Lermontov, with the so-called civilised strata of society, with all its sophisticated practices, worshipped idols and corrupt morality. They drove him more and more to seek refuge in an ideal world of incorruptible simplicity, truth and beauty.[29]

It was this "ideal world of incorruptible simplicity, truth and beauty" that Mīkhāʾīl Nuʿaymah found in the Christian philosophy of Lev Nikolaevich Tolstoi (1818-1910). In 1909, after he had read *War and Peace*, he wrote in his diary:

> Pardon me, Lev Nikolaevich. I am indebted to you for many ideas that lit what was obscure in my spiritual world. In many of your later publications, which I read last year, I fell upon a light that would guide me in every step I take… Yes, for in this respect, and without your knowing it, you have become my guide and teacher.[30]

It was Tolstoi's bitter anti-clericalism and his uncompromising distinction between Christ and the Church[31] that convinced Nuʿaymah, already familiar with Lebanon's corrupt Orthodox priesthood,[32] that "to be really Chris-

28 See N. Naimy, *Mikhail Naimy*, 106-7.

29 N. Naimy, *Mikhail Naimy*, 93. Cf. Hafez, *The Genesis of Arabic Narrative Discourse*, 94: "Many Arab writers saw several aspects of their experience, hopes and frustrations aptly portrayed in Russian literary narrative."

30 M. Nuʿaymah, *Sabʿūn*, 1:187. Cf. also his essay on Tolstoi, "ʿImlāq al-rūḥ wa-l-qalam" [1960], *Fī l-ghirbāl al-jadīd*, 5-16.

31 N. Naimy, *Mikhail Naimy*, 103. See Mīkhāʾīl Nuʿaymah's statement in Kračkovskij, "Miḫāʾīl Naʿīmah's Autobiographie," 17: "My inner revolt against the Church and its dry dogmas made me seek and find comfort in Tolstoy's later writings."

32 For the changing political role of the Maronite clergy and the growing anti-clericalism at the end of the nineteenth century and the beginning of the twentieth, see Engin Deniz Akarli, *The Long Peace: Ottoman Lebanon, 1861-1920* (London and New York: I.B. Tauris, 1993), 163-71.

tian is to be institution-free, as simple, pure, and natural as Christ."[33] With the guidance of Tolstoi, "the divorce between the Church and Christ in Naimy's mind was final."[34]

Apart from the social criticism in Russian literature, Nuʿaymah was particularly attracted by the literary criticism of Vissarion Grigorevich Belinskij (1811-48), the most influential literary critic of his time. For Belinskij, art "was an instrument of social progress... He demanded from literature that it be realistically true to life and above all inspired by socially progressive ideas."[35] In 1834, Belinskij, whose role as a national educator went beyond the realm of literature, wrote:

> We need an enlightenment created by our own efforts, cultivated on our own native soil. We have no literature: I reiterate this with joy, with delight, for I see in that truth the guarantee of our future successes... Yes! The seed of the future is ripening today! And it will sprout and blossom, blossom forth in full splendour at the behest of affectionate monarchs! Then shall we have our own literature, then shall we be the rivals and not the imitators of Europe.[36]

Belinskij was particularly opposed to the artificial and mannered style of the Russian literature of his time and Nuʿaymah would make the same criticism of contemporary Arabic literature. Nuʿaymah's diary seems to echo the words of Belinskij quoted above:[37]

> Literature in the true meaning of the word is still lacking with us. Nothing in what we are producing can be considered independent literature.[38]

---

33 N. Naimy, *The Lebanese Prophets of New York*, 63. The notion of anti-clericalism also prevails in the early works of Nuʿaymah's compatriot, Jubrān Khalīl Jubrān; namely, his *ʿArāʾis al-murūj* (1906), *Al-Arwāḥ al-mutamarridah* (1908), and *Al-Ajniḥah al-mutakassirah* (1912).

34 N. Naimy, *Mikhail Naimy*, 103.

35 Hans Kohn, *The Mind of Modern Russia: Historical and Political Thought of Russia's Great Age* (New York, Evanston and London: Harper & Row, 1962; 1st ed. 1955), 117. For an extremely critical view of Belinskij, see Dimitrij Tschiżewski, *Zwischen Ost und West: Russische Geistesgeschichte II: 18.-20. Jahrhundert* (Reinbek: Rowohlt, 1961), 81-82.

36 Belinskij quoted in Kohn, *The Mind of Modern Russia*, 124-25.

37 The Russian Orientalist Krachkovskij wrote: "In his works, especially in his criticism, I thought to feel the influence of Russian literature, mainly of the school of Belinsky." Kračkovskij, "Miḫāʾīl Naʿīmah's Autobiographie," 104.

38 Quoted in M. Nuʿaymah, *Sabʿūn*, 1:190.

In his essay, *Al-Ḥabāḥib*, Nuʿaymah harshly criticizes "the sterility, outdatedness, and utter verbalism"[39] of the Arabic literature of his time, dismissing it as completely worthless. As a literary critic, he consistently advocated a wholesale renewal of Arabic literature and criticism,[40] giving particular emphasis to the need for liberation from the formalistic rules of neoclassicism. His early essays on literary criticism, written between 1914 and 1922 and published in book form in Cairo in 1923 under the title, *Al-Ghirbāl*, have been described as containing "the first accomplished literary theory in modern Arabic literature."[41] In these essays, Nuʿaymah stresses the inseparable unity of life and literature, again echoing Belinskij's vision.

Russia and Europe

In the two centuries following the sweeping reforms and Westernization projects of Peter the Great (1689-1725), Russian intellectuals debated over the identity of Russian culture and the question of whether it, too, was an appropriate field for Westernization.[42] On the one hand, the school of the Slavophiles tended to stress the autonomous character of Russian culture, arguing that Russia's Orthodox tradition differentiated Russians from Western (Catholic) Europeans; on the other hand, the so-called Westernizers held that Russian culture was one component of an overall European culture.

Peter Yakovlevich Chaadaev (1793-1856), a member of Moscow's aristocratic and intellectual circles, felt himself unable to locate Russia in universal history. He expressed his own confusion about the identity and position of Russians confronted with the West and the quandary faced by the majority of his compatriots in the following terms:

> One of the most deplorable things in our strange civilisation is that we still have to discover the truths, often very trivial ones, which other, even less advanced peoples discovered long ago. We have never moved in

---

39 N. Naimy, *The Lebanese Prophets of New York*, 65.

40 For Arabic literary criticism at the end of the nineteenth century and the beginning of the twentieth, see Pierre Cachia, "The Critics," in *The Cambridge History of Arabic Literature: Modern Arabic Literature*, ed. Badawi, 417-42; cf. Pflitsch, *Gegenwelten*, 62-64.

41 N. Naimy, *The Lebanese Prophets of New York*, 25.

42 See A. Pflitsch, "Der Osten und der Orient: Russischer Kultureinfluß im Libanon in der zweiten Hälfte des 19. Jahrhunderts," *Beiruter Blätter* 6/7 (1998/99): 199-204.

> concert with other peoples; we do not belong to any of the great families of mankind. We are not part of the Occident, nor are we part of the Orient; and we don't have the tradition of the one or of the other.[43]

If we assume that Nuʿaymah was acquainted with the quest for identity that drove Russian thinkers, we may suppose that this discussion sounded quite familiar to him, for it was very much like the one taking place in the Arab world. In the words of Nuʿaymah's biographer, Nadeem Naimy:

> To a man like Mikhail, coming from a poverty-stricken, backward, even mediaeval, Arab world... Russia proved a whole world of new experience, exceedingly rich and manifold... Russia, so to speak, fully convinced of having a particular Self of her own that she vaguely glimpsed through the turmoil of her existing state, was busy trying to grasp it and give it clear identity for the future.[44]

The Slavophiles' belief in the superiority of Russia over (Western) Europe led them to conclude that "the Russians were the true divine people of modern times and that the twentieth century would be the century of Russian, or Slav, leadership."[45] Without an understanding of this conviction and the larger debate underlying it, the self-confidence that prevails in Nuʿaymah's essays in cultural criticism[46] is hardly understandable.

Nuʿaymah and Mahjar literature

In America, Nuʿaymah broadened his horizons. He took an interest in Hinduism, Buddhism and Taoism, studied the transcendental philosophies and

---

43 Peter Yakovlevich Chaadaev, *Letters on the Philosophy of History*, written 1829-1831, quoted in Kohn, *The Mind of Modern Russia*, 38-39. Chaadaev, who had an immense influence on Russian thought in the early nineteenth century, was neither a Slavophile nor a Westernizer, for he rejected both – the view of the former "that the Russian past and the Orthodox Church were infinitely superior to the European past and Western Christianity" and the preference of the latter for the 'progressive,' 'modern' European way of life. Chaadaev was an admirer of the 'old,' 'traditional' Europe of pre-Revolutionary times. See Kohn, *The Mind of Modern Russia*, 34-38, specifically 35. For more on Slavophiles and Westernizers, see also Tschižewskij, *Zwischen Ost und West: Russische Geistesgeschichte, II*, chap. 3. For Chaadaev, see *Ibid.*, 79-81.

44 N. Naimy, *Mikhail Naimy*, 87.

45 Kohn, *The Mind of Modern Russia*, 105.

46 See his essay, *Nahḍat al-sharq al-ʿarabī*, in Mīkhāʾīl Nuʿaymah, *Al-Marāḥil* (Beirut: Muʾassasat Nawfal, 1989; 9th ed.), 55-62.

theosophies flourishing in nineteenth-century America and briefly became a Freemason in 1916.[47] In literature proper, Nuʿaymah used his intimate knowledge of the Russian works he had read as a kind of stepping stone to enter the worlds of American and British literature. With his background he

> could naturally feel no estrangement in shifting from the Russian school of literary criticism, headed by Belinsky, to its English counterpart, where loomed the names of Matthew Arnold, Hazlitt, Shelley and Coleridge; from Lermontov and the Russian Romantic poets to Keats and the rest of the British Romantics; from Pushkin, the Shakespeare of the Russian language, to Shakespeare himself; from Dostoyevsky, Chekhov, Gogol and Gorky, to the perhaps lesser but equally inviting Hardy, Austen, Carlyle and Dickens.[48]

In Seattle, Nuʿaymah was the only Arabic-speaking student at his university, so when the first issue of *Al-Funūn*, an Arabic literary monthly, was published in New York in 1913, he felt compelled to join the group around its editor, Nasīb ʿArīḍah, a former classmate of his at Nazareth Teacher's College. Nuʿaymah became a regular contributor to *Al-Funūn* and, in October 1916, after graduating from university in Seattle, he moved to New York where he lived until his return to Lebanon in 1932. In 1920, he was a founding member of *al-Rābiṭah al-qalamiyyah* (the Pen-Bond)[49] and became its advisor. In the group's constitution, which was written by Nuʿaymah, the literary program is described as follows:

> The literature we esteem as worthy of the name is that only which draws its nourishment from Life's soil and light and air… This new movement aiming to transport our literature from stagnation to life, from imitation to creation, is worthy of all encouragement... The tendency to keep our language and literature within the narrow bounds of aping the ancients in form and in substance is a most pernicious tendency; if left unopposed it will soon lead to decay and disintegration.[50]

---

47 See N. Naimy, *Mikhail Naimy*, 109.

48 N. Naimy, *Mikhail Naimy*, 111.

49 For *al-Rābiṭah al-qalamiyyah,* see Mikhail Naimy, *Khalil Gibran: His Life and His Works* (Beirut: Naufal, 1974), 153-58. This book, the author's English translation of *Jubrān Khalīl Jubrān: Ḥayātuhū, mawtuhū, adabuhū, fannuhū* (Beirut: Maṭbūʿāt Lisān al-Ḥāl, 1934), was first published 1950 in New York as *Khalil Gibran: A Biography.*

50 Quoted in M. Naimy, *Kahlil Gibran*, 156. See also Nuʿaymah's introduction to *Majmūʿat al-Rābiṭah al-qalamiyyah* (New York, 1921).

Nuʿaymah's contributions to *Al-Funūn* stood out for their "realistic, cut-to-shape and most lucid language and style"[51] and thus differed in prose style from the work of other collaborators such as Amīn Riḥānī (1876-1940) or Jubrān.

> Though still engaged with and loyal to the *Mahjar* legacy of exposing the evils of autocracy and hierarchy under which, in the words of Rihani, Syria is tottering, Naimy's collected stories of *Kān mā kān* (Once Upon a Time) starting from 1914 and his four-act play *al-Ābāʾ wa-l-banūn* (Fathers and Sons) of 1916 are able to utilize the subject matter for fictional and dramatic purposes rather than having it affectedly fictionalized and artificially dramatized. In this, Naimy's *Kān mā kān* has been judged as the first mature attempt in the Arab world to create the true Arabic story.[52]

Nuʿaymah's comparably clear and simple language made his works more realistic and "far more sober"[53] than the works of contemporaries such as Jubrān, with his "high-flown, super-ornamented and poetically symbolic language,"[54] or the Egyptian, Muḥammad Ḥusayn Haykal (1888-1956).[55]

Conclusion

After the early years of World War I and the October Revolution of 1917, Nuʿaymah's Russia perished and "the atheism of the Soviet Union was not his cup of tea."[56] Nonetheless, his years in Russian schools and colleges in

---

51 N. Naimy, *Mikhail Naimy*, 123.

52 N. Naimy, *The Lebanese Prophets of New York*, 22.

53 Nijand, *Mīkhāʾīl Nuʿaymah*, 12.

54 N. Naimy, *Mikhail Naimy*, 123.

55 See Sabry Hafez, "The Modern Arabic Short Story," in *The Cambridge History of Arabic Literature: Modern Arabic Literature*, ed. Badawi, 270-328, 279. For Nijand, (*Mīkhāʾīl Nuʿaymah*, 58), Nuʿaymah's work, though being somewhat sentimental in style and content, differs widely from the prose of other pioneers of Arabic literature: his sentimentality "is of a milder sort than Ǧibrān's in his early prose, and also milder than Haykal's in his *Zaynab*."

56 Gregory Orfalea and Sharif Elmusa, *Grape Leaves: A Century of Arab-American Poetry* (New York: Interlink Books, 2000; 1st ed. 1988), xxi. Nuʿaymah travelled to Russia again in the summer of 1956. His impressions of this journey and his disapproval of both the communism of the USSR and the capitalism of the USA are described in his *Abʿad min Mūskū wa-min Wāshinṭun* (Beirut: Dār Ṣādir, 1957). See Francesco Gabrieli, "L'esperienza Russa di Nuʿayma," in *A Mikhail Nuʿayma in occasione del 90° compleanno/Ilā Mīkhāʾīl Nuʿaymah fī ʿīd mīlādihi al-tisʿīn* (Rome:

Lebanon, Palestine and Russia had a lasting effect upon his literary outlook.

There is ample evidence that Russia served as an important stepping stone and a sort of shortcut to the 'West' and its literature for the young Lebanese author-to-be. Furthermore, while the other pioneers of modern Arabic literature at the beginning of the twentieth century adapted works of French and, to a lesser extent, English literature,[57] yet failed to "acclimatise that literature and give it a sense of belonging"[58] in the Arab world, Mīkhā'īl Nuʿaymah succeeded in establishing a more genuine kind of prose using local themes influenced by Russian literature. Because Russian literature was thematically less foreign to an Orthodox Christian from the Lebanese mountains than Western European prose, it served as a kind of intermediate stage in the process of modernization. Russian culture and literature, as a distinct form of 'European' or 'Western' culture and literature, was thus in late Ottoman times an important factor for the development of modern Arabic literature.

Istituto per l'Oriente, n.d.), 5-18, 12-13. See also the interview Nuʿaymah gave to *Al-Hilāl* (Cairo) in June 1967, printed in M. Nuʿaymah, *Aḥādīth maʿa l-ṣiḥāfah*, 213-25.

57 In Egypt as well as in the Levant, works of European literature were 'Egyptianized' or 'Levantized' through a combination of translation and adaptation. Not only the language was translated, but also events, characters, plot and form. See Hafez, *The Genesis of Arabic Narrative Discourse*, 87-91.

58 N. Naimy, *Mikhail Naimy*, 67.

SUMMARIES

<u>Document 1:</u> Registers of the Legal Court of Tripoli, vol. 11, p. 178.

This decree (*marsūm*), dated the beginning of Jumādā I, AH 1162/AD 1749, was issued by the governor of Tripoli to the officials of the districts al-Minya, al-Kūra and al-Zāwiya,. It informs the officials that, in accordance with a firman promulgated by the Sultan, the property of French merchants in these districts is exempted from additional taxes. Officials are therefore forbidden to assess more then the usual dues.

"صدر المرسوم المطاع الواجب القبول والإتّباع، إلى مفاخر الأقران أمين قرية المنية الحاج حسين آغا، والمير يوسف[1] والشيخ مرعب[2] والشيخ شديد[3] والشيخ ضاهر[4] ضابطين مقاطعتي الكورة والزاوية. نعرِّفكم بأن البساتين التوت والزيتون الذي إلى تجار الفرنساوية المستأمنين بمدينة طرابلس الشام في المقاطعات المرقومة، جابوا فرمان عالي من طرف الدولة العلية، أنهم لا يعطوا عليهم ميري سوى المعتاد على موجب الوصولات التي بيدهم منكم ومن أسلافكم من حين آل إليهم الرزق بالإشترا الشرعي. وفخر الملّة المسيحية محبُّنا باليوزبيك والتجار، إلتمسوا من طرفنا بيورلدي على موجب الفرمان والحجة الشرعية. فبناء على ذلك أصدرنا هذا البيورلدي، حال وقوفكم على فحواه يكون معلومكم، ولا تطلبوا منهم شيء خارج عن الأمر الشريف وزود عن التمسُّكات الذي بيدهم، ولا تعملوا تعدِّي ولا مخالفة للأوامر العلية. تعلمون ذلك وتعملوا بموجبه، وإعتمدوه غاية الإعتماد. في غرة جا سنة 1162."

---

1 Al-amīr Yūsuf al-Ayyūbī, tax-farmer (*multazim*) of al-Kūra.

2 Murʿib al-ʿĀzār, who was tax-farmer of al-Kūra in AH 1162/AD 1749, together with al-amīr Yūsuf al-Ayyūbī and Shadīd al-ʿĀzār, cf. Fārūq Ḥubluṣ, *Jawānib min tārīkh al-Kūra fī l-ʿahd al-ʿuthmānī*, vol. 1, Tripoli: Dār iʿlāmiyya, p. 67-113.

3 Shadīd b. ʿAssāf al-ʿĀzār, cf. Ḥubluṣ, *ibid.*

4 Ḍāhir Ḍāhir, who was tax farmer of al-Záwiya, together with the tax-farmers of al-Kūra, al-amīr Yūsuf al-Ayyūbī, Sheikh Murʿib al-ʿĀzār and Sheikh Shadīd al-ʿĀzār; cf. Fārūq Ḥubluṣ, "al-Juġrāfiyā al-tārīkhiyya li-nāhiyat al-Zāwiya wa-l-idāra al-ʿuthmāniyya fīhā fī l-qarn al-thāmin ʿashar min khilāl sijillāt al-maḥkama al-sharīʿa fī Ṭarābulus," unpublished paper given at the conference "Tārīkh al-Zāwiya," Qalʿat Barbar Āghā, Īʿāl, 1996.

Document 2: Registers of the Legal Court of Tripoli, vol. 11, p. 178.

This decree (*marsūm*), dated 1 Jumādā I, AH 1162/AD 1749, was issued by the governor of Tripoli to the treasurer (*amīn*) and the scribe (*kātib*) of the district ʿAkkār,. Both officials are informed that they may not levy additional taxes in excess of the amount paid the previous year in the case of mulberry groves in Mazraʿa Marliyā owned by the Frenchman, Mr. Kūmbiyān (Combien ?). The governor further orders to help the trustee of these groves, Mr. Kāl, to seize the silk produced from them, since the harvest of this year belongs to the governor.

''صدر المرسوم المطاع الواجب القبول والإتِّباع إلى قُدوة الأماثل والأقران أمين مقاطعة عكار سيفي آغا، وفخر الأقران الشيخ حسين الكاتب زيد قدرهم، نعرِّفكم بأن بساتين التوت الكاينين في مرليا والناحية المرقومة الذين كانوا سابقاً إلى الشيخ سلهب[5] والآن إشتراهم الخواجه كومبيان الفرنساوي، وموكِّل عليهم وكيله الخواجة كال، الآن ورد من طرف الدولة العلية فرمان عالي بأن لا يعطي عليهم ميري سوى المعتاد على موجب التمسُّكات الذي بيده منكم في السنة الماضية، وأنه معاف من التكاليف الزايدة. وعلى موجب الأمر العالي حجّة شرعية، وفخر الملَّة المسيحية محبُّنا باليوزبيك إلتمس منا بيورلدي على موجب الأمر العالي؛ فبناء على ذلك أصدرنا هذا البيورلدي وأرسلناه إليكم، حال وصوله ووقوفكم على معناه ومضمونه، يكون معلومكم، ولا تطلبوا من البساتين المذكورة سوى الميري المعتاد على موجب التمسُّكات، ولا تعملوا تعدِّي بطلب زيادة عن التمسُّكات. تعملوا بموجب الأوامر العلية وكذلك تعملوا إهتمام وتقيُّد في أمر البساتين وضبط الحرير وتسليمه في وقته إلى الخواجه كال، وتكونوا مساعدين معه فيما يلزم من عمارهم ونظام مخالفيهم، والحرير لا ينقص خيط لأنه في هذه السنة عايد لطرفنا، فلا تعملوا قصور بوجه من الوجوه. تعلمون ذلك وتعملوا بموجبه وإعتمدوه غاية الإعتماد. في غرة جا سنة 1162.''

Document 3: Registers of the Legal Court of Tripoli, vol. 12, p. 505.

This is a deed of sale (*ḥujjat bayʿ*) for a house in the ʿAdaymī quarter of Tripoli purchased by the Frenchman, Kāl, through his agent, Mr. Fransīs, identified here as the son of Sarkīs al-Ḥalabī and a dragoman for the French in Tripoli. The price of the house is given as 161 silver piastres. In the deed, the agent acknowledges that he took possession of the house on 12 Jumādā II, AH 1165/AD 1752.

---

[5] Salhab Āghā al-Murʿibī, tax-farmer of ʿAkkār from AH 1150-1170/AD 1738-1575, cf. Fārūq Ḥubluṣ, *Tārīkh ʿAkkār al-idārī wa-l-ijtimāʿī wa-l-iqtiṣādī 1700-1914*, Beirut: Dār Laḥad Khāṭir and Dār al-Dāʾira, 1987, 386.

"حجة بيع

بمجلس الشرع الشريف المشار إليه، حضر الذمي أنطون ولد جبور، وباع ما ذكر أنه له وملكه وتحت طلق تصرُّفه ومنتقل إليه بعضه بالشراء الشرعي بموجب حجة شرعية سابقة التاريخ على تاريخه وبعضه أنشأه، بحيث يملك بيعه وقبض ثمنه شرعاً من الترجمان فرنسيس ولد سركيس الحلبي أحد تراجمين طايفة الإفرنج الفرنساوية، وهو إشترى منه بالوكالة عن الخواجة كال الإفرنجي الفرنساوي المستأمن بالحمية، بمال الموكّل دون الوكيل وغيره، وذلك جميع الطبقتين العلويتين الراكبتين على ملك الغير والمصيف السماوي، الكائن ذلك في محلة عديمي المسلمين، داخل الدار الشهيرة بدار يونس. ويُصعد إلى ذلك من سلّم حجر مشاعة (مشاع) إلى فسحة مبلّطة، وتشتمل الفسحة على مطبخ وكيف وطبقة كبيرة، وفيها باب يتوصل منه إلى طبقة أخرى بكوات مطلّات على الدار السفلى. يحدُّ ذلك قبلة بيت مخاييل غزال وشرقاً بيت البايع وشمالاً مطبخ دار المصبنة وغرباً بيت عبد الله المشوبش، بكل حق هو لذلك شرعاً من طرقه وطرايقه ومضافاته ولواحقه وما يعرف به ويعزى إليه شرعاً، وبما للمبيع المرقوم من حق الشرب من حوض الماء الكاين في الدار السفلية، بيعاً باتاً قطعياً وإشترا صحيحاً شرعياً عن الغبن والضرر والمفاسد الشرعية، كل منهما خلّيا بالإيجاب والقبول والتسليم والتسلّم الشرعيات، بثمن قدرُه من القروش الأسدية ماية قرش وأحد وستون قرشا فضية جديدة رايجة سلطانية معاملة يومئذ، مقبوض الثمن المرقوم عملة بيد البايع من يد المشتري ومن مال الموكّل، القبض التام الوافي بالإعتراف المرعي، فبريت بذلك ذمة المشترى وموكّله من عامّة الثمن المعيَّن ومن كل جزء منه البراءة الشرعية، وسلّمه المبيع المرقوم بالتخلية الشرعية، وهو إعترف بتسلمه منه لجهة ملك موكّله التسلُّم الشرعي تسلّم مثله شرعاً، وذلك بعد الروية والخبرة والمعاقدة الشرعية وضمان.لأمر البايع شرعاً حسبما تصادقا على ما فيه التصادق الشرعي. وحضر الذمي جبور ولد البايع وصدّق على البيع المرقوم وأقرَّ أنه وقع من أهله في محلّه لا مطعن ولا مدخل له فيه، التصديق الشرعي. وجرى ما يحويه لدى مولانا وسيدنا الحاكم الشرعي المومى إليه، وحكم بموجبه ولزومه حكماً صحيحاً شرعياً، وأمر بتسطيره، فسطّر بالطلب في الثاني عشر من جمادى الثاني سنة 1165"

Document 4: Registers of the Legal Court of Tripoli, vol. 5, p. 90

This document, dated 5 Jumāda I, AH 1242/AD 1826, reveals that the governors of Tripoli used to borrow money from the city's merchants in order to finance the *al-jurda*[6] caravan. Thus in, AH 1241/AD 1825, the governor of Tripoli, ʿAlī Pasha al-Asʿad, demanded from two Christian

[6] The expenses of *al-jurda* were borne by the *wālī*s of Damascus, Tripoli and Sidon, who were responsible for sustaining and protecting the returning pilgrims in every way – including their supplies of food and drinking water – in the region between of al-Zawārīb and the city of Damascus.

merchants – Naṣrallāh, son of Buṭrus Zurayq, and Jirjis Yannī, son of Mīkhāʾīl – amounts equivalent to their previous contributions to finance the caravan, on the condition that he would reimburse them when collecting taxes. However, both of the merchants declined to do so on the pretext that the legal practices of the country did not apply to them since they worked as dragomans for the European nations in Tripoli. When the governor insisted that they resign as dragomans, they refused and raised a complaint with the government in the capital – as did the governor. The government decided that foreign consuls could not recruit their dragomans from among the local non-Muslims, but could only do so from among Europeans. Consequently, both merchants fled Tripoli, travelling to Aleppo and the Druze Mountain respectively; neither loaned money to the governor. When the governor confiscated and sold the merchandises from their stores, both returned to Tripoli on the same day, 5 Jumādā I AH 1242/AD 1826. They asked the governor for forgiveness and resigned as dragomans. The governor forgave them and refunded to them the value of the merchandises he had confiscated, all in all 13.313 piastres, three quarters of a piastre, and five para. The registration of this [agreement] took place at the legal court of Tripoli in the presence of a number of witnesses.

”حجة إقرار وإبرا لسعادة أفندينا علي باشا[7] بمجلس الشرع الشريف[8] بطرابلس الشام لدى متوليه مولانا الدرويش محمد أفندي الحاكم الشرعي حالاً
بعد أن كان بتاريخ سنة إحدى وأربعين ومايتين وألف (هجرية) (1825م) حين حصل الاهتمام في نظام مهام الجردة السنية بحسب العوايد القديمة والقوانين المستديمة التي منها استقراض الولاة بطرابلس الشام المحمية إعانة لمهام[9] الجردة السنية من تجار البلدة من مسلمين ورعايا ذميون حسبما جرت به العادة والقانون على السوية وكان ذلك لا بد منه متحتم لزومه كما لا يخفى. وحيث أن ذلك معتاد قديم على الجميع تجار البلدة مسلمين ورعايا. أحضر سعادة أمير الأمراء الكرام كبير الكبرا الفخام صاحب ذيل العز والإحتشام المؤيد بتأييد الملك العلام وبروحانية النبي عليه الصلاة والسلام علي الهمم ذكي الشيم برمكي الكرم الهمام المحتشم حضرت علي الأسعد باشا بلّغه الله من الخيرات ما يشا ميرميران[10] طرابلس

7 ʿAlī Pasha al-Asʿad al-Murʿbī was first tax-farmer of ʿAkkār and then governor of Tripolis from 1824 until 1826.

8 *Majlis al-sharʿ al-sharīf* is another expression used for *al-maḥkama al-sharīʿa*, that is, the legal (Islamic) court.

9 *Iʿānat mahāmm al-jurda* means the expenses for the *jurda*, namely, the fee paid to hire animals to carry the pilgrims and supplies, the wages of soldiers guarding the caravan and the cost of provisions.

10 Mīrmīrān is a title given to a Pasha.

الشام والمفوض إليه القيام في مهام عهدة الجردة السنية في التاريخ المرقوم. والآن أدام الله تعالى وجوده وأيد سعوده لدى ساحة مكارمه في رعايا البلدة كلا من الذميين نصر الله ولد[11] بطرس زريق وجرجس ينّي ولد ميخائيل وطلب منهما ما جرت عليه العادة لهما مما قبل بدفعه على سبيل القرض لمهام الجردة السنية. لكي يتناولانه كسائر التجّار بعدٍ مدة يسيرة من أموال الميرية في غياب سعادته في الجردة السنية وكان المطلوب من كلٍّ منهما كالمطلوب من أحد التجار على السوية لكونهما من كبرآ التجار الذميين في البلدة ومتعاطيان لرايج التجارة الواردة لهما من ساير البلاد برًا وبحرًا وذوي أمانات كثيرة ترد لهما ومنهما من ساير الأطراف والجهات. فأجابا بعد الطلب منهما بأنهما تراجمين عند قناسل دول الإفرنجية بطرابلس المحمية. وإمتنعا عن دفع القرض بالكلية، ومانعا أشد الإمتناع وخرجا عن إمتثال أمر سعادته بذلك ثم إلتمسا من وكلآ القناسل القاطنين بالمحمية الممانعة للوالي المشار إليه. فحضر الوكلاء لديه ومانعا سعادته من ذلك بدون وجه مرض ولا أمر ملوكي وطلب منهم أمرًا من الدولة العلية في جعل تراجمين عندهم من ذميين ً رعايا طرابلس وحمايتهم من الإستقراض منهم. فلم يفد ذلك معهم شيء ودام وأصر الذميين مقيمين في وظيفة الترجمة عند القناسل بعد أن أمرهما بتركها فلم يمتثلا ولم يرضيا بأن يستقيما في البلدة كما كانا في السابق وأجاب وكلا القناسل بأنهم يمضوا للدولة العلية ويبرهنوا على دعواهم التراجمين عندهم من رعايا طرابلس وكذلك يحرر سعادة الوالي المشار إليه إعراضًا بهذا الخصوص لدى الدولة العلية والسدة الخاقانية. فصدر الإعراض من الطرفين فأيّد الله سعادة أفندينا المحتشم بتأييده وحباه بظفره وأمر الدولة العلية والسدة الخاقانية أيد الله أنصارها المتضمن فحواها والمعرب مضمونها بأن رعايا ذميين طرابلس الشام رعايا الدولة العلية ممنوعون من إقامتهم بوظيفة الترجمة عند القناسل بساير البلاد وأن شروط المستأمنين في الممالك المحروسة إقامة تراجمين عندهم من الإفرنج لا من رعايا البلاد[12].فلما أن تحقق الذميين المذكورين نصر الله زريق وجرجس ينّي المسفورين الأمر الملوكي بما فيه منعهما عن زعمهما فرّا هاربين من البلدة إلى مدينة حلب ولجبل الدروز ولم يؤديا قرضًا حسبما جرت به العادة كبقية التجار فحينئذ ضبط سعادة الوالي المشار إليه ما في المخازن التي لهما بأسكلة المحمية من حنطة وشعير وفول وحنّة وباع تلك الحبوب والحنّة لأجل مال القرض المرتب عليهما في السنة المرقومة، ثم بعد ذلك حضر الذميين المذكورين في غرة شهر تاريخه أدناه وهما نصر الله وجرجس

11 When referring to a *dhimmī* (a free non-Muslim 'who is protected') the court documents speak of N.N., son of N.N., using the word *walad* for 'son'; for Muslims, the word *ibn* is used.

12 This proves contradicting of the belief of many historians – that the system of protection and privileges granted by the Ottoman state to some European states did not encompass local inhabitants working for consulates. It applied solely to the foreigners employed by them. Furthermore, it is also clear that this system of protection did not include the local Christian communities, whose members were regarded as subjects of the Sultan by the Ottoman state.

المسفورين وتراميا على أذيال سعادة أفندينا المشار إليه ورجعا عن زعمهما القديم ةاستقاما برعيته أسوة بأهالي البلدة. فصفى خاطر سعادة الوالي عليهما وأمنهما في أوطالهما وتعاطي تجارهما وأجرى المحاسبة معهما على أثمان الموجودات في المخازن التي باعها فإذا هي ثلاثة وعشرون ألف قرش وثلاثماية قرش وثلاثة وعشرون قرشًا وثلاثة أرباع القرش وخمس مصريات فأنعم بإرجاع ذلك لهما. فأرجع لهما ذلك حلمًا منه وعدلاً فبعد ذلك حضر للمجلس الشرعي إقرار بالطوع والاختيار من غير إكراه ولا إجبار أهما قد استوفيا على المضبوط المرقوم من سعادة أفندينا المشار إليه. حسبما أنعم عليهما ولم يبق لهما من ذلك شيء وأبريا ذمة سعادته أبرآ عامًا من كل حق ودعوى بسقوط ساير الحقوق والدعاوي فيما مضى من الزمان لحد تاريخه وقبل السيد محمد آغا البارودي بوكالته عن سعادة الوالي المشار إليه البراءة قبولاً شرعيًا في ذلك وأجاز مولانا الحاكم الشرعي ذلك وحكم به في خامس جمادى الأولى سنة اثنين وأربعين ومايتين وألف''.